国家社会科学基金教育学一般项目"农村义务教育治理体系优化与治理能力提升的M县个案研究"（BFA170060）

A CASE STUDY ON THE GOVERNANCE OF
COMPULSORY EDUCATION IN RURAL AREAS

农村义务教育
治理的个案研究

魏　峰◎著

科学出版社

北　京

内 容 简 介

本书运用民族志的研究方法对华东地区某个农业大镇的 1 所镇中心校和 8 所村小进行了田野研究，分析了这些学校的组织架构、教师队伍建设、学校日常管理和教育教学活动，考察了学校与教育行政部门、社区、学生家庭之间的关系，为读者呈现了一个特定时代乡村基础教育治理的图景，剖析了乡村教育治理存在的问题，探索了乡村振兴背景下提升乡村基础教育质量的路径。

本书既适用于教育政策研究者阅读，也适用于关注农村教育发展的研究者，以及教育人类学研究者参阅，还有助于启发中小学教师和教育行政部门管理者对于基础教育发展真实状况的思考。

图书在版编目（CIP）数据

农村义务教育治理的个案研究 / 魏峰著. -- 北京 : 科学出版社，2024. 11. -- ISBN 978-7-03-080327-6

Ⅰ. G522.3

中国国家版本馆 CIP 数据核字第 2024TH8149 号

责任编辑：朱丽娜　冯雅萌 / 责任校对：张小霞
责任印制：徐晓晨 / 封面设计：润一文化

科 学 出 版 社 出版
北京东黄城根北街 16 号
邮政编码：100717
http://www.sciencep.com
北京建宏印刷有限公司印刷
科学出版社发行　各地新华书店经销
*
2024 年 11 月第 一 版　开本：720×1000　1/16
2024 年 11 月第一次印刷　印张：14 3/4
字数：250 000
定价：99.00 元
（如有印装质量问题，我社负责调换）

前　　言

2017 年，笔者获批国家社会科学基金"十三五"规划 2017 年度教育学一般课题"农村义务教育治理体系优化与治理能力提升的 M 县个案研究"（BFA170060），本书即为该课题的最终研究成果。

在课题申报时，笔者试图对一个处于工业化和现代化进程中的农业人口大县（近 200 万人口）的义务教育发展及其治理体系与治理能力进行全面深入的调查研究，并在此基础上提炼农村义务教育治理体系和治理能力的基本特征。但在展开田野研究的过程中，笔者发现这是一个非常宏大的课题，县域义务教育涉及教育行政管理体制、公共财政经费、教师编制和队伍建设、教育质量提升、基础设施建设等诸多方面，问题复杂，材料繁多，非短期可以实现透彻研究，如果"强行"在一本书中涵盖所有主题，虽可面面俱到，但难以深入剖析，势必流于空泛。

课题开题时，专家组也认为一个县的义务教育治理题目过于宏大，对于田野研究而言，一个乡镇的学校教育和管理是一个相对合适的范围，因此建议将课题研究的范围缩小到乡镇。在笔者进行田野研究的朴县①，乡镇初中直接隶属于县级教育局管理，而同为义务教育阶段的小学[包括镇中心校和农村小学（以下简称村小）]则在镇教办②的领导下开展教育教学和日常管理工作。于是，笔者将本书的主题聚焦于山镇（学术化名），研究山镇教办所管辖的 9 所小学——1 所镇中心校和 8 所村小，通过研究这些小学如何运转、改革和发展，在微观的意义上解剖这

---

① 根据学术规范，本书的朴县为化名。原课题申报书的标题中用的是 M 县，本书在撰写过程中，为了方便读者阅读，将字母表达转化为汉字表达，特此说明。

② 镇教办的全称为乡镇教育管理委员会办公室，当前我国仅有部分农村地区存在"教办"这一机构。关于教办的概念及其与"中心校"的关系，本书正文中将进行详细论述。

一个案，进而阐释中国农村义务教育治理的成绩、问题并探索农村基础教育改进的方向，从微观的个案中管窥宏观的国家层面的农村义务教育改革进程。

麻雀虽小，五脏俱全。即便笔者将研究的空间"缩小"为一个乡镇，内容依然是极其丰富的。镇教办的内部运作及小学的内部治理架构、教师队伍、家校合作、教育质量等微观而具体的事务都值得深入研究。以教师队伍建设为例，截至2020年6月，山镇的394名小学教师就有在编教师、劳务派遣教师和代课教师三种类型，其身份类型、专业发展、职称评定、流动与流失等都蕴藏着诸多可以解释的空间。再如，农村小学的家校合作，由于社会与家庭结构的变化、家长文化水平和留守儿童的普遍存在等原因，农村小学的家校合作呈现出与城市学校诸多不同的特点。这些都值得我们去深入探究。

此前，学术界鲜见有对乡镇范围内小学的运转进行详细探讨的研究。本书的价值在于对一个时代的农村小学进行深描，记录中国最基层的教育行政管理部门如何对小学进行管理，学校内部如何开展教育教学工作，如何为乡土社会培养人才。在此基础上，笔者试图对农村小学运转中的各类现象进行理论阐释并据此提出改进农村基础教育的路径。笔者提出，要用现代治理理论中多元主体协同的思路推进农村基础教育的治理，构筑农村基础教育发展的支持性体系；进一步推进农村基础教育治理的专业化，提升教育行政管理人员的专业水平；运用最新的数据驱动教育决策的思想，从整体上建构一种基于数据支持的学校教育治理文化，以数据赋能教师专业发展和学生学习。

我们相信，在农村基础教育各类主体的共同努力下，农村学校将为乡村社会的发展培养出更多更好的人才，在乡村振兴中发挥出更大的力量。农村基础教育工作者能够为中国式现代化和教育强国的建成做出属于自己的独特贡献。

目　　录

一、研究背景：乡村振兴中的农村教育治理困境

　　《中华人民共和国乡村振兴促进法》界定的乡村是指"城市建成区以外具有自然、社会、经济特征和生产、生活、生态、文化等多重功能的地域综合体，包括乡镇和村庄等"。从世界范围来看，伴随着城镇化进程，农村人口必然逐步减少。但从历史趋势来看，农村人口的减少又是一个长期的、渐进的过程。即使在经济发达的国家和地区，农村也将长期存在。在我国城镇化率较低的中西部地区，农村存在的范围将更广，时间将更为长久。乡村社会的发展在我国社会发展和现代化进程中的地位至关重要。中共中央、国务院印发的《乡村振兴战略规划（2018—2022 年）》指出，"乡村兴则国家兴，乡村衰则国家衰。我国人民日益增长的美好生活需要和不平衡不充分的发展之间的矛盾在乡村最为突出，我国仍处于并将长期处于社会主义初级阶段的特征很大程度上表现在乡村"。可以说，没有乡村社会的现代化，中国的现代化是不完整的，也难以真正实现。21 世纪以来，党中央、国务院高度重视农村的地位，重视农村问题的解决，连续多年党中央一号文件聚焦于"三农"问题，密集出台一系列政策方针，全面、深入地推进农村社会的发展。2017 年，党的十九大报告提出要坚持农业农村优先发展，加快推进

农业农村现代化，深入开展脱贫攻坚，实施乡村振兴战略。2021 年 4 月 29 日，第十三届全国人民代表大会常务委员会第二十八次会议表决通过《中华人民共和国乡村振兴促进法》，以顶层设计高位引领农村经济社会的全面发展。

在实现乡村振兴的进程中，农村教育无疑扮演着重要的角色，也将承担更为重要的使命。乡村振兴要靠人来实现，没有乡村教育为乡村建设培育优秀的人才，乡村难以振兴。"实施乡村振兴战略，最根本的因素在于人及人的现代化所蕴藏的强大乡村人力资本，教育能为实现乡村人力资本的积累与转化奠定基础。同时，教育作为乡村文化传承的重要载体，因具有较强的价值引导作用，被赋予了振兴乡村文化的时代使命。"[1]学术界存在着农村教育"为农"和"离农"的争论[2]，有学者主张农村学校教育要以城市生活为导向提升农村教育质量，为农村学生升入高一级学校奠定基础；也有学者主张农村学校教育要培育建设农村的人才。但是，农村教育需要发展是学界共识，只是在发展的具体目标、方式和路径方面有所区别。需要认识到的是，尽管农村学校教育存在着师资水平薄弱、教育质量不高等问题，但是，农村学校的存在和发展对于农村地区尤其是欠发达地区农村义务教育普及、巩固和均衡发展，保障农村地区儿童受教育权，传承乡土文化，助力农村地区精准扶贫，促进城乡一体化背景下的城镇化发展等均具有重要意义。

经过改革开放 40 多年的努力，我国在义务教育普及和巩固方面取得了举世瞩目的成就，保障了广大儿童青少年的受教育权，为世界全民教育的发展提供了中国经验。在此过程中，农村义务教育功不可没。农村学校对于乡土文化的传承具有重要意义。农村不仅仅是经济社会发展的空间，也是传统文化的载体，以儒家文化为代表的中国传统文化——尤其是小传统[3]意义上的文化在农村传承得更好，因此在一定程度上农村更能体现中国传统文化的精神。而农村教育的衰落，将导

---

① 袁利平, 姜嘉伟. 关于教育服务乡村振兴战略的思考[J]. 武汉大学学报(哲学社会科学版), 2021(1): 159-169.

② 参见: 邬志辉, 张培. 农村教育概念之变[J]. 高等教育研究, 2019(5): 10-18; 李涛. 中国农村教育的概念实质及未来特征[J]. 探索与争鸣, 2021(4): 31-34; 肖正德, 谷亚. 农村教育到底为了谁?——农村教育价值取向研究述评[J]. 教育研究与实验, 2019(6): 24-28; 李学良. 农村教育的"离农"、"向农"之争——兼论农村教育的价值取向[J]. 教育学术月刊, 2018(2): 65-70.

③ "大传统"和"小传统"是美国人类学家罗伯特·雷德菲尔德(Robert Redfield)提出的概念，所谓"大传统"，是指以都市为中心社会中的少数人，如上层士绅、知识分子所代表的文化；所谓"小传统"，则是指散布在村落中的多数农民所代表的生活文化。参见: 郑萍. 村落视野中的大传统与小传统[J]. 读书, 2005(7): 11-19.

致农村社会在人才和文化方面的进一步空心化，这对新农村建设、新型农民培养、农村经济发展和社会稳定都会产生不利影响。

无论是从历史还是从现实来看，中国农村的基础教育在国家教育发展体系中都处于至关重要的地位。就小学的数据而言，教育部统计数据①显示，2020 年，全国小学在校生共有 107 253 532 人，其中城区为 42 030 976 人，比 2017 年的 34 622 854 人增加 21.40%；镇区为 40 717 741 人，与 2017 年的 38 560 500 人相比，增幅为 5.59%；乡村为 24 504 815 人，与 2017 年的 27 753 626 人相比，减幅为 11.71%。2020 年镇区和乡村合计有小学生 65 222 556 人，占全国小学生的比例为 60.81%。2020 年小学学校数为 157 979 所，另外有小学教学点 90 295 所，小学学校数比 2017 年的 167 009 所减少 9030 所，减幅为 5.41%。2020 年，城区小学有 29 207 所，比 2017 年的 27 159 所增加 2048 所，增幅为 7.54%；镇区小学有 42 687 所，比 2017 年的 43 798 所减少 1111 所，减幅为 2.54%；乡村小学有 86 085 所，比 2017 年的 96 052 所减少 9967 所，减幅为 10.38%。由此可以看出，即便是伴随着城镇化的趋势，城区学校数量增加，乡村学校数量减少，但是，2020 年镇区和乡村小学学校数占全国小学学校总数的 81.5%，如果计入乡村小学教学点，这一比例则更大。因此可以得出结论，尽管经历了快速的城市化，但农村小学依然是小学教育的主体。

改革开放以来，农村义务教育在规模上取得了长足发展，实现了义务教育的普及，彻底解决了农村儿童"有学上"的问题。然而，由于历史欠账较多，且当前农村基础教育发展存在诸多问题，实现农村儿童"上好学"还有很长的路要走。无论是既有文献或是新闻报道，还是笔者的调研均发现，农村义务教育学校的教育教学质量依然存在问题。制约农村义务教育发展的因素固然有教育投入、师资水平等原因，但教育治理水平较低则是更为重要、更为根本的因素。党的十八届三中全会提出"推进国家治理体系和治理能力的现代化"这一重要的战略目标。在教育领域，2017 年国务院印发的《国家教育事业发展"十三五"规划》强调，要"改革教育治理体系、深化简政放权、放管结合、优化服务改革，落实学校办

---

① 本部分数据根据教育部 2020 年和 2017 年教育统计数据计算得出。2020 年数据参见 http://www.moe.gov.cn/jyb_sjzl/moe_560/2020/quanguo/index_3.html 中的"小学校数、教学点数及班数""小学学生数"；2017 年数据参见 http://www.moe.gov.cn/jyb_sjzl/moe_560/ jytjsj_2017/qg/index_3.html 中的"小学校数、教学点数及班数""小学学生数"。

学自主权，加快现代学校制度建设"，进而"形成政府依法管理、学校依法自主办学、社会各界依法参与和监督的格局，教育治理体系和治理能力现代化水平明显提升"。广大农村地区的教育事业发展与这些目标的实现还有较大差距。从笔者前期调研结果来看，当前农村义务教育治理制度体系不完善、家长和社区等教育治理主体参与的体制机制不顺、教育行政部门的治理主体专业素养较低、人民群众对于义务教育发展水平不满意等问题还普遍存在。如何在农村义务教育治理中贯彻、实现上述政策要求，切实提升农村义务教育治理现代化水平，进而通过农村义务教育治理体系优化和治理水平提升来推进农村义务教育发展，就成为一项十分重要的课题。

二、文献述评

本书聚焦于农村义务教育治理体系优化与治理能力提升，治理理论是主要的理论基础，因此，首先，笔者将梳理治理理论的主要观点及其影响下的教育治理理论；其次，本书研究的主题是农村教育，所以下文将对近年来关于农村教育尤其是农村基础教育的文献做一述评，从而为后文分析山镇小学的治理奠定基础。

（一）治理理论及其在中国的适用性

治理理论自 20 世纪 80 年代兴起以来，成为影响国际政治理论发展的重要思潮。全球治理委员会于 1995 年对治理做出如下界定：治理是或公或私的个人和机构经营管理相同事务的诸多方式的总和。它是使相互冲突或不同的利益得以调和并且采取联合行动的持续的过程，包括有权迫使人们服从的正式机构和规章制度，以及种种非正式安排。凡此种种均由人民和机构或者同意，或者认为符合其利益而授予其权力。它有四个特征：治理不是一套规则条例，也不是一种活动，而是一个过程；治理的建立不以支配为基础，而以调和为基础；治理同时涉及公立部门和私立部门；治理并不意味着一种正式制度，而确实有赖于持续的相互作用[①]。

---

① 俞可平. 治理与善治[M]. 北京: 社会科学文献出版社, 2000: 270-271.

斯托克认为治理的本质在于，它所偏重的统治机制并不依靠政府的权威或制裁。治理的概念是，它所要创造的结构或秩序不能由外部强加；它之所以能发挥作用，要依靠多种进行统治的以及相互发生影响的行为者的互动。他有五个核心论点：①治理指出自政府但又不限于政府的一套社会公共机构和行为者。②治理明确指出在为社会和经济问题寻求解答的过程中存在的界线和责任的模糊点。③治理明确肯定涉及集体行为的各个社会公共机构之间存在的权力依赖。④治理指行为者网络的自主自治。⑤治理认定，办好事情的能力并不在于政府的权力，不在于政府下命令或运用其权威。政府可以动用新的工具和技术来控制和指引；而政府的能力和责任均在于此①。罗兹（R. A. W. Rhodes）以列举特征的方式定义治理：①组织间的相互依赖。治理的主体比政府更为广泛，包括非政府行为体。治理改变政府的边界，意味着公共、私人和志愿部门的边界变得不确定和模糊。②网络成员间的持续互动，由交换资源和协商共同目标的需要所引起。③博弈式互动植根于信任，受由网络参与者协商并同意的博弈规则的控制。④国家在治理中有特殊的地位。（治理）网络中政府没有责任，网络是自组织的。但是政府有一定的特殊地位，能够间接地、不完全地管控网络。总之，治理是使用并通过网络来进行管理的②。

　　综合既有文献，笔者认为，治理的基本特征如下：第一，治理的目标不是控制和支配资源，而是通过协商共同解决现代社会所面临的难以由政府单独解决的复杂公共问题。第二，治理主体的多元化，治理与传统的统治或管理的区别在于，统治或管理是以政府为单一主体的，治理则是除了政府之外公司、社会组织和家庭等的参与，政府不再是公共事务中的唯一主体，这拓宽了治理的边界。第三，治理权力来源多元化，权力不仅仅来源于既定的正式的规章制度，也来源于非正式制度，还来源于主体间的协商合作。第四，治理手段多元化，新的技术和工具在治理中被广泛使用。第五，治理是一个动态的过程，需要多元主体间不停地博弈、互动来建立治理网络。本书将采用治理的网络概念，理解教育利益相关者之间的网络关系，重视信任在基础教育治理网络中的作用。

　　治理理论也是复杂和多元的。例如，治理理论重视政府以外多元主体的参与，这是治理理论的首要特征，然而，以杰索普（Bob Jessop）为代表的元治理研究者

---

① 格里·斯托克. 作为理论的治理：五个论点[J]. 华夏风译. 国际社会科学杂志(中文版), 1999(1): 19-30.

② R. A. W. 罗兹. 理解治理：10 年之后[M]//王浦劬, 臧雷振. 治理理论与实践：经典议题研究新解. 北京：中央编译出版社, 2017: 16-37.

提出国家在治理中起着重要作用甚至是核心作用，有效的多元运行需要基础的秩序保障者，这个元治理的角色应当由国家承担。作为一个制度性子系统的国家不过是更广泛、更复杂的社会的一部分，但它同时又按常规承担着保证该社会的机构制度完整和社会凝聚力的责任①。还有一部分治理研究直接采取了国家主义的立场，认为治理问题中最核心的是政治权力的使用方式和效果，国家的存在和影响力广泛地体现在经济社会的各个方面，其他治理行动者的自主权受制于此，常常是推动构建"治理"秩序的愿望越强烈，越需要强调国家在治理中的重要作用②。徐勇也认为，治理是对公共事务的处理，以支配、影响和调控社会。而要达到治理的目的，必须借助于公共权力。因此，在治理的逻辑结构中，公共权力是最为核心的概念③。结合"教育治理"这一主题，我们认为，注重多元主体参与的治理理论吸纳政府以外的组织（企业、慈善组织）和家庭等单位参与解决教育问题，是治理理论的体现，也在教育治理实践中有所进步。但是，在中国当下的政治语境中，我们更需要坚持政府在教育治理体系优化和治理能力提升方面的主导地位。政府以外的其他主体都是在政府的支持和引导下获得参与治理的空间的，这是中国政治和治理的实践逻辑。

治理实践具有协商性和协作性④。治理的出现是现代政治发展中"政府失灵"和"市场失灵"双重困境的产物。政府与多元主体的协同治理从根本上可以弥补市场、政府和社会组织单一主体治理的局限性。协同治理致力于构建正式的、协商的、具有共识性的集体决策程序，要求公共机构在制定公共政策时与利益攸关的非国家行为者直接接触，通过共同参与和协商一致的方式进行决策，力图实现公共利益的最大化⑤。在治理实践中，协同治理中主体间合作的状态并非总是令人满意的。如果相关行为体之间的合作意愿不够强烈，或行为体之间的地位严重不对等，又或是行为体之间虽然相互依赖但治理目标的互惠性程度不够，这些情形

---

① 鲍勃·杰索普. 治理的兴起及其失败的风险: 以经济发展为例的论述[J]. 漆蕪译. 国际社会科学杂志(中文版), 1999(1): 31-48.

② 李洋. 西方治理理论的缺陷与马克思治理思想的超越[J]. 哲学研究, 2020(7): 48-57.

③ 徐勇. GOVERNANCE: 治理的阐释[J]. 政治学研究, 1997(1): 63-67.

④ H. K. 科尔巴齐. 治理的意义[M]//王浦劬, 臧雷振. 治理理论与实践: 经典议题研究新解. 北京: 中央编译出版社, 2017: 3-15.

⑤ Ansell C, Gash A. Collaborative governance in theory and practice[J]. Journal of Public Administration Research and Theory, 2008, 18(4): 543-571.

都会对各行为体进行有效合作和提升各自的互动能力的动机形成制约。在协同治理中，越是能建构起较为平等的合作关系，越是能强化相互依赖关系中的互惠性目标，行为体之间的政策互动能力就越有可能得到提升①。就本书而言，农村义务教育的治理既需要政府内各部门——教育、人事编制、财政、公安等的协同，也需要政府与社会各界——企业、社区、家庭等各治理参与主体之间的协同。政府内各部门的协同需要政府建章立制，建立协同的体制机制；政府与社会治理主体的协同则需要建立信任和沟通的平台与机制，并在此基础上理顺协同治理的多元主体之间的关系，激发治理参与主体的主动性、积极性和创造性，提升多元主体的依赖和互惠水平，实现多元主体共治的格局。

整体性治理理论针对跨部门合作中存在的条块分割、各自为政、目标冲突等问题，旨在有效解决治理碎片化和跨部门合作难题，重视政府系统的一致性政策目标对各参与主体的导向作用，并通过纵向层面权力的相对集中和等级式的适度控制，促使政府在治理过程中实现主体性回归，为各部门和机构间的协调与整合创造有利条件，最终使治理活动从破碎迈向整合、从局部迈向整体②。整体性治理理论可以帮助我们更深刻地理解各级政府中与教育事业发展相关的行政部门在教育治理中扮演的角色，同时把教师、学生及其家长等教育利益相关者纳入治理体系中，借助于信息技术、传播媒介、教育检查等手段，从整体上看待教育治理。

研究者还从不同视角提出有效治理的指标体系，学术界普遍将"好"的治理称为"善治"。波文斯（Bovens）等提出了善治的四个标准：合法性、诚信、民主以及有效性/效率③。俞可平提出了善治的六个基本要素，即合法性、透明性、责任性、法治、回应和有效④。阿伦斯（Joachim Ahrens）等提出了有效治理的四个维度：问责制、可预见性、参与度和透明度⑤。这些指标有的是实质性的，如有效性、合法性，有的则是程序性的，如诚信和透明度等。在治理实践中，这些指标可能会存在不可调和的冲突，需要我们在具体的治理实践情境中加以权衡。本书

---

① 余亚梅，唐贤兴. 协同治理视野下的政策能力：新概念和新框架[J]. 南京社会科学，2020(9): 7-15.

② 丁建彪. 整体性治理视角下中国农村扶贫脱贫实践过程研究[J]. 政治学研究，2020(3): 113-124, 128.

③ 转引自加尔特·德·格拉夫，赫斯特·潘纳克. 善治：冲突中的绩效价值和程序价值[M]//王浦劬，臧雷振. 治理理论与实践：经典议题研究新解. 北京：中央编译出版社，2017: 38-60.

④ 俞可平. 治理和善治：一种新的政治分析框架[J]. 南京社会科学，2001(9): 40-44.

⑤ Ahrens J, Caspers R, Weingarth J. Good Governance in the 21st Century[M]. Massachusetts: Edward Elgar Publishing, 2011: 14.

将重点关注农村义务教育治理实践中善治的以下三个指标：在治理体系方面，教育治理主体的协同性，或者说多元治理主体的参与度；在治理能力方面，教育治理的专业性；在治理绩效方面，教育治理的回应性或者说有效性。

有学者提出要警惕治理理论的滥用和误用。在张力看来，治理理论是在西方国家市场失灵与政府失败的双重困境下产生的，而中国面临的现实问题是市场不完善①，因此否认治理理论在中国的适用性。在此意义上，中国的治理应该加强政府的宏观调控，进一步发挥市场对资源配置的基础性作用。探讨治理理论对中国的适用性，应尽可能地挖掘本土资源，创造出具有中国特色的治理机制和形式；应在政府不缺位的前提下，大力推动政府与非政府组织的沟通和协作；应根据各地条件和问题的不同，发展符合需要和切合实际的治理形式②。就中国的语境而言，国家治理体系是在党领导下管理国家的制度体系，包括经济、政治、文化、社会、生态文明和党的建设等各领域体制机制、法律法规安排，也就是一整套紧密相连、相互协调的国家制度；国家治理能力则是运用国家制度管理社会各方面事务的能力。国家治理体系和治理能力是一个有机整体，两者相辅相成，有了好的国家治理体系才能提高国家治理能力，提高国家治理能力才能充分发挥国家治理体系的效能③。在治理实践方面，国家治理能力则主要包括依法治理的能力、对权力的规制能力、对权利的保障能力三个方面④。也有学者注意到现代科技对于治理能力提升的影响，大数据时代的治理具有环境复杂化、诉求多元化和场景网络化的特点，认为治理结构的完善和治理能力的提升应当借助科技的力量，基于此，利用大数据建立多主体协同、信息均衡、数据驱动的智能化社会治理体系已经成为社会治理创新的发展趋势⑤。这让我们思考，现有的农村义务教育治理的制度体系是否健全？在山镇的小学运行和发展过程中，制度体系是否发挥了有效的作用？代表国家治理主体的基层政府，尤其是其教育行政部门是否有效地贯彻执行了教育政策和法律？教育行政部门如何在政策法律的规制下创造性地开展工作？现代教育技术在农村学校的普及是否促进了农村义务教育治理能力的提升？农村学校在运用

① 张力. 述评: 治理理论在中国适用性的论争[J]. 理论与改革, 2013(4): 200-203.
② 陈刚. 治理理论的中国适用性及中国式善治的实践方略[J]. 湖北社会科学, 2015(2): 43-48.
③ 习近平. 习近平谈治国理政（第三卷）[M]. 北京: 外文出版社, 2014: 92.
④ 彭中礼. 国家治理能力是什么: 现代法治理论的框架性回应[J]. 东岳论丛, 2020(4): 126-137.
⑤ 孟天广, 赵娟. 大数据驱动的智能化社会治理: 理论建构与治理体系[J]. 电子政务, 2018(8): 2-11.

现代教育技术开展教育治理的过程中存在何种困境?

（二）教育治理的文献述评

在教育领域积极引入发端于政治学和公共管理学科的治理理论，突破了传统意义上的学校管理和教育行政管理。基于对西方治理理论的引介和理解，我国教育学者结合中国教育实践探讨了教育治理的内涵。褚宏启认为，我国教育管理中的主要矛盾是政府与学校的关系问题以及社会参与不足的问题。在此背景下，我国的教育治理是指国家机关、社会组织、利益群体和公民个体，通过一定的制度安排进行合作互动、共同管理教育公共事务的过程①。教育治理的典型特征是"共治"，是多元参与的民主管理，不是政府单一主体的自上而下的管理。但是有学者认为，发端于西方的治理理论忽视了我国"强国家–弱社会"的现实情况，多元治理主体之间的良性互动在我国语境下还缺乏许多必要条件，如发达的市场经济、成熟的民间组织以及较强的社会自治能力，这就导致若追求过于理想化的、无差别的多中心共治，则遮蔽了多元主体治理能力的差异性，最终可能陷入"治理失败"的困境②。张爽由此提出了政府主导的必要性，既然多元主体能力是有差异的，那么，"在中国的实践场域中，市民社会不够健全、市场经济体系还需完善的情况下，'政府主导'的治理体系应该是最佳选择"③。在中国当下，教育体系中的多元主体共治是一种理想和理论上的状态，而政府主导的教育治理才是现实的，也是日常教育治理实践中的真实状态，这样的状态也是本书的研究对象。因此，我们将研究政府及其教育行政部门在基础教育治理中的重要作用甚至是主导性作用。

教育治理区别于传统教育管理的一个特征在于，不同教育主体之间的关系从身份向契约转变，因此需要更多地依赖严谨而规范的教育立法来落实各方的权利与义务关系，而非简单地诉诸"红头文件"或教育政策来进行权力操控，于是，"依法治教"应该超越"政策治理"，成为教育治理的必由路径④。法律是治理的"硬"

---

① 褚宏启. 追寻教育治理的本意[J]. 教育发展研究, 2020(7): 3.

② 靳澜涛. 教育治理与教育管理的关系辩正及其实践反思: 对一个老问题的新看法[J]. 教育学术月刊, 2020(6): 17-23.

③ 张爽. 教育治理现代化视阈下基础教育集团化办学的中国道路[J]. 中国教育学刊, 2020(11): 1-6.

④ 靳澜涛. 教育治理与教育管理的关系辩正及其实践反思: 对一个老问题的新看法[J]. 教育学术月刊, 2020(6): 17-23.

工具。也有学者从社会学角度探讨了治理的"软"基础，稳定、持续的信任关系是提高治理灵活性和有效性、提高社会秩序稳定性的关键环节，有助于形成支持性的社会基础①。我国教育治理的法律体系逐步完善，然而，教育类法律在某种意义上还是"弱法"，尚未对教育治理体系的构建形成有力的保障。此外，在基层社会，社会信任也有两种形态：一种是基于乡土社会的人情、面子和关系网所形成的熟人之间的信任；另一种是对基于理性与契约精神的对政府和陌生人的信任。这两种社会信任的作用是交织在一起的，共同参与基层社会的教育治理。

在教育政策层面，《国家中长期教育改革和发展规划纲要（2010—2020年）》提出，"落实和扩大学校办学自主权。政府及其部门要树立服务意识，改进管理方式，完善监管机制，减少和规范对学校的行政审批事项，依法保障学校充分行使办学自主权和承担相应责任"，以构建政府、学校、社会之间新型关系为核心，以推进政校分开、管办分离为基本要求，以转变政府职能和简政放权为重点，建立系统完备、科学规范、运行有效的制度体系，形成政府宏观管理、学校自主办学、社会广泛参与的格局。2012年，教育部印发的《全面推进依法治校实施纲要》也明确提出，"要切实转变管理学校的方式、手段，从具体的行政管理转向依法监管、提供服务；切实落实和尊重学校办学自主权，减少过多、过细的直接管理活动"，需要列出政府给学校放权、分权、授权的细目和清单，切实扩大学校在办学模式、育人方式、资源配置、人事管理、合作办学、服务社区等方面的自主权，"要以建设现代学校制度为目标，落实和规范学校办学自主权，形成政府依法管理学校，学校依法办学、自主管理，教师依法执教，社会依法支持和参与学校管理的格局；要以提高学校章程及制度建设质量、规范和制约管理权力运行、推动基层民主建设、健全权利保障和救济机制为着力点，增强运用法治思维和法律手段解决学校改革发展中突出矛盾和问题的能力，全面提高学校依法管理的能力和水平"。国家的宏观政策为推进学校教育治理体系和治理能力现代化确立了明确的目标和路径。

国外学者关注地方学区通过督导、评价对学校变革的影响②，以及家长参与对

---

① 张爽. 教育治理现代化视阈下基础教育集团化办学的中国道路[J]. 中国教育学刊, 2020(11): 1-6.

② Johnson P E, Chrispeels J H. Linking the central office and its schools for reform[J]. Educational Administration Quarterly, 2010, 46(5): 738-775.

教育法律政策实施的影响①等话题，探究治理模式对教育的影响。在政府及其教育行政部门和学校的关系方面，西方学者基于英美等国的语境提出了教育治理理论框架②。地方教育行政部门作为教育政策制定和执行主体，为区域内学校改进与均衡发展承担责任，实现这一目标的主要方式有：①引领学校发展方向，即为学区建立共同的学校发展愿景，如高质量的学业发展水平，并通过学校和教育行政部门之间持续的交流使得两者共同对学校质量提升的过程负责。在此过程中，赋予学校办学自主权是关键，教育行政部门为学校的自主发展提供保障③。②能力建设。学校领导者和教师能够运用自主权和资源以最佳方式适应本校和学生的独特需要，为此要在各个层次上推进学校领导力和教学能力的长期持续建设。能力建设还包括为学校领导者和教师提供知识与能力的培训，提升其对课程和教学的领导力以及运用数据的能力④。③整合协调教育政策。地方教育行政部门面对来自上级的教育政策，需要考虑这些政策如何在学校层面上接受、贯彻和落实。直接面对学校的地方教育行政部门应该努力让来自上级的教育政策成为学校发展的资源和支持性力量，同时屏蔽、缓冲一些政策对学校可能产生的干扰⑤。④为学校发展建设良好的社区环境。地方教育行政部门积极协调各种关系，为学校发展建构一种有活力的、成就导向的社区文化，使社区内外、学校内外的各种利益相关者积极投入，创造最有利于学校发展和学生学业成绩提升的方式⑥。我们需要思考，在中国农村义务教育治理中，如何运用这些治理模式来提升教育治理水平。

① Mead J F, Lewis M M. The implications of the use of parental choice as a legal "circuit breaker"[J]. American Educational Research Journal, 2016, 53(1): 100-131.

② Rorrer A K, Skrla L, Scheurich J J. Districts as institutional actors in educational reform[J]. Educational Administration Quarterly, 2008, 44(3): 307-357.

③ Datnow A, Park V. Data-Driven Leadership[M]. San Francisco: Jossey-Bass, 2014; Hitt D H, Robinson W, Player D. District Readiness to Support School Turnaround: A Guide for State Education Agencies and Districts (2nd)[M]. San Francisco: WestEd, 2018.

④ Keddie A. School autonomy, accountability and collaboration: A critical review[J]. Journal of Educational Administration and History, 2015, 47(1): 1-17.

⑤ Louis K S, Leithwood, K, Wahlstrom K L, et al. Learning from Leadership: Investigating the Links to Improved Student Learning[R]. Final Report of Research to the Wallace Foundation, 2010.

⑥ Togneri W, Anderson S E. Beyond Islands of Excellence: What Districts can do to Improve Instruction and Achievement in All Schools[R]. A Project of the Learning First Alliance, 2003.

（三）农村义务教育治理文献述评

改革开放以来，农村义务教育治理体制机制发生了一系列重大变化。1985 年《中共中央关于教育体制改革的决定》确立了基础教育由"地方负责、分级管理"的原则，激发了农村基础教育的活力，同时也为后来农村教育的城乡差距、区域差距埋下了伏笔。2001 年《国务院关于基础教育改革与发展的决定》确立了"在国务院领导下，由地方政府负责、分级管理、以县为主"的义务教育管理体制。2010 年《国家中长期教育改革和发展规划纲要（2010—2020 年）》提出建立城乡一体化义务教育发展机制，在财政拨款、学校建设、教师配置等方面向农村倾斜，率先在县（区）域内实现城乡均衡发展，逐步在更大范围内推进。根据 2004 年起实施的《国家西部地区"两基"攻坚计划（2004—2007 年）》，以及"国家贫困地区义务教育工程""义务教育学校标准化建设项目"等，中央政府和教育部门、财政部门拨出专项经费，对农村义务教育学校的办学条件、学生发展以及师资队伍建设予以特别支持，取得了良好效果。学术界对这些"工程""计划""项目"的实施都有诸多专门的研究，探讨政策的制定、执行和实施效果，总结农村教育治理成就及其存在的具体问题。整体上看，改革开放以来农村义务教育治理政策呈现出以下特征：在发展理念方面，从城乡教育二元发展走向城乡教育均衡发展和一体化发展；在治理目标建构上，在系统思维的引领下，追求农村义务教育与农村经济社会及农村各级各类教育的协调发展；在义务教育治理的路径方面，从早期鼓励"自下而上"的探索到 21 世纪以来更强调"自上而下"的顶层设计，体现了"上下结合"的运行特征[①]。

郭建如分析了农村教育财政关系调整、中小学布局调整和私立教育兴起等现象对农村义务教育治理的影响，考察了乡镇基层政权、村庄社区和民众之间的权力互动关系及其各自在农村义务教育治理中扮演的角色。在"国家-社会"的理论视角下，义务教育推行是国家权力渗透乡村社会的过程。"强国家-弱社会"的态势使教育领域出现了以公办教育为主、缺乏效率的僵化体制，教育系统在乡村社会中逐渐成为相对封闭运行的"文化孤岛"，缺少与社区的有机联系。因此，如何利用社会力量，通过民主监督机制和决策机制使政府将更多的资源投入义务教育，

---

① 魏峰. 改革开放 40 年我国农村教育发展：成就、动力与政策演进特征[J]. 基础教育，2018(6): 15-21.

提高教育效率，改善内部治理，是值得追求的目标①。事实上，很多地方义务教育发展中的社会力量参与并未达到预期效果，而是产生了各种冲突。如何以协同治理的思路发挥政府的引导作用，通过政府与社会的良性互动来引领多元主体积极有效地参与农村义务教育治理，需要我们深入探究。赵全军认为，改革开放以来，我国农村义务教育体制形成了压力型供给体制，这种压力型体制赋予基层政府的更多的是外在压力而非内在激励，所以，制度外供给成为我国农村义务教育供给的主要路径②。陈静漪和宗晓华指出，21 世纪以来，农村义务教育实现了从"人民教育人民办"的乡村自给模式到"以县为主"和"各级政府共担"的公共财政保障模式的转变。在财权向上集中、管理权伴随性上移后，农村义务教育最终在财政、管理、空间上形成了对乡村社会的"悬浮"，进而造成治理机制的失衡，导致治理目标落空。为解决这些问题，需要通过制度化赋权乡村社会建立以基层政府、乡村社会和学校互动机制为重点的义务教育治理结构③。这些研究都关注在农村义务教育管理体制、教育财政体制变革的背景下，基层政府义务教育发展重心的变化及其与学校的关系。概言之，从分权体制下的农村学校资源薄弱而状态较为自主，到集权体制下的资源增加而自主性减少，对农村义务教育的学校发展都是不利的。农村小学如何面对由这些政策变革背景导致的压力来源变化，这些变化又如何影响学校发展，是笔者要探讨的主题。

城镇化是影响农村义务教育学校发展的宏观背景。城镇化导致农村人口流失、农村空心化和农村学校规模缩小，在此背景下，新型的乡村教育现代化应该是基于乡村资源优势和儿童经验特点的"乡村"且"现代"的教育，这样的教育需要"积极过程主义的教育现代化"来实现④。在农村义务教育治理中，既要重视以效率为代表的工具理性，更要重视以公平和质量为主要旨归的价值理性⑤。在城镇化背景下，农村义务教育的社会需求从"有学上"向"上好学"转变。尽管农村义务教育政策在管理体制、财政投入和教师队伍建设方面有所进步，但是在整体规

---

① 郭建如. 国家-社会视角下的农村基础教育发展: 教育政治学分析[J]. 北京大学教育评论, 2005(3): 70-79.

② 赵全军. 压力型动员: 改革后中国农村义务教育的供给之道[J]. 云南社会科学, 2008(4): 72-76.

③ 陈静漪, 宗晓华. 中国农村义务教育供给机制变革及其效应分析——基于"悬浮型"有益品的视角[J]. 江海学刊, 2012(4): 226-233.

④ 邬志辉. 乡村教育现代化三问[J]. 教育发展研究, 2015(1): 53-56.

⑤ 凡勇昆, 邬志辉. 农村教育现代化的解释逻辑和价值定位[J]. 教育科学研究, 2015(7): 10-15.

划、教师编制等方面还面临着较强的现实阻力，处于人、财的双重困局之中①。农村义务教育治理面临着来自教育系统外部的人、财和各种考核等压力，以及来自教育系统内部的教育质量、教师队伍建设等多重困局，为了应对这些压力，基层政府及其教育行政部门的管理者需要运用各种策略，以实现治理目标。沈洪成研究了云南一个民族乡镇义务教育治理实践中教育行政部门的动员机制及其与学校、受教育者之间的利益博弈，在治理过程中遇到各种"自上而下"的政策追求与"自下而上"的对策之间的对立。在乡镇层面，"目标责任制"和"运动式治理"等基层政权常用的治理策略发挥作用，来自基层政权推动的外部治理与学校内部对各类主体的规训紧密结合，最终达到了"控辍保学"的义务教育治理目标②。本书中，我们也将经常看到，教育行政部门经常采用"目标责任制"策略，为了迎接各种检查、评估、验收而进行"运动式治理"。

上述研究对我们考察农村义务教育治理的结构、机制、特征及其问题具有重要的借鉴意义。本书通过深描山镇中心校和村小的教育治理，尝试提炼农村义务教育治理的特征和理论命题，提出改进农村义务教育治理的政策建议。

三、核心概念

劳伦斯·纽曼（Lawrence Neuman）曾说："概念是建构理论的基石……概念的定义有助于联结理论与研究……软弱无力、相互矛盾或不清晰的概念定义限制了知识的进步。"③我们需要对本书中的核心概念进行清晰厘定，以便进一步在既有的框架下讨论问题。

---

① 葛新斌. 免费时代农村教育的"人财困局"[J]. 华南师范大学学报（社会科学版），2013(1): 25-29, 157; 袁桂林. 农村基础教育发展的需求、推力与阻力[J]. 华南师范大学学报（社会科学版），2013(1): 22-25, 157.

② 沈洪成. 教育下乡：一个乡镇的教育治理实践[J]. 社会学研究，2014(2): 90-115, 243-244.

③ 劳伦斯·纽曼. 社会研究方法：定性和定量的取向(第五版)[M]. 郝大海译. 北京：中国人民大学出版社，2007: 59-60.

（一）农村教育

农村教育是一个极其常用的概念，但细究起来又会发现，这是一个很难说清楚的概念。21世纪以来，党中央、国务院和教育部颁布了一系列关于农村教育的文件，如2002年《国务院办公厅关于完善农村义务教育管理体制的通知》、2003年《国务院关于进一步加强农村教育工作的决定》和2016年《国务院关于统筹推进县域内城乡义务教育一体化改革发展的若干意见》等，但这些文件都只是将农村教育当作一个固定的、已知的概念来使用，而未对农村教育的内涵和适用范围进行界定。

乡村振兴成为当下流行的政策性话语，因此，对农村教育的理解不得不注意农村和乡村的区别。然而既有研究中，很多人是不做区分地将两者加以混用。即便是在联合国粮食及农业组织、联合国人类住区规划署等六大国际机构经过历时五年研讨形成的关于城乡界定的研究报告《城市化水平判定——国际比较中定义城市、市镇和农村的方法手册》中，对城市、市镇和人口半稠密区的界定都有详细的人口数量和区域内人口密度作为指标，而对乡村的认定则是"去除以上区域后，目标区域的其他部分都是乡村"。党国英翻译此报告时，也是同时使用乡村和农村两种表达[①]。

乡村的概念古已有之，民国时期教育政策和学术讨论中多使用乡村教育的概念，晏阳初、梁漱溟等推动的乡村建设也为人熟知。中华人民共和国成立后，教育政策文件中则长期使用"农村教育"这一表述，如1956年《教育部关于在农村小学五、六年级增设农业常识和农业常识教学要点的通知》、1984年《国务院关于筹措农村学校办学经费的通知》，再到2003年《国务院关于进一步加强农村教育工作的决定》，只有当城市和农村在同一个文件里出现时才将"城乡"并列使用，如2016年《国务院关于统筹推进县域内城乡义务教育一体化改革发展的若干意见》。

近年来，党中央提出了乡村振兴，教育政策中才更多地出现"乡村教育"的表述。在笔者看来，乡村的"乡"侧重于乡村社会居民的生活方式，指居民以村落为单位的聚居方式，更具有人文气息，更多涉及乡村居民的人际关系、人情伦

---

① 党国英. 应科学界定"城乡"概念[N]. 北京日报, 2021-08-09(第10版).

理等，如日常话语中的"乡里乡亲""本乡本土"等词汇所蕴含的人情。农村的"农"更侧重于农村居民的生产方式，更多涉及的是农村居民的生计来源和基于农业生产特征的日常生活状态。可以说，当用"农村"概念时，我们更多关注的是经济问题以及与此相关的农村社会发展；而当说"乡村"时，我们更多的是在文化的意义上理解乡土社会的生活方式和社会结构。在此意义上，乡村振兴是包括文化在内的社会全面发展。

邬志辉和张培从区域论、对象论和功能论的视角梳理农村教育概念，区域论者认为"只要发生在农村这一地理空间范围内的教育就是农村教育"；对象论者则认为农村教育是"以农村户籍儿童为对象、以农村社会文化为内容的教育"，无论这种教育发生在城市还是乡村，只要教育对象是农村户籍、教育内容与乡土文化生活相联系，都可被称为农村教育；功能论者认为，所有能够促进农村现代化发展的各级各类教育都是农村教育[①]。李涛综合了空间、对象和内容特质维度，从更为抽象的意义上理解农村教育："在农村边界内（含乡、村、镇及其他接合部），为农村多种人群提供的，传递道德价值、知识符号和实践技艺（包含经典性文明、道德性精神、普遍性知识、地方性经验、实践性智慧、工具性技艺）的社会性活动"[②]。这一概念超越了过去的争论，赋予农村教育更为多元和丰富的内涵，对农村教育目的和内容的理解颇具新意。

在乡村振兴背景下，传统意义上的农村教育范围扩大，一切在乡村场景中发生的、基于乡村文化生长的教育，以及经多重功能整合后指向乡村振兴的教育都是农村教育。从教育政策的角度而言，广义上的农村教育是指发生在农村地域内，包括农村学校教育、农村社区（社会）教育和家庭教育在内的一切教育形式。本书中，笔者关注的主要是农村学校教育，尤其是义务教育阶段的农村学校教育。

（二）小学教育的内涵及其历史演变

小学是基础教育的组成部分。清末民初，新式教育自引入中国以来就将小学教育纳入学校教育体系的重要环节。1912年，中华民国教育部公布《学校系统令》，

---

① 邬志辉, 张培. 农村教育概念之变[J]. 高等教育研究, 2019(5): 10-18.
② 李涛. 中国农村教育的概念实质及未来特征[J]. 探索与争鸣, 2021(4): 31-34.

规定小学校四年毕业，为义务教育，小学校毕业后进入高等小学校；高等小学校三年毕业，毕业后得入中学或师范学校或实业学校。小学阶段合计修业年限为七年[①]。1922 年，中华民国政府颁布的新学制（"壬戌学制"）规定初等教育为六年，包括初等小学校四年、高等小学校两年[②]。

中华人民共和国成立后，1951 年，中央人民政府政务院颁布《关于改革学制的决定》，缩短小学修业年限，实行五年一贯制，取消初、高两级的分段制，以使城乡劳动人民的子女能够平等地享受完全的基础教育[③]。1953 年，中央人民政府政务院颁布《关于整顿和改进小学教育的指示》，指出小学教育是整个教育建设的基础，它的任务是教育新后代，使之成为新中国健全的公民，由于师资教材等条件准备不足，不宜继续推行五年一贯制，因此继续沿用四二制，分初、高两级。初级修业年限四年，高级修业年限两年。该文件对小学教育的定位是"人民的基础教育"，并提出"今后在相当长的时期内，小学学生毕业后，主要是参加劳动生产，升学的还只能是一部分。因此，在学校平时劳动教育中不应片面强调学生毕业后如何升学，而应强调毕业后如何从事劳动生产，培育学生热爱劳动的思想感情和劳动习惯"[④]。这奠定了其后小学教育发展的方向。

1980 年，中共中央、国务院在《关于普及小学教育若干问题的决定》中明确提出，在 20 世纪 80 年代全国要基本实现普及小学教育，具有较好条件的地区需在 1985 年之前完成普及小学教育，其他地区可在 1990 年之前基本普及，"今后一段时期，小学学制可以五年制与六年制并存，城市小学可以先试行六年制，农村小学学制暂时不动"[⑤]。1982 年颁布的《中华人民共和国宪法》明确指出，普及初等义务教育。1986 年颁布的《中华人民共和国义务教育法》规定，国家实行九年制义务教育，小学六年，初中三年，并明确了义务教育的性质、实施步骤和保障措施，使义务教育发展进入法制化轨道。此后的教育政策法规中均将小学教育纳入义务教育范畴进行管理，很少像此前一样单独针对小学教育的普及、发展出台专门的政策法规。至此，小学修业年限也在法律层面上稳定下来。但事实上，

① 舒新城. 中国近代教育史资料(上册)[M]. 北京: 人民教育出版社, 1961: 226.
② 孙培青. 中国教育史(修订版)[M]. 上海: 华东师范大学出版社, 2000: 403.
③ 何东昌. 中华人民共和国重要教育文献(1949—1997)[A]. 海口: 海南出版社, 1998: 105.
④ 何东昌. 中华人民共和国重要教育文献(1949—1997)[A]. 海口: 海南出版社, 1998: 263-264.
⑤ 何东昌. 中华人民共和国重要教育文献(1949—1997)[A]. 海口: 海南出版社, 1998: 1877.

其后的一段时间内，小学五年制和六年制的学制在各地农村依然并存，至 20 世纪 90 年代中期才全部实现六年制。笔者在 1991 年小学毕业时，正赶上"五改六"的学制过渡，于是从五年级考取初中[①]，与其他从六年级考取初中的同学一起读初中，而大多数没有从五年级考取初中的同学则继续读六年级，次年再考初中。

1992 年，国家教育委员会发布《中华人民共和国义务教育法实施细则》，规定实施九年制义务教育，可以分为两个阶段。第一阶段，实施初等义务教育；第二阶段，在实施初等义务教育的基础上实施初级中等义务教育。各级人民政府应当努力在本世纪（指 20 世纪）末普及初等义务教育。在全国大部分地区应当基本普及九年义务教育或者初级中等义务教育。小学的设置应当有利于适龄儿童、少年就近入学[②]。该实施细则对义务教育管理体制、办学条件、实施保障、学校教育教学工作等做出了具体规定，为义务教育普及指明了方向和路径。1994 年，国家教育委员会发布《关于在九十年代基本普及九年义务教育和基本扫除青壮年文盲的实施意见》，提出到 2000 年，普及地区人口覆盖率为 85%，初中阶段入学率争取达到 85% 左右。按上述指标，到 2000 年，全国小学的规模是：适龄儿童 1.349 亿人，入学率为 99%[③]。其后，通过实施"国家贫困地区义务教育工程"等一系列重大项目，加大义务教育经费投入，到 2000 年，我国基本实现了普及九年义务教育的目标。全国普及九年义务教育的地区人口覆盖率达到 85%，"普九"验收的县（市、区）总数达到 2541 个（含其他县级行政区划单位 156 个）；小学学龄儿童入学率达 99.1%，比 1990 年增加了 1.3 个百分点；小学生辍学率为 0.55%，比 1990 年降低了 1.81 个百分点[④]。经过持续不懈的努力，我国在 2011 年宣布全面实现了普及九年义务教育。

21 世纪以来，小学教育乃至义务教育发展的主题是实施免费教育和城乡均衡发展。2005 年，《国务院关于深化农村义务教育经费保障机制改革的通知》提出，全部免除农村义务教育阶段学生学杂费，对贫困家庭学生免费提供教科书并补助寄宿生生活费，要求从 2006 年开始，西部地区农村义务教育阶段中小学生全部免

---

① 当时并未实行免试入学，需要参加小升初考试。另外，在之后的读书生涯中，笔者得知来自全国的同学很多也是从小学五年级直接升入初中的。

② 何东昌. 中华人民共和国重要教育文献(1949—1997)[A]. 海口：海南出版社, 1998: 3290.

③ 何东昌. 中华人民共和国重要教育文献(1949—1997)[A]. 海口：海南出版社, 1998: 3692-3693.

④ 何东昌. 中华人民共和国重要教育文献(1998—2002)[M]. 海口：海南出版社, 2003: 895.

除学杂费；从 2007 年开始，中部和东部地区农村义务教育阶段中小学生全部免除学杂费。至此，山镇的小学生和全国农村学生一样可享受免费的小学教育。

小学教育的城乡、区域差距一直存在，导致择校、学生负担过重等深层次问题。在实现小学教育普及后，教育均衡发展提上了议事日程。2002 年，《教育部关于加强基础教育办学管理若干问题的通知》提出"积极推进义务教育阶段学校均衡发展"。2005 年，《教育部关于进一步推进义务教育均衡发展的若干意见》又明确要求"逐步实现义务教育的均衡发展"。2006 年新修订的《中华人民共和国义务教育法》将义务教育均衡发展作为法律要求予以明确。2010 年，《教育部关于贯彻落实科学发展观　进一步推进义务教育均衡发展的意见》强调"将推进均衡发展作为义务教育改革与发展的重要任务"，提出力争在 2012 年实现区域内义务教育初步均衡，到 2020 年实现区域内义务教育基本均衡。此处的"区域内"主要是指县域范围。朴县所在省通过教育现代化工程、义务教育学校标准化建设、义务教育学校师资、校长交流等项目的实施，大力推进城乡义务教育一体化发展，提升农村小学的硬件设施、师资水平和教育质量。调研中，我们看到，山镇的小学也拥有电子白板等教育设备。当然，由于历史原因，山镇小学的体育设施（如山镇的小学均无塑胶跑道操场）和教育教学设施、师资力量与城市学校乃至县城的学校还有较大的差距。城乡小学教育的均衡、一体化发展还有很长的路要走。

四、研究方法、过程及研究伦理

（一）个案研究的方法论[①]

本书研究是一项聚焦于山镇小学的个案研究。在习惯了宏大叙事的人看来，将一个山镇的小学教育作为研究对象可能显得过于狭隘。但是，麻雀虽小，五脏俱全，一个山镇的小学有完整的组织架构，有校长们独特的管理风格，有质量参

---

① 本部分主要内容已发表，参见：魏峰. 从个案到社会：教育个案研究的内涵、层次与价值[J]. 教育研究与实验，2016(4): 24-29.

差不齐的师资队伍，有与地方社会紧密结合的学校文化，有管理者与普通老师、老师和家长丰富多样的交往甚至是博弈的策略，有各种各样提升教育质量的"招数"，但也面临着独特的难题。这些都是我们在探究农村义务教育治理时应该予以关注的话题。在这个意义上，每一个个案都是独特的，"所有个案都是一个有机的特定个体，个案是一个有界限的系统（bounded system）"①。个案因其内在的丰富性、完整性与独特性及其背后蕴含深刻的理论内涵而值得探究。正如勒华拉杜里（Emmanuel Le Roy Ladurie）所说，"在无数雷同的水滴中，一滴水显不出有何特点。然而，假如是出于幸运或是出于科学，这滴特定的水被放在显微镜下观察，如果它不是纯净的，便会显现出种种纤毛虫、微生物和细菌，一下子引人入胜起来"②。这种因为"系统界限"所具有的个案独特性成为个案研究的价值和魅力所在。研究者通过对某一个案与其他个案的比较发现个案的独特性质，并通过考察个案与其所处环境的关系深入发掘个案独特性质形成的内在原因。对个案的深描可以得出"科学"的结论，这里的"科学"首先强调的是对个案故事中所展现的意义的理论意识和理论关照，个案研究不仅仅是讲故事、描述细节，还追求对个案事实的理论阐释，有意识地形成可能对个案同类事物具有解释力的理论命题。

虽然研究一个教育个案可以不去考虑推广的意义及其难度，但是此项个案研究对于学术的价值无法充分显现。尤其是政府公共科研基金资助的研究，在一定意义上并不是只为满足研究者的好奇心，而是为获得一些具有对某类现象具有较为普遍的解释力甚至是对实践具有指导功能的学术理论，同时也能够增进学术知识的积累，并由此促进社会科学理论的发展。因此，我们又必须深入思考个案研究结论的可推广性问题，这也是教育个案研究安身立命、获得学术界认同的根本，事实上，个案研究者也都有这种追求个案解释力的学术抱负③。就本书研究而言，山

---

① 诺曼·K. 邓津, 伊冯娜·S. 林肯. 定性研究(第 2 卷): 策略与艺术[M]. 风笑天, 易松国, 郝玉章等译. 重庆: 重庆大学出版社, 2007: 450.

② 埃马纽埃尔·勒华拉杜里. 蒙塔尤: 1294—1324 年奥克西坦尼的一个山村[M]. 许明龙, 马胜利译. 北京: 商务印书馆, 2007: 中文版前言.

③ 如在社会学、人类学经典研究中，费孝通的《江村经济——中国农民的生活》(商务印书馆，2001)虽然只是考察吴江开弦弓村这样一个村庄，但是其研究结论却旨在关照中国农民的生活，这通过其副标题《中国农民的生活》就能明显地反映出来；再如林耀华的人类学经典《金翼: 中国家族制度的社会学研究》(生活·读书·新知三联书店，2008)虽然只是对一个家族的研究，但是其副标题"中国家族制度的社会学研究"也体现了其对宏大理论的追求。在教育领域中，一项极为经典的个案研究——哈里·F. 沃尔科特的《校长办公室的那个人: 一项民族志研究》(重庆大学出版社，2009)中，作者也明确指出，其研究校长贝尔的同时其实也是在研究"校长"这一群体。

镇的小学教育体系在一定程度上对其他地区的小学乃至农村基础教育都具有一定的代表性。我们对一个山镇的小学教育进行考察后发现，其所具有的特征在其他地区——经济社会发展水平相似的地区甚至是差异较大的地区——也有可能存在，我们通过深入地考察一个山镇的小学所获得的研究结论可以在其他学者关于其他地区、其他学段的研究中得到证实或者证伪，研究结论可以让其他类似地区的小学教育研究者和实践者形成认同、获得启示。对个案的考察所得出的结论具有了对同类事物的解释力，个案研究的学术价值得以彰显。

　　我们在研究个案时还要超越微观的个案，对教育个案所处的复杂的社会结构与历史背景，包括权力关系、意识形态、教育政策变化等进行深入研究，以便能更深入地理解和解释个案内部要素、结构、特征与历史演变的外部力量之源。反言之，宏观社会力量的变迁也一定反映在一个个微观的个案上。通过对微观教育个案的考察，可以"以小见大"地透视宏大社会的特征与历程，为宏观社会研究奠定微观的扎实基础，"如果漠视了教育微观层面实践与外在宏大社会背景间复杂的结构关联，这种实践不仅缺乏历史感，也缺乏面向未来的开放意识和带有预见性的判断"[①]。这种关联的建立，连接了过去、现在与未来，连接了个体、教育与社会，连接了教育与政治、经济、文化系统，因此，微观的教育个案成为理解社会结构变迁的密码和钥匙，具有超出个案本身的显著意义。就本书研究而言，长时段地观察山镇小学的发展和变革，可以反映基础教育改革与发展政策如何在基层得到执行，可以透视城镇化和现代化进程中农村社会经济文化变迁的历程及其对于农村义务教育发展的深刻影响。在此意义上，山镇小学个案作为研究对象的学术意义得到彰显。

（二）研究方法

　　在具体研究方法和技术层面，笔者采用了田野观察法、访谈法和问卷调查法。需要说明的是，研究者在对山镇小学进行调查研究的过程中，还对山镇小学的发展进行了一定的指导，促成了山镇小学在家校合作、教师发展等方面的一些改变，在此意义上，本书研究还可以说是一项行动研究。

---

① 阎光才. 对英美等国家基于证据的教育研究取向之评析[J]. 教育研究, 2014(2): 137-143.

1. 田野观察法

课题研究期间，笔者每年都有一个月以上的时间在山镇进行田野研究。在此过程中，笔者多次走进山镇的 9 所小学，考察这些学校的校园文化、学校管理部门设置、学校和班级规模，以及学校管理者和教师工作状况及学生学习状态，参与学校召开的管理工作会议和教研会议，参与学校组织的学生活动和家长会等。笔者还多次走进山镇小学的管理部门——教办，考察教办领导和成员的工作方式与工作状态，参与其日常工作会议，还参与教办在各小学的检查、评比和教研等日常活动。

2. 访谈法

2018 年 4 月，笔者访谈了朴县教育局局长、教育局基础教育科和人事科科长、县教研室主任和副主任，对全县基础教育概况进行了初步了解。在每次田野调查期间，笔者均多次访谈山镇教办主任、副主任和工作人员，同时也与朴县其他乡镇教办和中小学管理者多次进行交流，多次访谈山镇各小学的校长、副校长、中层干部和老师，多次就不同专题（如青年教师专业发展、家校合作等）召开教师座谈会等，也就一些话题对教师进行个别访谈。为了解民众对山镇小学教育教学质量及学校管理等问题的看法，笔者还访谈学生家长 20 余人次。

3. 问卷调查法

研究者设计了《农村地区义务教育学校家校合作调查问卷（家长卷）》《农村地区义务教育学校家校合作状况调查问卷（教师卷）》《农村小学教师留任意愿调查问卷》等问卷，并在山镇小学教师和家长群体中进行发放，收集数据，并对这些问卷进行分析[1]。关于具体的问卷发放、回收和数据分析的结果，我们将在下文相关章节中进行介绍，此处不再赘述。

（三）研究伦理

本书遵循质性研究中的自愿原则、不隐蔽原则、尊重个人隐私和保密原则、公正合理原则以及公平回报原则[2]。基于学术伦理的需要，山镇是化名，同时也对镇

---

① 需要说明的是，有些数据为了研究的需要，我们在该县全县范围内进行了发放。
② 陈向明. 质的研究方法与社会科学研究[M]. 北京: 教育科学出版社, 2000: 426.

上每一所小学的名称做了匿名化处理。我们对每一位接受访谈的教育行政部门的管理者、学校领导、教师、学生及其家长也进行了匿名化处理，对一些不影响研究的信息做了变通的技术处理，以最大限度地使被研究者的信息不能被识别。在调查研究和访谈的过程中，我们向受访者说明了本书研究的目的和信息的处理、使用方式。

五、研究问题与本书框架

作为一项扎根中国最基层学校的实地研究，本书研究在理论上试图回应以下问题：在治理理论的关照下，中国基础教育治理具有什么特征？存在何种问题？这种特征在何种意义上可以丰富既有教育治理理论？

在实践层面，本书研究重点关注以下几点：①农村乡镇小学的教育行政管理体制与学校内部管理状况；②山镇小学近年来教师的队伍建设状况；③山镇小学家校合作的现状、困境和路径；④山镇近年来提升教育质量的各种措施及其效果；⑤如何整体优化提升农村义务教育学校的治理水平。

除绪论外，本书共分八章。

第一章介绍了山镇及朴县的历史变迁和经济社会发展状况，介绍了山镇除小学之外的基础教育——高中教育、初中教育、学前教育和民办教育、社会培训机构概况。

第二章深描了山镇 9 所小学的概貌，带领读者走进校园，借助于统计资料，了解学校校容校貌、硬件设施和校园文化，以及教职员工和学生的基本情况。

第三章在梳理教育行政体制与农村小学领导管理体制变迁之后，探讨了山镇学校的教育行政领导管理体制和管理主体——朴县教育局和山镇教办的组织架构及日常工作。

第四章讨论了山镇小学的法人地位、校长负责制等内部治理结构问题，在此基础上探讨了山镇小学的管理与现代学校制度建设之间的差距。

第五章基于山镇小学教师的信息统计资料，介绍了山镇小学的教师队伍情况，通过对比宏观数据和已有文献，分析了其身份特征、自然特征和专业特征（教师资格、学历、职称及专业匹配度）等特点，重点考察了山镇小学教师的流失和留任意愿及其影响因素，以及山镇小学教师专业发展的方式及其存在的问题。

第六章在梳理家校合作政策变迁的基础上，借助于问卷调查结果，从家长和教师的视角分析了山镇小学家校合作的状况，探讨了农村小学家校合作的困境、成因与破解之道。

第七章基于近年来山镇小学的学业成绩和素质教育资料等，探讨了山镇小学的教育质量问题，梳理了山镇教办和小学提升教育质量的举措，并从文化视角讨论了农村小学应确立的教育质量观念。

第八章对前面各章节内容进行了总结，从"山镇小学"这一个案提炼出当下中国农村义务教育治理的基本特征，剖析了农村义务教育治理的困境，指明了农村义务教育治理的方向。

第一章

山镇的经济社会发展与基础教育

俗话说，"一方水土养一方人"，对山镇小学的研究需要理解山镇及其所处地域的社会和文化，理解在这里的人所生活的历史和环境，为我们下文中理解山镇小学的管理者、教师、学生及其家长的所思、所想、所为奠定基础。下面我们将介绍本书的研究对象——山镇小学所处的地理环境、经济社会发展状况和风土人情，作为后文理解山镇小学的背景。

第一节　山镇的社会发展[①]

一、朴县的社会发展与人口状况

山镇隶属于华东地区经济发达的某省朴县。朴县历史悠久，据县志载，在秦代即单独设县。全县东西长 50 余公里，南北纵距 60 余公里，总面积达 2047 平方公里，全县范围内，山区占地约为 5%，水域占地约为 15%，其余为平原地区。朴县交通便捷，县内有铁路和多条高速公路穿过，可以到达附近各大城市。历史上朴县水患较多，民众资本积累较少，所以经济发展和人民生活水平较为一般，在其所在省份中处于较落后的水平。朴县传统产业是农业，主要种植小麦、水稻、玉米等粮食作物和大蒜、水果等经济作物。近年来，朴县招商引资，发展工业，经济发展水平提升，重点发展了大蒜种植和加工、板材加工、石膏矿开采和机械加工等产业。朴县统计年鉴显示，2020 年，全县生产总值为 1001.3 亿元，人均生产总值为 6.9 万元。全年实现一般预算收入 43.90 亿元，一般公共预算支出 126.28 亿元。2020 年，全县城乡居民人均可支配收入为 29 744 元，其中城镇居民人均可支配收入为 37 744 元，农村居民人均可支配收入为 21 277 元。城镇居民人均消费性支出为 18 549 元，农村居民人均消费性支出为 11 833 元[②]。

中华人民共和国成立后，朴县历经多次区划调整、分合以及上级行政管辖机关的数次变革，至 2000 年撤乡并镇后形成今天的格局。朴县现管辖 24 个乡镇，城区有两个街道办事处。朴县是人口大县，第七次全国人口普查公报数据[③]显示，

截至 2020 年 11 月 1 日，全县户籍人口达 194.13 万人，常住人口达 146.26 万人，户籍人口远多于常住人口，说明外出务工人口较多。全县共有家庭户 47.21 万户，平均每个家庭有 2.94 人。男性人口为 74.06 万人，占 50.64%；女性人口为 72.20 万人，占 49.36%，男女性别比为 102.58∶100。在人口年龄结构方面，全县常住人口中，0—14 岁人口为 36.75 万人，占 25.13%；60 岁以上人口为 30 万人，占 20.52%。与 2010 年该县第六次全国人口普查结果相比，0—14 岁人口比例上升 4.16 个百分点，60 岁以上人口比例上升 6.29 个百分点，而 15—59 岁人口比例下降 5.31 个百分点。这一方面体现了新出生人口的增长，另一方面也体现了老龄化趋势在加剧，与之相应的是劳动力人口的下降。全县常住人口中，具有大学文化程度的人口为 10.41 万人，具有高中文化程度的人口为 19.11 万人，具有初中文化程度的人口为 52.65 万人，具有小学文化程度的人口为 49.06 万人，文盲人口（15 岁以上不识字的人）为 33 517 人，平均受教育年限为 8.94 年，接近于义务教育水平。每 10 万人口中具有大学和高中文化的人数较 2010 年该县第六次全国人口普查时有显著增长，每 10 万人中具有大学文化程度的人数由 3528 人增加到 7115 人，具有高中程度的人数由 9415 人增加到 1 3067 人，体现了近 10 年来教育发展水平的提升。据统计，到 2020 年末，全县有小学 209 所，在校学生 16.86 万人；初级中学 47 所，在校学生 9.75 万人；高中 12 所，在校学生 3.02 万人；职业中学 2 所，在校学生 0.74 万人；普通高等专业教育学校 1 所，在校学生 0.13 万人；特殊教育学校 1 所，在校学生 0.06 万人；在园幼儿 5.18 万人[①]。尤其值得一提的是，朴县义务教育阶段学龄人口高达 26 万余人，规模庞大，与西部省份一个县的总人口数量相当。

近年来，县城城区大量开发房地产，城区各个方向都开发了新的楼盘。各乡镇都有大量农民在城区购房，人口不断向城区集中。2020 年第七次全国人口普查公报数据显示，全县常住人口中，居住在城镇的人口为 85.08 万人，占 58.17%，居住在乡村的人口为 67.18 万人，占 41.83%，与 2010 年该县第六次全国人口普查相比，城镇人口比例上升 14.17 个百分点[②]。这导致农村留守儿童数量不断减少，而随父母流动的流动儿童数量不断增加。另外，因在大城市居住和接受教育的成

---

① 因为幼儿园的类型比较复杂，有公办幼儿园、民办幼儿园以及一些私人家庭举办的小规模办学点，所以无法统计幼儿园的数量。

② 数据出自该县统计局发布的第七次全国人口普查公报。

本不断上升，流动人口返乡意愿增强，选择就近城镇流动和就近城镇购房以安置子女的趋势明显，导致县镇区域成为农村子弟就学的集聚地[①]。

伴随人口在城区聚集，县城城区不断扩建新学校。2015 年后，县城城区发展出几所超大规模的中小学。据笔者实地考察，县里最大的小学总规模达到 5200 余人，共 62 个教学班，每个班级为 80 余人；县第一中学的初中部有在校生 15 000 余人，共 186 个教学班，教职工为 1500 人。县第一中学仅初中部就拥有三个校区，每个年级各占一个校区，每个校区都是一所普通中学的规模。与之相应，城区的学校表现出强劲的"虹吸效应"，这导致乡镇中小学学生生源流失严重，山镇的小学生数量每年减少 400 人左右。人口的城镇化和学校向城区集中使得该县投资教育的重心聚集于城区，城区学校办学条件的现代化水平较高。以体育运动场地为例，城区的学校基本上都建设了带有塑胶跑道的运动场和室内体育馆，而农村中小学基本上是煤渣地跑道和沙土地或者水泥地操场。

二、山镇的经济发展、社会结构与风土人情

山镇处于朴县西北部，距离县城 15 公里左右。山镇因山得名，镇内有海拔近百米的小山数座。山镇在民国初年即有单独建制。中华人民共和国成立后，1957 年设乡，1968 年改为人民公社，1983 年复改为乡建制，1987 年改为镇建制。2000 年乡镇合并，在山镇南面的原云山乡并入了山镇。因为合并乡镇的缘故，现在山镇有两个街市：一个是镇政府所在地的山镇；另一个是原云山乡政府所在地。原云山乡的初中、中心小学和医院等机构仍存在，在某种意义上可以说是山镇的"副中心"。

山镇全镇面积为 90 平方公里，镇内有山丘多座，有运河和省级公路穿过。2020 年第七次全国人口普查公报数据显示，山镇的家庭户数为 17 828 户，常住人口为 83 251 人。有耕地 8 万亩[②]，人均占有耕地 1.11 亩。山镇下辖 1 个居民社区和 24 个行政村。街道居委会处于镇区，东西长 2 公里，南北长 1.5 公里，人口为 2.7

万人①。街道居委会所辖的人口主要是镇政府所在村的村民，以及一些长期在街上开店做生意的商户，或者是在商品房小区购房的居民。另外，还有镇党政机关、高中、初中、银行、医院、派出所、财政所、工商所、安监所、供电所、邮政所等单位的工作人员，这些工作人员基本上在县城购置房产，一般居住在县城，每天驾驶汽车往返于县城与山镇之间，单程时间在 40 分钟左右。

山镇有两条省道通往县城和其他乡镇，各村之间实现了村村通，均有 3 米宽的水泥路连接，村庄与市区之间有公交车通往市区和镇区。山镇各村于 20 世纪 90 年代初通了电，于 2010 年通了自来水，于 2017 年通了天然气，农民的生活条件较为便利。

山镇经济发展以农业为主，种植水稻、玉米等粮食作物。早年曾大面积种植小麦和棉花，而今，大蒜是主要的经济作物，全镇约 8 万亩耕地均种植大蒜，大蒜收获后则种植水稻、玉米或大豆，与大蒜轮作。山镇的大蒜种植、贸易和加工也带动周围的乡镇种植大蒜。沿着山镇中心公路绵延 20 公里左右的大蒜交易市场带，从 4 月份的蒜薹收购开始一直持续到 8 月份大蒜收购结束，每天早晨 4 点多即开市，直到晚上罢市，颇为壮观。山镇的大蒜远销中东、东南亚和南美等数十个国家，每年大蒜收获季节都有很多国家的客商来山镇从事大蒜交易。近年来，在政府的推动下，若干家大型的大蒜加工、贸易公司与高校和科研院所合作，对大蒜进行深加工，生产以大蒜为原料的保健品和调味品，并进行多种形式的宣传推广，增加了大蒜作为农产品的附加值。但是，对于绝大多数的农民而言，大蒜只是普通的经济作物，种植、收割、简单处理后即出售。山镇建有国家级的大蒜交易市场，每年交易量在 100 万吨左右，冷库储存能力在 50 万吨左右。

大蒜是季节性强且劳动力投入高的农业经济作物。近年来，在大蒜收获季节，周边省市的农民均会来山镇打短工，从事高强度的大蒜收割工作，历时半个月左右。大蒜收获后，剥皮、晒干、分级、出售都需要投入大量的劳动时间。从事大蒜经营贸易的商人也需要雇佣大量的工人从事收购、加工、运输等工作。还有一些商人将大蒜收购后储存在自建或者租用的冷库中，可以常年销售，平时也需要一定量的工人进行管理、加工和运输。因此，山镇的农民外出务工的比例尤其是去路程过远的城市务工的比例不高。笔者调查，山镇约有 30% 的农民外出务工，

---

① 数据出自该县统计局发布的第七次全国人口普查公报及山镇政府统计资料。

中年以上的外出务工人员中多数在附近城市从事建筑、装修和小商品贸易等行业，年轻人越来越多地进入工厂打工。作为商品的大蒜，一个重要的特点就是价格不稳定，价格高的时候可以达到每千克 12—14 元，价格低的时候为每千克 0.6—0.8 元。这样剧烈波动的价格对山镇的经济造成了较大的影响：大蒜价格高的年份，山镇经济繁荣，民众更愿意购买家电、汽车等大件产品，以及修建楼房，饭店、超市的生意往往也非常红火；而在大蒜价格低的年份，山镇经济则非常萧条，以致影响朴县各行各业的发展。2010 年以来，围绕大蒜，山镇的工业开始发展起来，主要是大蒜的深加工产业形成了一定规模。除了大蒜行业外，山镇还因依山而建有陶瓷厂等乡镇企业，但是近年来的发展都不景气，濒临倒闭。

改革开放以后，山镇的经济和社会发展状况发生了很大的变化。20 世纪 80 年代，山镇是典型的以农为主的乡镇，绝大多数人以种田为生，一般是水稻（或玉米、大豆）与大蒜轮作，随着大蒜行情的波动，有人间或种植小麦和棉花。少数人从事手工业，如木工、瓦工，或在街上做些贩卖蔬菜、禽类、粮食的小生意。20 世纪 80 年代后期，随着大蒜种植的普及和稳定，少部分农民因为文化程度较高、头脑灵活，开始从事大蒜生意，收购大蒜，甚至把大蒜贸易做到了国际市场，成为先富起来的一部分人。

在山镇，最早的一批富人是原来靠做大蒜生意发财的人，还有一些在街上开店铺的人。富人对子女教育问题不是非常在意，大多会让其子女接班做生意，生意繁忙的时候也会让孩子参与进来，以培养他们较强的社会交往能力。作为最早富起来的人，他们的第二代现在大多在城市购买了房产，家乡只是他们做生意的地方，他们的资产和家庭成员生活的重心也基本上转移到了城市。还有一些人在镇里各个机构——政府、银行、医院、学校和"七站八所"①工作，他们拿着国家工资，旱涝保收。他们是教育的受益者，也试图在子女身上复制自己受教育成功的经验，会更加积极地参与子女的教育。过去，这个群体有较好的家庭教育氛围，他们的子女在学校里的成绩较为优秀，往往通过高考的方式离开农村。当前，这些机构的上班族一般在县城居住，会为子女选择更好的学校，在教育子女的过程

---

① 所谓"七站八所"，是指上级部门在乡镇的派出机构，"七"和"八"是概数而并非确数。一般乡镇都设有派出所、财政所、司法所、房管所、土管所、供电所、邮政所、工商所、农技站、水利站、文化站、经管站、法庭、信用社等机构。

中采取协作培养的方式①。此外，在山镇农民群体中，较为富裕的农民家庭多在县城购房，从而为子女接受更好的教育创造条件。经济条件一般的农民家庭则让子女留在村里读书，让子女自由成长，他们子女的成绩优秀与否主要看其聪慧和努力程度。

20 世纪 70 年代末以来，山镇和全国各地一样，开始推行计划生育政策。但山镇居民对于多子多福、养儿防老和生育男孩的观念都特别看重，即便是医院或学校的中年工作人员，也在计划生育政策放宽之前以各种名义和方式生育了二孩。所以现在山镇 40 岁以下的人群中，独生子女的比例极低。在笔者所接触的青年教师和家长中，尚未发现有独生子女。因为婚姻观念的转变和农村人口流动等原因，农村家庭离婚的比例也逐渐升高，调研中，笔者发现学校中的离异家庭子女比例高。课题组成员陈茗秋在河南某县的调查也得到了相似结论，在该县某寄宿制学校的学前班 34 名儿童中，有 17 名学生来自离异家庭，比例高达 50%②。另一个与学校教育相关的家庭问题就是，随着青壮年男女出去打工，部分儿童成为留守儿童，这些孩子随祖父母在家生活，年迈的祖父母不具备与学校老师沟通的条件。尽管由于前述大蒜种植的原因，山镇的这类留守儿童现象不像我国西部地区那么突出，但是也在一定程度上存在，笔者调研发现，一所村小留守儿童的比例在 20% 左右。

从地理位置和文化传承上看，山镇属于黄淮文化区域。频繁的自然灾害导致山镇所处地区人们的生活因为缺乏财富积累而长期贫困，如朴县县志记载，自 1194 年黄河长期夺淮入海后至中华人民共和国成立的 750 多年间，该地区发生大的水灾 102 次、旱灾 34 次③，平均每 6 年发生一次大灾，笔者在和山镇 50 岁以上的人交流时经常能感受到他们对过去贫困生活的回忆和在今昔对比中流露出的满足感。长期的经济贫困带来文化的贫困。在"大传统"的意义上，古代的黄淮地区出现了老子、庄子等思想家和刘邦、项羽等历史名人，但是"唐宋以后迄今约 1000 年……由于战乱、自然灾害等复杂因素，淮河流域逐渐被边缘化，富庶的两岸逐步沦为灾荒、动乱与贫瘠的原野。庙堂文化、精英文化失去了生长的土壤而全面

① 安妮特·拉鲁. 不平等的童年[M]. 张旭译. 北京: 北京大学出版社, 2010.
② 陈茗秋. 从公办到民办: 结构化因素制约下的农村择校现象研究——基于 A 学校的考察[M]//邬志辉, 李涛. 中国农村教育评论(第四辑)——农村教育: 文化与社会. 北京: 社会科学文献出版社, 2021: 158-198.
③ 徐近之. 黄淮平原气候历史记载的初步整理[J]. 地理学报, 1955(2): 181-190.

衰落，民间文化、村社文化则在这贫瘠的土地上繁衍、壮大，最终取代'大传统'成为淮河两岸的主体文化。淮河文化因而失去了她往昔的诗意品格与精神殿堂"①。经济与文化的双重贫困，也是长期以来走出山镇的人和留在当地的人所具有的共识。

调研中，山镇当地的老百姓总体上是淳朴的、讲义气的。"义气"反映在人际关系上，山镇的人重视关系网建设，在熟人社会里，看似不相关的两个人总是能攀上亲戚关系。同时，山镇的人经常通过认干亲、拜把兄弟等方式建构拟亲属关系。如今，同学、同事等关系也成为人际关系的主要来源。这一点在酒桌上的表现比较明显，在饭桌上，即使是素不相识的人，总是能通过各种关系攀上亲戚，建立联系。与重视人际关系相伴随的是人情来往多，山镇的人生老病死、婚丧嫁娶、升学入伍等都需要随礼，视关系远近，随礼金额从数百元至数千元不等，这虽然有助于山镇的人强化人情关系，但对于一些收入不高的农民来说也可能是比较重的经济负担。这些风俗习惯在山镇的教育政策和学校管理工作中都以各种形式发挥着作用，积极或消极地协调着各种政策和资源，影响着山镇教育的运行和发展。

第二节　山镇的基础教育

山镇没有高等教育学校和职业教育学校，所有学校都属于基础教育，共有 12 所中小学和 2 所公办幼儿园，另有 20 余家幼教办学点。12 所中小学包括 1 所高中、2 所初中、1 所镇中心校和 8 所村小，另外，还有 1 所九年一贯制的民办学校，以及一些社会培训机构。因为山镇的小学（即 1 所镇中心校和 8 所村小）是本书的研究对象，所以下文会详细考察这类学校的情况。本节中，我们只考察山镇的小学之外的其他教育机构。

---

① 胡焕龙. 淮河文化精神结构与历史蜕变考察[J]. 学术界, 2021(2): 16-31.

一、山镇高中的盛与衰

山镇高中是该镇的"最高学府",学校始建于 1938 年,1989 年初中和高中分离办学。1998 年,学校被评为省重点高中,2019 年被评为省四星级高中。山镇高中原在镇区中心办学,当时仅有一栋教学楼兼办公楼、一栋实验楼、一栋宿舍楼,办学条件较为局促,教学楼临街,声音嘈杂,尤其是逢集的日子,街上的叫卖声和高音喇叭的广告声对学校构成了干扰,人来人往也扰乱了教学秩序。2006 年,学校搬迁到山上的新校区。新校区坐落在山坡上,一侧有湖,三面环山,除正门口有公路外,再无其他干扰,环境幽静。新校区占地 420 亩,有 4 层的教学楼 2 座、实验楼 1 座、综合楼 1 座,另有食堂和宿舍各 1 栋,带有风雨看台和塑胶跑道的操场,建有能承担大型竞赛项目的 400 米标准塑胶跑道。从硬件上看,学校的办学条件达到了一所现代化高中的水平。2020 年,山镇高中有教职员工 260 余人,有在校生 3700 余人,共 50 个教学班,其中高一年级 20 个班,共 1500 余人;高二年级 18 个班,共 1400 余人;高三年级 12 个班,共 800 余人。学校教师中,50 余人具有地级市教学骨干的称号,没有省级特级教师。

山镇高中的教育质量和社会声誉经历了几起几落。20 世纪 80 年代以前,山镇高中是一所完全中学,其高中部规模很小,每届招生两个班,仅有少数人可以考取大学,大多数人高中毕业后到乡镇企业工作,或者做生意,或者成为乡村民办教师。20 世纪 90 年代中期,时任校长励精图治,狠抓教学质量,对学生开展了高强度军事化管理,加上老师们奋力拼搏,学校于 1995—1997 年连续三年每年高考升学率翻一番,成绩超过了县城的几所高中和其他乡镇高中,仅次于全县唯一的省重点中学——朴县一中(以下简称县中),成为普通高中的领头羊。在此基础上,1998 年学校顺利升格为省级重点高中。其后,学校上下干劲十足,延续了数年辉煌。在访谈中,老师和家长们经常回顾,学校最为辉煌的时候,每年都有大量的学生考取省内外的本科院校,本科升学率高达 60%,那几届毕业生中的很多校友当时在各行各业发展且发展较好。

短短数年辉煌过后,学校教育教学质量便衰落下去,直至今天。以 2020 年为例,全校 1300 名学生中,仅有 2 人考取本科院校,其他还有 80 多名学生入读高职高专。访谈中,老师们分析了学校衰落的原因:从学校内部来看,学校开展新校区建设导致大量欠债,最多的时候,学校积欠的外债高达亿元,被媒体曝光。学校借贷的过程中,部分老师为学校担保,导致他们在某几年的时间里只能领取基本的生活费而无法拿到全部工资。从学校外部来看,随着城镇化发展,县城新建了一所民办高中,高薪挖走了山镇高中的一批骨干教师。同时,老牌重点高中——县中也扩建了新校区,扩大了招生规模,又挖走了一批骨干教师,还利用优惠的招生政策,吸纳了全县几乎所有的优秀生源。虽然本书研究关注的是山镇的小学,但在此不惜笔墨地描述山镇高中的状况,是因为山镇高中的状况系统而深刻地影响着当地基础教育的发展。山镇高中的升学率下降,直接导致农村家长对教育的期待和评价下降。访谈中,有些家长直截了当地说:"在这个地方,读书没有希望,如果初中考不进县中,进入山镇高中这样的学校跟不读是一样的,反正考不上大学,不如早点出去打工。"

二、山镇的两所初中

山镇有两所初中:一所是山镇初中;另一所云山初中,是乡镇合并前原云山乡唯一的初中。

山镇初中建校于 1938 年,原与山镇高中一起办学,1989 年分离为独立的初中部。原来还有一所山镇第二初中,校址在镇东 1.5 公里左右的村庄里,2000 年乡镇合并后并入山镇初中。山镇初中原来在镇南办学,较为偏远,面积也较小,教育教学设施落后。2006 年山镇高中搬迁到新址后,山镇初中就搬到了山镇高中的老校区。山镇初中填报的省级义务教育学校标准化监测数据表显示,2020—2021学年,学校有在校生 2254 人,其中住宿生 950 人。学校占地面积为 63 788 平方米,建筑面积为 20 737 平方米,宿舍面积为 6300 平方米,室内运动场所面积为600 平方米,室外运动场所面积为 22 000 平方米,绿化面积为 14 200 平方米。学校有主教学楼 1 栋,宿舍楼 1 栋,综合楼 1 栋(内有物理、化学、生物实验室、机房等),学校有能供1000 人同时就餐的食堂。学校图书馆有藏书 95 000 余册,有教师用计算机 180 台,学生用计算机 300 台。学校有物理、化学、生物实验室各 1 间,音乐、美术专用教室各 1 间。学校有多媒体专用教室 1 间,48 个教室均可使用普通多媒体设备。学校的操场是沙石地的，没有塑胶跑道。2020 年，山镇初中有教职工 171 人，其中专任教师 165 人，学生 2254 人，有 48 个教学班。山镇初中的教学质量在全市各乡镇初中里处于较为靠后的位置，2021 年中考考取县中的学生有 39 人，但是其中通过纯文化考试进入的仅有 4 人，其他 35 人均为根据"指标到校政策"分配名额考取的"指标生"，学校并未完成教育局分配的 40 个"指标"，浪费了名额。学校的介绍材料里写道，"山镇初中追求在课程和教学方面进行改革，强化教师培训，提升教师队伍素质，目标是建设成为精致化、现代化、规范化、有特色的农村品牌初中"。

云山初中坐落在原云山乡政府所在地，建校于 20 世纪 50 年代初，现为公办寄宿制学校。云山初中填报的省级义务教育学校标准化监测数据表显示，学校占地面积为 40 000 平方米，建筑面积为 12 591 平方米，宿舍面积为 2320 平方米，学校运动场所面积为 12 000 平方米，绿化面积为 14 000 平方米。学校有主教学楼 1 栋，有物理、化学、生物实验室共 5 间，总面积为 500 平方米，音乐、美术专用教室各 1 间。学校图书馆拥有藏书 42 000 册。此外，学校还有可供 700 人同时就餐的食堂，有 95 台教师用计算机和 160 台学生用计算机。学校有 6 间多媒体专用教室，24 个教室均可使用普通多媒体设备。与山镇初中一样，云山初中的操场也是沙石地的，没有塑胶跑道。云山初中的生源主要来自原云山乡的 8 个村。2020 年秋季学期，学校有在校生 1139 人，其中住宿生 726 人。学校有 24 个教学班，班级人数为 45—50 人。学校有专任教师 95 人，其中仅有 1 人不具有本科学历。专任教师中，50 岁以上的有 8 人，40—50 岁的有 38 人，30—39 岁的有 18 人，30 岁以下的有 31 人，可见学校师资队伍在一定程度上出现了断层。学校仅有 1 位音乐专职教师，没有美术专职教师。云山初中现任校长孙校长是一位特级教师，是全县农村中小学唯一的特级教师，也是全县初中校长中唯一的特级教师。孙校长自从 2018 年担任校长以来，运用自己在基础教育界的积累和人脉资源，带领学校开展教学改革，尤其是将一些重要的教研活动引进学校，学校教育教学质量提升较快。从中考成绩来看，2021 年中考，云山初中考取县中的人数为 21 人，考虑到云山初中在校生数量远低于山镇初中，单纯从升学率上看，云山初中的教学质量略好于山镇初中，在全市各乡镇中处于中等位置。

在基础教育阶段，初中上连高中，下连小学，地位至关重要。山镇两所初中的教学质量，尤其是升学率也是民众关注的对象。一般来说，云山初中的施教区是原云山乡的范围，但是民众会根据自己对两所初中教学质量的判断做出选择，可能会到山镇初中择校，如 2021 年秋季招生时，少部分本应就读于云山初中的学生到山镇初中就读；更多民众为了让子女接受更好的教育教学质量，选择通过到县城购房或择校等方式让孩子就读县城初中；还有一部分家长选择让孩子就读民办初中，靠近山镇的海山学校、合强学校、21 世纪学校等民办学校都在山镇招生。据估算，2021 年秋季学期，山镇范围内的小学毕业生有约 400 人到民办初中或县城初中就读。尽管素质教育在理论和政策上呼吁并开展了 30 年左右，但是对于普通民众而言，衡量一所学校好坏的硬性指标还是中考、高考升学率，无论是城市还是农村，概莫能外。对于农村的中小学而言，在城市导向的教育模式下，如果不能把乡下人变成城里人，不能把"欠文明人"变成"文明人"，那么，农村的学校将成为城市文明的飞地，成为农村的"异己"空间[1]。农村中小学如何为农村子弟养成全面人格奠定基础，如何为乡村振兴提供人才和知识储备，值得深思。

三、山镇的两所幼儿园与幼教办学点

学前教育是终身学习的开端，是国民教育体系的重要组成部分。在城市里，就读优质的幼儿园是家庭的头等大事，很多家庭甚至彻夜排队，只为抢得在优质幼儿园就读的机会。在农村，至少在山镇，学前教育的受重视程度不如城市。山镇只有两家公办幼儿园：一所是山镇中心幼儿园；另一所是云山中心幼儿园。

山镇中心幼儿园有 34 名教职员工，其中专任教师 32 人；17 人为在编教师，2 人为劳务派遣教师，13 人为临时代课教师；15 人有本科学历，13 人有大专学历，2 人有高中学历，2 人有中专学历。从专业上看，14 人为学前教育专业，1 人为土木工程专业，其他人为小学教育、汉语言文学、应用数学等专业。山镇中心幼儿园有 382 名幼儿，设置 10 个班级，小班每班有 30 余人，中班和大班每班有 40 人左右。

云山中心幼儿园有 18 名教师，其中在编教师 13 人，劳务派遣教师 1 人，临时代课教师 4 人。除 1 人外，其他人均有大专及以上学历，其中学前教育专业的有 7 人，其他人为汉语言文学、小学教育等专业。云山中心幼儿园有在园幼儿 310 人，设置 9 个班级，班额与山镇中心幼儿园的情况大致相当。两家公办幼儿园学费一致，均为 350 元/月。2020 年 4 月，笔者参观两所幼儿园时发现，两所幼儿园的教育设施能满足儿童的需要，两所幼儿园平时也按照《幼儿园教育指导纲要（试行）》开展丰富多彩的教学活动。但整体上看，两所幼儿园在教育资源和保育教育理念上与城区的幼儿园还有较大的差距。

除两所中心幼儿园外，2010 年之前，每所村小都附设学前班，但 2010 年之后，因为有限的教育财政经费要用于义务教育的稳定和发展，不属于义务教育范畴的学前教育不得不从小学迁出去。一般来说，原来负责学前教育的老师会在自己家里办学前班，或者在村里交通便利的地方租用带院子的楼房来办学前班。县级教育行政部门并不将这些学前教育机构称为幼儿园，而称为幼教办学点（也称看护点），在正式的管理文件和报表中不统计这类机构的数据，也不通知这类机构参与镇教育办公室组织的会议。全镇的幼教办学点有 20 余家。山镇教办与幼教办学点的联系就是在安全检查的时候，山镇教办联合镇政府其他部门关照幼教办学点的安全问题，而镇公办幼儿园对幼教办学点没有业务上的指导。为节约经费，幼教办学点大多雇佣没有教师资格证的老师参与教育和管理工作。

四、山镇的民办学校和社会培训机构

近年来，朴县和周边农村地区出现了数所民办的义务教育阶段学校。这些学校的招生体制较为灵活，可以通过考试择优选拔学生；在教育管理上，这些学校实施寄宿制、封闭式管理，学生在校进行晚自习且周末不休息；尽管这些学校学杂费较高，考取的难度也较大，但还是有很多家长选择让子女就读于民办学校。这是因为，一方面，很多家长外出打工，无法看管孩子，即便是在家务农，他们也无法看管、辅导孩子，不如让孩子在寄宿制学校上学，这样他们也能在老师的指导和辅助下学习；另一方面，与公办学校相比，民办学校择取优质生源，再加上周末、晚上无休，所以"抓得紧""抓得实"，中考成绩好。在山镇镇区北侧，有一所民办学校——海山学校，创办人是县教育局原副局长，该校只有初中，设 24 个教学班，学生 1100 余人。另外，在山镇镇区东侧约 6 公里处有一所民办学校——合强学校，距离山镇镇区东侧约 10 公里处还有一所 21 世纪学校，尽管不在山镇境内，但是对山镇的中小学招生产生很大影响。合强学校由山镇高中离职的老师们合伙创办，近年来扩张迅猛，2018 年初创办时仅有 20 余位老师，也仅招收初一年级 10 个班级，2020 年已经达到 53 个班级的规模，有 2600 余名在校生。21 世纪学校是由县中退休教师于 2000 年左右联合创办的，2020 年秋季学期有 3000 余名在校生，教职工 180 余人，是朴县规模最大、历史最久、社会声誉最好的民办学校。这些民办学校的发展对于山镇公办初中的招生、管理等都产生了巨大的影响。每年招生季节，朴县教育局都会三令五申招生纪律，防止招生过程中出现异常，引发群体事件。

《2020 年全国教育事业发展统计公报》数据显示，2020 年，我国民办普通小学在校生人数为 966.03 万人，比上年增长 2.24%，占小学在校生总数（10725.35 万人）的比例为 9%；民办初中在校生人数为 718.96 万人，比上年增长 4.59%，占初中在校生总数（4914.09 万人）的 14.6%[①]。从 2020 年起，为了遏制民办义务教育学校"掐尖"选择优质生源，多个地区的教育行政部门明确要求所有民办义务教育学校实行"公民同招"、电脑摇号入学政策，这使得义务教育阶段民办学校传统的生源优势不复存在。2021 年，江苏、四川等多省份的教育行政部门发文要全面实行公办、民办中小学同步招生，调减本省内民办义务教育在校生占比，民办初中、小学在校生人数占义务教育在校生总数的比例将调减至 5% 以下，原则上不再审批新的民办义务教育学校[②]。目前来看，朴县的民办义务教育学校规模尚未达到 5% 的警戒线，但是这个 5% 的警戒线对民办义务教育阶段学校的扩张和招生来说都是一个较为严格的限制。

社会培训机构是近年来教育政策关注的热点，也是社会舆论和民众关注的焦点。在山镇，由于处于农村地区，家长对子女的培训虽然比以前有所重视，一部

---

① 2020 年全国教育事业发展统计公报[EB/OL]. http://www.moe.gov.cn/jyb_sjzl/sjzl_fztjgb/202108/t20210827_555004.html. (2021-08-27).

② 民办教育急刹车，多地相继出台政策，将民办教育控制在 5% [EB/OL]. https://www.sohu.com/a/479462391_120255243. (2021-07-25).

分家长愿意投资于子女的学习和艺术、体育培训，但是其重视程度仍不及城市。山镇有规模不等的各类社会培训机构 10 余家，有的开展学科类培训，如中小学英语、数学、儿童珠心算、幼小衔接等，有的开展艺术类培训，如舞蹈、绘画、书法、演讲与口才等；有的开展体育类培训，如跆拳道、篮球等。社会培训机构的管理主体有山镇教办、山镇的工商分局等单位。2021 年"双减"政策出台后，山镇教办和山镇工商分局等机构也组织了联合检查，限制学校开展线下培训。

山镇的小学就在这样的社会和教育环境下发展与变迁。接下来，我们将走进本书的主角——山镇的 9 所小学。

第二章

山镇小学的概貌

本书的主要研究对象是山镇的 9 所小学，共有 1 所中心校和 8 所村小。如前所述，2000 年之前，这些小学分属于云山乡和山镇，经过布局调整和学校合并，形成了今天的格局。山镇小学的发展既受到国家宏观小学教育政策变迁的影响，也是在朴县基础教育发展的大背景下展开的。因此，本章将首先介绍朴县小学教育发展的历史，然后在此基础上考察山镇小学的历史变迁和发展现状。

第一节　山镇小学的历史变迁[①]

一、朴县小学教育的兴起与变革

朴县自 1903 年（清光绪二十九年）开始改书院为学堂，当时有官立高等小学堂 2 所，民间私立、族立、集资立初等小学堂 32 所，由此朴县的现代小学教育开始起步。1912 年，朴县改学堂为学校，开办 2 所高等小学和 4 所国民小学。1948 年，朴县全县解放，有中心校 12 所，国民学校 55 所，私立小学 3 所。

中华人民共和国成立后，朴县积极兴办教育，提高人民群众的受教育水平。到 1949 年底，朴县人民政府恢复和创办小学 208 所，有学生 15 162 人；1951 年大力兴办民办小学，次年又将民办小学转为公办小学；至 1958 年"大跃进"时，贯彻中央提出的"两条腿走路"的办学方针；到 1958 年 3 月底，全县（小学）在校人数由 55 100 余人陡增到 97 450 人。经过 1961 年的"调整、巩固、充实、提高"后，全县小学调整到 565 所，在校学生数降至 53 322 人。1965 年，全县推行半耕半读的教育制度，大兴耕读小学，全县小学激增至 2413 所，小学生 109 424 人。1971 年，中共中央批转《全国教育工作会议纪要》，提出要争取在第四个五年计划期间，在农村普及小学五年教育[②]。朴县各生产队开始兴办教学点，扩大小学规模，到 1973 年，全县小学在校生猛增至 157 805 人。

改革开放以后，朴县小学的发展基本上平稳下来，经过调整和稳步发展，在普及九年义务教育的进程中，实现了"乡乡有初中，村村有小学"的布局。1978 年，教育部颁布《全日制中学暂行工作条例（试行草案）》《全日制小学暂行工作

[①] 本节资料除特别标注外均出自该县县志。
[②] 何东昌. 中华人民共和国重要教育文献(1998—2002)[M]. 海口: 海南出版社, 2003: 1482.

条例（试行草案）》，要求普及初等教育，巩固学龄儿童入学率，提高教育质量[①]。至 1985 年，全县有小学 710 所，班级 3921 个，学生 163 824 人。经过少量学校的合并和调整，1987 年，全县有小学 645 所，在校生 149 021 人，小学生升入初中的升学率为 61.7%。至 1992 年，小学在校生达 165 142 人，教职工 6931 人，全县基本普及初等义务教育。1996 年，全县有小学 601 所，在校生 241 845 人，教职工 7742 人。2001 年，国务院颁布《关于基础教育改革与发展的决定》，启动农村中小学布局调整。朴县的小学也经历了撤销、合并，在布局调整完成后，全县的农村小学由 600 余所压缩到 200 所左右。此后，农村小学的格局基本上稳定下来。由于人口向县城聚集，县城城区新增了许多小学，并且小学数量一直在逐年增加。从朴县小学发展的历史演变可以看出，教育规模和学生数量都深刻地受到了国家宏观教育政策的影响。

在开展农村中小学布局调整之前，山镇中的每个村均有 1 所小学。当时的云山乡有 16 所小学，包括云山中心校和 15 所小学；当时的山镇有 21 所小学，包括山镇中心校和 20 所小学。其中，还有一些不完全小学，如江家小学直到 1990 年的时候还只有 3 年级，4—6 年级的学生需要到邻近的黄山小学就读，1990 年后江家小学才成为完全小学；云山乡的河岸小学也是不完全小学，只有 1—3 年级，4—6 年级的学生需要到云山中心校就读。还有其他几所小学也存在这样的情况，此处不再赘述。

二、乡镇合并与布局调整后的山镇小学格局

2000 年，为了扩大乡镇的人口和土地规模，减少管理机构和财政供养人员，原云山乡和山镇合并，组成新的山镇。原云山乡的工商、财政、税收、供电等机构均合并为山镇的相应机构，精简了部分人员，原云山乡的卫生院和初中继续保留。乡镇合并后，云山中心校虽依然保留，但改名为云山小学，不保留乡中心校的地位，云山中心幼儿园的情况也是如此。

农村中小学布局调整对山镇的小学教育产生了重要影响。2001 年，国务院颁

---

① 何东昌. 中华人民共和国重要教育文献(1949—1997)[A]. 海口: 海南出版社, 1998: 1630-1639.

布《关于基础教育改革与发展的决定》，要求各地区"因地制宜调整农村义务教育学校布局。按照小学就近入学、初中相对集中、优化教育资源配置的原则，合理规划和调整学校布局"[①]，不仅要让百姓子弟"有学上"，更要让他们"上好学"。这次调整的背景是，因为计划生育政策的实施，农村人口出生率下降，就学儿童数量减少，部分地区农村中小学规模缩小。将农村中小学合并后，可以节约办学经费，提高学校办学的规模效益。此后，全国范围内开展了轰轰烈烈的农村中小学布局调整。据统计，2001 年全国有小学 49.13 万所，2010 年减至 25.74 万所，农村小学则从 2001 年的 41.62 万所减至 2010 年的 21.09 万所。10 年间，农村小学减少了一半，教学点减少了 6 成。2001—2010 年，全国共撤并小学和初中 24 万余所，其中，有 21 万余所为农村中小学，占减少总量的 87.50%，每天约有 63 所农村小学、30 个教学点和 3 所初中消失，几乎每小时消失 4 所农村学校。农村小学生减少了 3153.49 万人，农村初中生减少了 1644 万人，他们大多数人进入县镇初中和县镇小学[②]。

山镇与全国其他地区一样，也在 2002—2003 年开展了中小学布局调整。布局调整完成后，学校的情况如下：在原云山乡的范围内，江家小学、白家小学、黄山小学和原属山镇的林家小学合并为新的黄山小学，施教区为江家村、黄山村、白家村、林家村等 4 个村。2000 年 9 月，杜家小学、果园小学、车家小学（部分）、陆山小学（部分）并入云山小学，新的云山小学的施教区为云山村、杜家村、果园村等。黄海小学、徐家小学、鲁家小学合并为连山小学，施教区为黄海村、徐家村和鲁家村等。连山小学与其他合并小学的不同之处在于，其没有保留使用合并前任何一所小学的名称，而是更名为连山小学。据访谈时学校老师介绍，这是因为当时三个村的民众均认为叫别的村小名字不合适，各自据理力争，经过商讨以及与镇政府协调，最终采用了"连山小学"的名称，因为有个"连"字，体现了三个村的联系与合作，民众这才没有争议。此外，陆家小学和庐山小学合并，成为新的庐山小学，施教区为庐山村和陆家村等。在原山镇内，韩家小学、姚集小学和龙山小学合并为新的龙山小学，施教区为韩家村、姚集村和龙山村等。

经过农村中小学布局调整，山镇的小学形成了目前的 1 所中心校和 8 所村小

---

① 何东昌. 中华人民共和国重要教育文献(1998—2002)[M]. 海口: 海南出版社, 2003: 887.

② 杨天平. 我国农村中小学布局调整的原因、进程、问题及对策[J]. 教育理论与实践, 2013(16): 17-22.

的组合。每所小学辐射的施教区为 3—4 个村庄，辐射半径约为 2 公里。此次布局调整也带来了一些问题，首要的问题是家长接送的负担增加。农村学校没有食堂，学生中午要回家吃饭，每天要往返学校 2 次。低年级学生均由家长接送，很多年轻家长外出打工，因而由老年人骑着电动三轮车接送学生，有较大的安全隐患；家里无老人照顾的家庭，父母双方中会有一人留守家中负责接送孩子。部分高年级学生会骑自行车甚至电动车上学，一到放学时间，路上的自行车、电动车拥挤，虽然减轻了家长的接送负担，但也有安全隐患，还造成了学校门口拥堵和停车困难等问题，如学生在学校周围随意停放自行车和电动车，影响了汽车和农用车的正常通行。这影响到农村小学义务教育的巩固率，造成山镇小学生源的流失，例如，部分外出打工的家长因为接送不便而将孩子带去自己所工作的城市，使得孩子成为流动儿童。还有一些经济条件较好的家长去镇上或县城购房，将孩子转进县城学校。山镇小学的生源由此逐年减少，2017—2018 学年在校生为 8241 人，2018—2019 学年降至 7710 人，较上年减幅为 6.4%；2019—2020 学年在校生仅有 7124 人，较上年减幅为 7.6%。各年级在校生人数也呈逐年递减趋势，2021 年秋季学期开学时，一年级新生仅有 680 余人。

第二节　山镇小学的发展现状

一、9 所小学总体状况

山镇共有 9 所小学，1 所是山镇中心校，1 所是原云山乡中心校（现在更名为云山小学），另外 7 所小学分布在 7 个村庄中，分别是连山小学、庐山小学、黄山小学、龙山小学、松山小学、梁山小学和东山小学。其中，前 3 所村小是乡镇合并前原云山乡的学校，后 4 所是原山镇的小学。经过农村中小学布局调整，现在的格局为，3—4 个村子共有 1 所学校，学生上学的路程为 1—3 公里。其中规模较大的山镇中心校为 8 轨，个别年级为 9 轨，共 50 个教学班；云山小学为 5 轨，共 30 个教学班；其他小学大都为双轨制，有 12 个左右的教学班，在校生人数均在 400 人以上。9 所小学大多始建于 20 世纪 60—70 年代，其中山镇中心校和庐山小学为布局调整时异地新建校。2012 年，山镇启动了"校安工程"，全镇小学校舍新建 9 个单体建筑，校园文化及教育教学配套设施安置到位，现代化教育教学设备及时更新，都通过了省级义务教育标准化学校验收。山镇教办的一份汇报材料概括了全镇小学整体的办学理念和特色："九所小学围绕学生发展、教师发展、学校发展三大主题，秉持'让教师感受教育的幸福，让学生享受幸福的教育'这一办学理念，坚持立德树人，质量优先，各校根据校情，一校一品，以特色课程研发助推学生学有所长。"

2019—2020 学年，全镇小学在校生有 7124 人，其分布情况如表 2-1 所示，可以看出，六年级到一年级的在校生数逐年递减。调研得知，尽管生育政策放开，但山镇小学的学生人数依然逐年递减，主要原因有：①村小的学生家长想尽办法让子女进入山镇中心校甚至是其他乡镇的中心校就读，导致村小规模缩小；②部分学生家长努力在县城购房，让子女在县城的小学读书；③还有部分学生家长选择了山镇或其他乡镇的民办学校。

表 2-1　2019—2020 学年山镇小学各年级班级数和在校生数

年级	一年级	二年级	三年级	四年级	五年级	六年级	合计
班级数/个	20	21	23	25	27	30	146
在校生数/人	998	1122	1145	1150	1310	1399	7124

2021 年 11 月笔者再次赴山镇调研时得知，当时的五年级学生只有 980 余人，这也就意味着 2019—2020 学年的三年级学生中有 160 人左右转学到其他学校，而 2021 年入学的一年级新生则只有 680 人，与当时六年级在校生数相比减少了近一半，这是令人震惊的数字。这也就意味着六年后山镇小学的学生规模将缩小一半左右。下面我们将分别走进每一所学校，考察其硬件设施、学校文化建设、师资队伍和学生情况等。

二、每所小学具体情况

（一）山镇中心校

山镇中心校是全镇规模最大的小学，学校在 2019—2020 学年共有学生 2834 人，共 50 个教学班，如表 2-2 所示。

表 2-2 2019—2020 学年山镇中心校班级数和学生数

类别	一年级	二年级	三年级	四年级	五年级	六年级	合计
1 班人数/人	60	69	51	55	56	58	
2 班人数/人	58	71	55	54	56	56	
3 班人数/人	59	67	52	54	56	59	
4 班人数/人	58	64	54	53	52	56	
5 班人数/人	59	67	52	53	52	60	
6 班人数/人	58	68	52	54	56	54	
7 班人数/人	57	68	51	51	54	57	
8 班人数/人	—	—	49	55	53	55	
9 班人数/人	—	—	50	—	54	55	
10 班人数/人	—	—	—	—	—	57	
班级数/个	7	7	9	8	9	10	50
学生数/人	409	474	466	429	489	567	2834

注："—"代表该年级无相应班级及学生数据，下同

2020 年，山镇中心校有教师 143 人，其中在编教师 93 人，临时代课教师 41 人，劳务派遣教师 9 人。教师的初始学历结构如下：本科学历 19 人，大专学历 54 人，中师中专学历 50 人，高中学历 17 人，初中学历 3 人。教师职称结构如下：中小学高级教师 5 人，中小学一级教师 46 人，中小学二级教师 19 人，高级工一级 6 人，67 人无职称。教师年龄在 35 岁以下的有 72 人，占一半左右，可见教师队伍较为年轻。需要特别说明的是，中小学高级教师和一级教师中包含了山镇教办的所有工作人员，如教办主任、副主任等，按照管理规范，他们既是山镇教办

管理者，又是山镇中心校教师。考虑到这一因素，尽管山镇中心校是全镇教育质量最好的小学，但是作为一个乡镇的中心校，这样的教师队伍结构还是不尽如人意的。尽管山镇教办也为学校划分了施教区，但是因为教学质量较高，山镇中心校的学生来自全镇各村。

山镇中心校坐落在镇中心的西南，学校大门朝西南方向。学校门口有一条约5米宽的水泥路，放学的时候，汽车、三轮车、电动车将校门口堵得水泄不通。笔者调研的时候，正赶上学校将西门封上，在正南方向破开一段围墙，开一道朝南的大门，这样改造后，学校的大门和主教学楼及国旗杆保持在一条线上。经过镇里和村里协调，学校围墙外的农民土地被学校征用，准备做成学校的绿化带和种植园，这样学校可以增加5亩地的面积。2020年省级教育现代化验收义务教育学校相关材料显示，学校占地面积为65 228平方米，建筑总面积为22 690平方米。学校室外运动场地总面积为12 000平方米，包括煤渣地操场和水泥地篮球场。学校有绿化总面积14 200平方米。学校有图书室3个，藏书89 000余册。学校有多媒体专用教室40间，普通多媒体教室62间。学校有教师用计算机170台，学生用计算机290台。学校有科学实验室2间，音乐教室4间，舞蹈教室2间，美术教室4间，心理健康咨询室1间。2020年冬天笔者调研时，学校正将操场改造为塑胶跑道，师生在学校的主道路上跑操。

（二）云山小学

云山小学是仅次于山镇中心校规模的第二大小学，学校创建于1950年。2019—2020学年，学校有27个教学班，学生1343人（表2-3）。其中，1—3年级每个年级各有4个班，4—6年级每个年级各有5个班，每届学生有202—250人，平均班额为49人。近年来，学校在德育和教学方面取得了较好的成绩，学校先后被评为市级（地级市，下同）德育工作先进学校、市级陶行知研究会会员单位、市级依法治校示范校，多次被评为县级教学工作先进单位；2017年创建并获批市级节水型学校，2020年创建并获批省级节水型学校。学校依托大蒜文化，成功申报市级中小学课程基地和学校文化建设项目，但在冲击省级项目时失败。

表 2-3 2019—2020 学年云山小学班级数和学生数

类别	一年级	二年级	三年级	四年级	五年级	六年级	合计
1 班人数/人	52	60	55	46	48	51	
2 班人数/人	50	51	50	49	49	54	
3 班人数/人	50	50	46	45	45	48	
4 班人数/人	50	55	51	46	57	48	
5 班人数/人	—	—	—	44	43	50	
班级数/个	4	4	4	5	5	5	27
学生数/人	202	216	202	230	242	251	1343

云山小学的施教区覆盖原云山乡政府所在地徐村以及周围的五六个村子，最远的村庄距离学校 3 公里左右。云山小学坐落在云山初中后面，学校的东面、西面和北面被农田环绕。学校大门向西开，西面和南面各有一条 3 米左右宽的水泥路，沿着这些水泥路走 500 米左右才能到连接集市的大路，交通很不方便。但因为学校周围没有大路，所以没有大车经过，学校环境较为安静。学校校园里原来有三排平房家属院，现在已经被改造为操场，扩大了学校的活动场地。学校的围墙做成了诗歌墙，上面粉刷有采用统一字体书写的唐诗宋词，供学生观看阅读，也是校园文化建设的一部分。

2020 年省级教育现代化验收义务教育学校相关材料显示：学校占地面积为 34 450 平方米，建筑面积为 7 050 平方米，有教学楼 1 栋。学校有煤渣地操场 1 片，运动场地面积为 10 000 平方米，绿化面积为 10 800 平方米。学校有教师用计算机 72 台，学生用计算机 132 台。学校图书室有图书 43 000 余册。学校有多媒体专用教室 4 间，普通多媒体教室 31 间，小学科学实验室 1 间，音乐教室 1 间，舞蹈教室 2 间，美术教室 2 间，心理健康教育咨询室 1 间。事实上，这些教室存在着"多功能"使用的现象，即一个教室挂多块牌子。2020 年秋，学校有 69 名教师，其中在编教师 56 人，劳务派遣教师 10 人，临时代课教师 3 人。从教师初始学历看，学校有大学本科学历教师 8 人，大专学历教师 25 人，中师中专学历教师 33 人，高中学历教师 3 人。从教师职称看，学校有中小学高级教师 4 人，中小学一级教师 29 人，中小学二级教师 13 人，高级工一级 2 人，其余 21 人无职称。从教师年龄结构看，学校有 35 岁以下教师 30 人，50 岁以上教师仅有 1 人，学校教师队伍整体上比较年轻。

云山小学作为原来的乡中心校，本是该乡教育教学质量最好的小学。但是在乡镇合并后，学校失去了中心校的地位，学校的师资流失，一部分到县城，还有一部分被抽调到山镇中心校。尽管如此，该校目前仍是全镇教学质量和师资实力排名第二的小学。在 2019 年的寒假期末考试中，以五年级的成绩为例，只有山镇中心校和云山小学的语文、数学、英语成绩及格，远远高于其他村小的成绩。

（三）黄山小学

在 2005 年合并之初，黄山小学是周围几个村庄的小学中教学质量较好的学校，以至于隔壁乡镇的孩子择校到这里读书。2020 年省级教育现代化验收义务教育学校相关材料显示，学校占地面积为 13 600 平方米，建筑面积为 4300 平方米，有教学楼 1 栋，教室和办公室共 24 间。学校运动场地面积 2400 平方米，包括煤渣地操场 1 片，篮球架 2 对，健身器材若干组。学校图书室有图书 17 000 册。学校有教师用计算机 30 台，学生用计算机 60 台。学校有多媒体专用教室 2 间，普通多媒体教室 13 间。

2019—2020 学年，学校有 14 个教学班，学生 566 人，其中一年级 70 人，二年级 90 人，三年级 89 人，四年级 83 人，五年级 111 人，六年级 123 人（表 2-4），可以看出，六年级到一年级的学生数逐年递减。2020 年，学校有教师 32 人，其中在编教师 20 人，劳务派遣身份教师 7 人，临时代课教师 5 人（其中 2 人无教师资格证）。从教师职称看，学校有中小学一级教师 12 人，中小学二级教师 7 人，其他 13 人无职称。从教师初始学历来看，硕士研究生 1 人，本科生 8 人，大专学历 6 人，中专（含中等师范）11 人，高中 6 人。从教师年龄结构看，50 岁以上 8 人，35 岁以下 15 人。

表 2-4 2019—2020 学年黄山小学班级数和学生数

类别	一年级	二年级	三年级	四年级	五年级	六年级	合计
1 班人数/人	35	43	48	43	38	43	
2 班人数/人	35	47	41	40	33	40	
3 班人数/人	—	—	—	—	40	40	
班级数/个	2	2	2	2	3	3	14
学生数/人	70	90	89	83	111	123	566

在山镇的小学中，黄山小学的地理位置和学校布局算是比较好的。学校面南背北，方方正正地坐落在村庄中央。学校的西侧围墙外有黄山村村民委员会办公室、村卫生室和超市，东侧是一条河，北面是村庄的主体。学校大门朝南，门口是一条东西走向的 6 米宽的水泥路，水泥路的南面是人口密集的村庄。2020 年之前，学校是开放的，经常有附近的村民去学校里打篮球或者使用其他健身器材。但是笔者在调研期间也发现，一些村民来到学校后，存在一些不文明行为，影响了学校的环境卫生和良好的学习风气。

（四）连山小学

连山小学是在原云山乡的 3 所小学的基础上合并而成的，施教区覆盖附近的黄海村、徐家村、鲁家村等。学校规模较小，校园占地面积仅为 12 000 平方米，校舍建筑面积为 4200 平方米，布局设计合理，校园绿化面积达到 2500 平方米，主干道两侧的水杉树昂首挺立，绿树成荫。学校室外运动场地面积为 5500 平方米，有煤渣地操场 1 片，教学楼 1 栋，教室 16 间。学校里有教师用计算机 22 台，学生用计算机 35 台。学校有科学实验室、图书室、美术室、音乐教室各 1 间。据统计，2019—2020 学年，学校有在读学生 355 人，9 个教学班，其中 1—3 年级各有 1 个班，二年级和三年级的一个班级有 50 多名学生，而一年级只有 31 名学生；4—6 年级各有 2 个班，三个年级分别有 56 名、83 名和 79 名学生（表 2-5）。

连山小学是山镇小学中距离城区最近的学校，约有 10 公里，与到山镇镇区的距离基本相当。因为距离近，近年来很多家长去城区购房，带孩子去城区学校读书，因此连山小学的生源锐减。2015 年，学校每个年级各有 2 个班级，每个班级有 40 余人，全校有学生近 500 人。2018 年以后，每个年级只能招生一个班级，每年的学生数减少 50 人左右。学校的教学楼上有金黄的大字"和而不同""合而不独"，这是学校的校训。学校创建成为市级绿色学校，注重宣传环保，在校园绿化带设立了很多警示牌，"保持环境卫生""请珍惜每一滴水"等标语随处可见。学校宣传窗里设有环保专栏，有"废电池的危害""环保图片宣传"等展览，以普及环保知识。

表 2-5　2019—2020 学年连山小学班级数和学生数

类别	一年级	二年级	三年级	四年级	五年级	六年级	合计
1 班人数/人	31	52	54	28	41	39	
2 班人数/人	—	—	—	28	42	40	
班级数/个	1	1	1	2	2	2	9
学生数/人	31	52	54	56	83	79	355

学校有 23 名教师，其中在编教师 15 人，劳务派遣教师 1 人，临时代课教师 7 人。在教师学历方面，本科学历 8 人，大专 6 人，中师中专 5 人，高中学历 4 人。有一位老师已经任代课教师 8 年。在职称方面，中小学一级教师 7 人，中小学二级教师 6 人，高级工一级 1 人，其他人无职称。在年龄结构方面，35 岁以下教师 10 人，50 岁以上仅有 1 人，学校教师年龄结构较为合理。学校背靠公路，正门外有一条小路。走进校门，一条不长的水泥路连接到主楼门前。主楼是一栋四层的教学楼，也是学校唯一的建筑。主道路的右手边是一片沙灰地面，作为学校的操场，操场上有一对篮球架。主道路的左手边则是一片土地，上面有较为杂乱的草丛。在这所学校调研的时候，笔者印象最深的是，学校的领导和老师都夸赞一位年轻的王老师，她的原籍在比朴县更为发达的南方城市，从省内一所师范学院毕业后跟随男朋友来到这里，已经工作 6 年了，能说一口地道的本地方言，很受大家的喜爱。

（五）庐山小学

庐山小学处于山镇最偏远的西南角，距离镇政府有 11 公里，是全镇最为偏远的小学。庐山小学是在原来庐山小学和陆家小学的基础上合并而成的。学校占地面积比连山小学稍大，达到 12 860 平方米，但是建筑面积小于连山小学，仅有 3600 平方米。学校有四层的教学楼 1 栋，教室和办公室共 16 间。学校室外运动场地面积近 6000 平方米，有煤渣地操场 1 片。学校有图书室 1 间，图书达 21 000 册。学校里有教师用计算机 26 台，学生用计算机 50 台，有多媒体专用教室 3 间，普通多媒体教室 12 间。2019—2020 学年，庐山小学有 354 名学生，9 个教学班，其中一、三、四年级各 1 个班，二、五、六年级各 2 个班（表 2-6）。

表 2-6 2019—2020 学年庐山小学班级数和学生数

类别	一年级	二年级	三年级	四年级	五年级	六年级	合计
1 班人数/人	53	30	55	47	40	33	
2 班人数/人	—	30	—	—	33	33	
班级数/个	1	2	1	1	2	2	9
学生数/人	53	60	55	47	73	66	354

2020 年秋季学期，学校有教师 24 人，其中在编教师 20 人，劳务派遣教师 4 人，无临时代课教师，这在全镇小学中绝无仅有。在教师学历方面，大学本科 6 人，大专 5 人，中专中师 5 人，高中 8 人。在职称方面，中小学高级教师 1 人，中小学一级教师 12 人，中小学二级教师 6 人，高级工 1 人，其他 4 名劳务派遣教师无职称。在年龄结构方面，学校 35 岁以下教师仅 8 人，50 岁以上教师 8 人，其中接近退休的 55 岁以上教师 6 人，有 4 位老师在三年内即退休，教师年龄结构老化严重。庐山小学四周都是农田，校门外通过一条 300 米左右的水泥路连接通往村中央的主道路。学校门口的水泥路仅有 3 米宽，路面高于两侧的农田约半米且没有坡度。孩子们上学、放学的时候，学校门口车水马龙，曾有老人被挤到路边的田地里。庐山小学的老师中有半数家在本村，也有本村土生土长的年轻教师，在外地就读小学教育，本科毕业后回来任教。近年来，有一些外省籍大学毕业生考取朴县教师编制，来山镇任教。笔者在庐山小学调研时就认识了一位来自东北地区的毕业生，已在县城购房安家落户。

（六）龙山小学

龙山小学是全镇规模最小的小学，坐落在山镇西偏南方向，距镇中心 7 公里左右，生源覆盖附近的前龙山、后龙山、韩家村等三个村子。学校占地面积为 10 900 平方米，建筑面积为 2700 平方米，有教学楼 1 栋，教室 12 间。学校绿化总面积为 2500 平方米，有土地操场 1 片。学校图书室有图书 8500 册。学校有教师用计算机 18 台，学生用计算机 35 台。2019—2020 学年，学校共有 7 个班级，学生 350 人。其中，1—5 年级各 1 个班，每个班级人数为 51—62 人；6 年级有 2

个班，每个班级分别有 32 名和 34 名学生（表 2-7）。限于师资力量，尽管四、五年级的班额在 60 人以上，但学校没有把它们分别拆分为 2 个班。

表 2-7　2019—2020 学年龙山小学班级数和学生数

类别	一年级	二年级	三年级	四年级	五年级	六年级	合计
1 班人数/人	56	51	55	62	60	32	
2 班人数/人	—	—	—	—	—	34	
班级数/个	1	1	1	1	1	2	7
学生数/人	56	51	55	62	60	66	350

2019 年，学校仅有 18 名教师，其中 12 名代课教师。2020 年，山镇教办给予龙山小学特殊的支持政策，辞退了学校既有的全部临时代课教师，经过招聘补充后，2020 年学校有教师 21 人，其中劳务派遣教师 12 人，在编教师 9 人。龙山小学有中小学一级教师 2 人，中小学二级教师 4 人，其他人无职称。教师年龄结构如下：35 岁以下的教师有 16 人（因为一次性补充了较多的劳务派遣教师），其余教师年龄均在 35—50 岁。学校只有 1 栋带有拐角的三层楼，兼做办公楼和教学楼。楼下是一片约 10 米宽的水泥地，水泥地旁边是泥土地操场，操场周边有简单的宣传标语栏。龙山小学前任校长在 2019 年 3 月意外去世，其后校内无人愿意接任校长，只好由教办主任亲自兼任校长。因学校规模小，学校甚至没有广播。笔者到校调研的时候，主持学校日常工作的教导主任王主任拿着一个扩音器对着教师办公室呼叫："请没有课的老师到大办公室集中开会。"

笔者了解到，学校代课教师多导致教学质量在全镇垫底，所以教师工作积极性受到影响。令人庆幸的是，在教办主任兼任校长的一年里，学校克服了前期各项工作滞后的影响，教育教学工作逐渐步入正轨，学生社团活动和家长会以及教研活动逐渐开展起来。学校在 2020 年新进的 4 位年轻教师也颇有干劲，在和笔者的交流中都表达了想多学习、想在专业上有所发展的愿望。

（七）松山小学

松山小学在山镇街上的西北角，距离镇政府有 7 公里左右。学校占地面积达 12

400 平方米，建筑面积为 3370 平方米，有教学楼 1 栋。学校有土地操场 1 片，运动场地面积为 4500 平方米，绿化面积为 4400 平方米。学校里有教师用计算机 27 台，学生用计算机 45 台；图书室有藏书 12 000 册。学校有专用多媒体教室 5 间，普通多媒体教室 10 间，科学实验室、美术教室、音乐教室各 1 间。2019—2020 学年，学校有 11 个教学班，学生 496 人（表 2-8），其学生数在各村小中仅次于黄山小学。

表 2-8　2019—2020 学年松山小学班级数和学生数

类别	一年级	二年级	三年级	四年级	五年级	六年级	合计
1 班人数/人	57	37	40	45	48	48	
2 班人数/人	—	39	45	45	48	44	
班级数/个	1	2	2	2	2	2	11
学生数/人	57	76	85	90	96	92	496

松山小学有教师 25 人，其中在编教师 16 人，劳务派遣教师 4 人，临时代课教师 5 人。在教师学历方面，本科学历 5 人，大专学历 7 人，中专中师学历 7 人，高中学历 5 人，初中学历 1 人，从教师学历水平看，该校处于全镇小学最低水平。在教师年龄方面，35 岁以下教师 13 人，50 岁以上接近退休年龄教师仅 1 人。在教师职称方面，中小学一级教师 10 人，中小学二级教师 5 人，其他 10 人无职称。

（八）梁山小学

梁山小学在镇区东北面，距镇政府 4 公里左右。与其他村小相比，梁山小学占地面积较大，达到 23 200 平方米，建筑面积近 3320 平方米，室外运动场地面积达到 5600 平方米，绿化面积达到 8000 平方米。学校有教学楼 1 栋，教室 24 间，学校操场一半是水泥地，一半是土地，跑道为煤渣地。学校有教师用计算机 20 台，未能达到人均 1 台；有学生用计算机 40 台；多媒体专用教室 2 间，普通多媒体教室 10 间。学校图书馆藏书达 12 000 余册，有科学实验室、美术教室、音乐教室各 1 间。2019—2020 学年，学校有 9 个教学班，共有 395 名学生（表 2-9）。其中 1—3 年级各 1 个班，人数分别为 55 人、61 人、67 人，班额超大。五年级有学生 64 人，为了保证今后作为毕业班的教学质量，学校将其分为 2 个班。2018

年，在山镇党委、山镇政府的大力支持下，梁山小学 D 级危房被拆除，投资 325.8 万元新建了一幢 2190.91 平方米的四层教学楼，以及 32 平方米的值班室、120 平方米的厕所和 200 米的围墙。建设期间，山镇党委书记和镇长现场办公，协调征地事宜，给梁山小学修建了一条宽 13 米的高标准的水泥路面。

表 2-9　2019—2020 学年梁山小学班级数和学生数

类别	一年级	二年级	三年级	四年级	五年级	六年级	合计
1 班人数/人	55	61	67	37	32	37	
2 班人数/人	—	—	—	37	32	37	
班级数/个	1	1	1	2	2	2	9
学生数/人	55	61	67	74	64	74	395

2020 年秋季学期，学校有教师 31 人，其中在编教师 17 人，劳务派遣教师 11 人，临时代课教师 3 人。2018 年，该校有 7 名临时代课教师，2019 年减少为 5 人，2020 年尚有 3 人，临时代课教师逐年递减，顶替临时代课教师承担教学工作的多是劳务派遣教师，2018—2020 年该校仅新增 1 名在编教师。从教师初始学历来看，大学本科学历 4 人，大专学历 12 人，中师中专学历 13 人，高中学历 2 人。从教师职称来看，中小学高级教师 1 人，中小学一级教师 12 人，高级工一级 1 人，中小学二级教师 3 人，13 名非在编教师（劳务派遣教师和临时代课教师）和 1 名 2019 年新进在编教师均无职称。从职称结构来看，中小学一级教师偏多，中小学二级教师较少，这也反映了该校教师年龄队伍结构大。在 17 名在编教师中，55 岁以上即将退休的教师有 4 人，50—55 岁的教师有 6 人，45—49 岁的教师有 4 人，35—44 岁的教师有 2 人，而 35 岁以下的教师仅有 1 人。

该校邓校长告诉笔者，学校学区生本应有 400 多人，但一部分学生去了山镇中心校，还有一部分学生去了民办海山学校。但是，2020 年寒假后，由于镇教办和学校注重提升教学质量，加上新进一批劳务派遣老师，家长对学校的信心增强，部分学生回流到梁山小学。如此一来，1—3 年级每个年级的学生数就从春节前的 55 人左右增加到 60 多人，但由于师资紧缺，无法拆分为 2 个班级。校长说学校最大的困难就是老教师多，课程难以安排，2018—2020 年，学校每年退休 2 名教师，难以招聘到新鲜血液补充进来。邓校长年近 50 岁，中师毕业，讲话语调温和，条理清楚。在走廊地上看到纸时，邓校长会弯腰捡起来，说明他关注学校管理细节。学校校容校貌较好，班级文化建设已经启动，各个班级都有自己的标语，老师在办公室的黑板上用艺术字表达学校教育理念——"用爱塑造学生的人生"。

（九）东山小学

东山小学位于山镇东北角，距离镇中心 7 公里左右。东山小学位于村庄的中央，开车到学校需要路过居民家门口较为狭窄的水泥路和一座小桥。学校门口是超市和村部，与其他学校相比，校门口的环境不是很开阔，显得拥挤。学校大门朝东，进校后是一座外立面干净整洁的教学楼，楼前有一片水泥地，水泥地中央有国旗杆，水泥地旁边则是泥土地的操场。校长是一位 50 岁左右的中师毕业生，笔者通过与其多次交流发现，其对学校办学思路和发展方向没有明确的想法，这也是山镇教办领导对该校长的评价。

学校于 1950 年 3 月始建于别的村，当时仅有三四个班级，于 1958 年 7 月迁至东山村，后与邻近的小学合并为东山小学。学校施教区主要为东山村和凌家村，服务人口 6000 多人。2008 年 8 月，学校拆除原来的破旧瓦房，建成如今的一体式教学楼。历史上，学生数最多时有 600 余人，有 12 个教学班。2018 年 3 月，网络覆盖全校，所有班级也都安上了多媒体设备。学校领导提供给笔者的学校简介中提及："东山小学已经成为一所教育教学设备先进、教育教学成绩优异的现代化村级完全小学。"2020 年省级教育现代化验收义务教育学校相关材料显示，学校占地面积仅有 11 600 平方米，建筑面积为 3300 平方米。学校室外运动场地面积较小，仅为 3500 平方米；绿化面积为 2500 平方米。学校有教师用计算机 30台，学生用计算机 50 台。学校图书室有藏书 20 000 册[①]。学校有多媒体专用教室 1 间，普通多媒体教室 13 间，学校有科学实验室 1 间，美术教室、音乐教室各 2间。2019—2020 学年，学校有在校生 431 人。与镇里其他学校相比，东山小学的班额较少，最多的是五年级，每班有 46 人，其他年级学生数均在 40 人左右，一年级的 2 个班分别只有 33 人和 32 人（表 2-10）。

---

① 与其他学校的数据相比，此数字有失实嫌疑。

表 2-10　2019—2020 学年东山小学班级数和学生数

类别	一年级	二年级	三年级	四年级	五年级	六年级	合计
1 班人数/人	33	42	36	40	46	41	
2 班人数/人	32	——	36	39	46	40	
班级数/个	2	1	2	2	2	2	10
学生数/人	65	42	72	79	92	81	431

2021 年，学校有 26 名教师，其中在编教师 14 人，劳务派遣身份教师 5 人，临时代课教师 7 人。教师学历如下：大学本科 1 人，大学专科学历 7 人，中师中专学历 10 人，高中学历 8 人。教师职称如下：中小学一级教师 13 人，中小学二级教师 1 人，12 名临时代课教师和劳务派遣身份教师没有职称。从职称结构可以看出，该校缺少具有中小学高级教师职称的骨干教师引领，在编教师中，中小学一级教师占比为 93%，说明该校在编教师中高年资教师比例偏高，青年教师比例极低。2021 年笔者调查时，14 名在编教师中有 53 岁以上教师 6 人，这 6 人中有 3 人将于 2023 年退休；学校教师年龄断层非常严重，在编教师中仅有 1 人的年龄在 30 岁以下（为 29 岁），40—45 岁的教师有 7 人，令人不可思议的是，30—40 岁的教师中没有在编教师，可见该校教师队伍存在青黄不接的状况。

与笔者所走过的很多村小相似，也与李书磊在《村落中的"国家"——文化变迁中的乡村学校》[①]所描述的 20 世纪 90 年代末的丰宁县希望小学一样，山镇的小学是平凡而又普通的。这里的校长和老师们日复一日地用最为普通的课堂教学方式教书育人，他们不像很多城市学校或者发达地区的农村小学那样有数量让人羡慕的具有各种头衔的名师、名校长，也很少甚至没有人能够提出自己鲜明的办学理念、文化特色和课程体系。但是，山镇小学里的人们也像其他城市学校或者发达地区的农村小学里的校长和老师一样，需要面临来自教育行政部门的各种考评和参与创建文明城市的压力[②]，他们也为学生的低成绩而焦虑，需要为自己的职称问题而申报课题、发表论文，也为与家长的沟通不畅而烦恼，一些老师也希望

---

① 李书磊. 村落中的"国家"——文化变迁中的乡村学校[M]. 杭州：浙江人民出版社，1999.

② 近年来，朴县连续多年参与全国文明城市的创建。笔者进行田野研究时，教师们经常需要带领孩子们背诵与之相关的各种标语口号和规则，训练孩子们与文明城市创建相关的礼仪，以备文明城市验收考察组的到来。笔者也经常听到在其他城市学校工作的教师提及这种现象。

通过自己的努力离开村小而进入县城工作。在这个意义上，山镇的小学是普通的，只是全国千千万万乡镇中心校和村小中的一个元素。同时，山镇的每一所小学都是独一无二的，学校里的故事肯定是与众不同的。接下来，我们将考察山镇小学的管理，既包括外部的政府及教育行政部门对山镇小学的领导与管理，也包括山镇小学内部的管理状况。

第三章

山镇小学的教育行政领导管理

　　和全国的小学一样,山镇的小学也在国家宏观教育政策方针的引导下办学和发展,同时还会受到农村小学领导管理体制的影响。中华人民共和国成立以来,农村小学领导管理体制经历了几个阶段的变化,这些变化也反映在山镇小学的发展变迁中。本章将首先回顾农村小学领导管理体制变迁的历史,为理解支持或制约山镇小学变革与发展的外部力量提供历史图景,其次将带领读者走进山镇小学的主要管理主体——山镇教办,考察其与山镇小学之间的关系。

第一节　农村小学的教育领导管理体制

一、教育领导管理体制的内涵

教育行政体制是指一个国家的教育行政组织系统，或国家对教育的领导管理的组织结构形式和工作制度的总称。它主要由教育行政组织机构的设置、各级教育行政机构的隶属关系及相互间的职权划分等构成[①]。廖其发认为，教育行政管理体制或教育行政体制的主体是教育行政组织机构，但领导和管理中国教育的主体不仅有教育行政组织机构，还有执政党、人民代表大会及其常务委员会、政治协商会议、政府及其相关行政部门和相关行业、学校以及相关的社会力量等。因此，教育行政管理体制或教育行政体制不能涵盖与教育领导和管理相关的体制，而教育领导管理体制能涵盖更为丰富的主体。教育领导管理体制泛指执政党的各级组织、各级人民代表大会或各级权力机关、各级政治协商机关、各级政府及相关的行政机构、相关行业、学校、相关的社会力量等对于学校教育等教育事业的领导（统领、引导）和管理（决策、计划、组织、指挥、监督、协调、控制）的组织系统中各子系统的构成、相互之间的关系、相互之间权责的划分及发挥其作用的方式等方面的根本制度[②]。本书认为，在中国的现实语境下，廖其发的观点更具合理性，可以涵盖各级党委、政府对教育的领导和管理。从教育管理实践来看，教育领导管理体制关系到对党委、政府及其有关部门与教育行政组织之间的隶属关系和权责划分、各级教育行政部门之间的隶属关系与权责划分、党委政府及其有关

---

①　陈孝彬. 教育管理学(修订版)[M]. 北京: 北京师范大学出版社, 1999: 131.

②　廖其发. 论中国基础教育领导管理体制的分类分权改革——以 1977 年以来的经验教训为依据[J]. 西南大学学报(社会科学版), 2017(4): 71-80, 190-191.

部门尤其是教育行政部门对学校的领导与管理过程中的权责划分，主要关系到教育事业发展中人、财、物的资源配置和各项教育事务的管理权限。

二、农村小学教育领导管理体制的变迁

中华人民共和国成立以来，农村小学的领导管理体制历经多次变迁。1949 年中华人民共和国成立之初，我国实行办学中的公私兼顾政策，在农村鼓励群众办学，大力增加学校数量，积极扩大教育规模①。1952 年 9 月，教育部印发《关于接办私立中小学的指示》，将私立中小学改为公立学校②。1952 年，教育部颁发的《小学暂行规程（草案）》奠定了统一的教育领导管理体制的基本格局，规定"小学不论公办或私立的，都由市、县人民政府教育行政部门统一领导……市、县得按照行政区划和小学分布的情况，选择区内一所或两三所基础比较好、地点比较适中的小学为中心小学。在教育行政部门领导和工会协助下，组织区内各小学进行业务研究、政治学习，并交流经验"③。1958 年"大跃进"兴起，中央提出"两条腿走路"的办学方针，推动教育大跃进。1958 年，中共中央、国务院发布了《关于教育事业管理权力下放问题的规定》，明确划分中央和地方教育管理权："为了充分地发挥各省、市、自治区举办教育事业的主动性和积极性……实行全党、全民办学，加速实现文化革命和技术革命，今后对教育事业的领导，必须改变过去条条为主的管理体制，根据中央集权和地方分权相结合的原则，加强地方对教育事业的领导管理"，要求"今后教育部和中央各主管部门，应该集中主要精力研究和贯彻执行中央的教育方针和政策"，"小学、普通中学……无论公办或民办，由地方自行决定"④。中小学设置与发展等诸多权力皆下放给地方政府和有关部门。其中，全日制中学和县重点小学由县直接管理，其他类型的中小学分别由人民公社和生产大队直接管理⑤。1963 年，中共中央发布《全日制小学暂行工作条例（草

---

① 何东昌. 中华人民共和国重要教育文献(1949—1997)[A]. 海口: 海南出版社, 1998: 91.

② 何东昌. 中华人民共和国重要教育文献(1949—1997)[A]. 海口: 海南出版社, 1998: 164.

③ 何东昌. 中华人民共和国重要教育文献(1949—1997)[A]. 海口: 海南出版社, 1998: 142.

④ 何东昌. 中华人民共和国重要教育文献(1949—1997)[A]. 海口: 海南出版社, 1998: 850.

⑤ 苏君阳. 70 年基础教育管理体制变迁与成就[N]. 中国教师报, 2019-10-02(第 4 版).

案）》，规定"国家举办的全日制小学，由县（市属区）教育行政部门统一管理"[1]。

1978 年，教育部颁布《全日制小学暂行工作条例（试行草案）》，规定"全日制小学由县（市属区）教育行政部门统一领导和管理。社队办的小学，可以在县的统一领导下，由社队管理"，同时强调"小学教师由县（市属区）教育局在党委领导下统一管理"[2]。该暂行条例基本上恢复了"文化大革命"前的统一领导、分级管理的管理体制，区县教育行政部门重新收回中小学管理权。1979—1985 年，农村小学实行县级管理体制。在学校设置上，乡镇分别设初级中学、中心学校和村小学，由乡镇中心校负责对村完全小学业务上的指导。中心学校和村小学作为办学实体单位，各自进行相应的学校管理和经费管理，人事管理权限在县[3]。

1985 年《中共中央关于教育体制改革的决定》是改革开放后引领教育改革的纲领性文件。该决定确立了基础教育由地方负责、分级管理的原则："基础教育管理权属于地方。除大政方针和宏观规划由中央决定外，具体政策、制度、计划的制定和实施，以及对学校的领导、管理和检查，责任和权力都交给地方。省、市（地）、县、乡分级管理的职责如何划分，由省、自治区、直辖市决定。"该决定强调"实行九年制义务教育，实行基础教育由地方负责、分级管理的原则，是发展我国教育事业、改革我国教育体制的基础一环"[4]，同时强调"乡财政收入应主要用于教育"。因此，农村义务教育举办与经费筹措的责任基本上落在了乡级政府和农民身上[5]。1986 年颁布的《中华人民共和国义务教育法》以法律形式明确了义务教育管理体制：义务教育事业，在国务院领导下，实行地方负责，分级管理。1992 年的《义务教育法实施细则》认可并强化了农村教师工资和基建经费主要由乡、村来负责的已有做法[6]。我国农村大部分地区确立了县、乡、村三级办学，以及县、乡两级管理的体制。乡村义务教育从县管转变为乡（镇）管，乡（镇）设

① 何东昌. 中华人民共和国重要教育文献(1949—1997)[A]. 海口：海南出版社, 1998: 1154.

② 何东昌. 中华人民共和国重要教育文献(1949—1997)[A]. 海口：海南出版社, 1998: 1638.

③ 周兴国, 汪文文. 新乡村学校体系建设：描述、解释与规范分析——基于我国乡村学校变迁的思考[J]. 教育研究与实验, 2021(1): 28-33.

④ 何东昌. 中华人民共和国重要教育文献(1949—1997)[A]. 海口：海南出版社, 1998: 2285-2288.

⑤ 陈静漪, 宗晓华. 中国农村义务教育供给机制变革及其效应分析——基于"悬浮型"有益品的视角[J]. 江海学刊, 2012(4): 226-233.

⑥ 陈静漪, 宗晓华. 中国农村义务教育供给机制变革及其效应分析——基于"悬浮型"有益品的视角[J]. 江海学刊, 2012(4): 226-233.

立乡教委或乡教办，中心校、完全小学、初级中学均独立设置，互不隶属，中心校受乡镇教委或教办的委托而组织开展全乡镇的小学业务活动①。

1987 年 6 月，国家教育委员会和财政部发布《关于农村基础教育管理体制改革若干问题的意见》，指出"基础教育实行地方负责以后，省、地（市）、县、乡四级都要明确各自的职责。对农村基础教育，省、地（市）必须加强领导，同时，应把县、乡两级职责权限的划分作为工作重点"。这一政策文本对县级人民政府的定位是："县一级政府，长期以来担负着管理农村学校的重要责任。目前，县财政拨款仍是农村基础教育经费的主要来源。县一级有比较完备的管理教育的职能部门和机构，比较熟悉农村基础教育的特点和规律，具有比较丰富的工作经验。因此，要充分发挥县在管理农村基础教育方面的重要作用……各县要根据中央的方针政策，从当地实际出发，把教育事业的发展纳入全县的总体规划；制定调动本地区各级政府和社会力量办学积极性的具体办法……在扎扎实实普及小学教育的基础上，有计划、有步骤地普及九年义务教育。"该意见首次系统、突出地强调乡镇政府在发展基础教育中的作用："乡是我国农村的基层政权。扩大乡一级管理农村学校的职责权限，是这次改革的一个重要特点。随着建乡工作的完成，乡财政正在逐步建立，干部的'四化'程度有所提高，乡政府在管理教育方面有必要也有可能承担比过去更多的责任。"乡镇政府管理教育的不足之处在于："就全国而言，乡一级管理教育的基础还比较薄弱……不宜把乡一级的职责权限搞得过大。"该意见明确要求成立乡镇管理教育的机构并明确其职责："为了充分发挥乡管教育的作用，乡应成立管理教育的机构。这个机构可由乡政府、企业、学校负责人及财税等有关人员兼职组成。乡管学校的机构要在乡政府直接领导和县教育行政部门的指导下，行使上级赋予自己的职权，做好职责范围之内的各项工作。如：协助县教育行政部门搞好教育规划和教师、教育行政干部队伍建设；筹措并管好、用好本乡教育经费，切实解决民办教师工资福利待遇问题；密切学校与社会的联系，逐步改善办学条件等。乡管教育要充分发挥现有学区和中心中学、小学在教育行政业务方面的作用。"②

1994 年 7 月，国务院发布《关于〈中国教育改革和发展纲要〉的实施意见》，

---

① 周兴国，汪文文. 新乡村学校体系建设: 描述、解释与规范分析——基于我国乡村学校变迁的思考[J]. 教育研究与实验, 2021(1): 28-33.

② 何东昌. 中华人民共和国重要教育文献(1949—1997)[A]. 海口: 海南出版社, 1998: 2622-2624.

对基础教育"分级办学、分级管理"体制的规定更为具体，即由县级人民政府统筹管理教育经费，调配和管理中小学校长、教师[①]。1999 年 6 月，中共中央、国务院发布的《关于深化教育改革全面推进素质教育的决定》重申这一原则："继续完善基础教育主要由地方负责、分级管理的体制。根据各地实际，加大县级人民政府对教育经费、教师管理和校长任免等方面的统筹权。"[②]然而，乡镇依然是义务教育财政支出的主体，由于各地经济社会发展水平差距较大，部分乡镇的财力无法支撑体量庞大的义务教育，一些地区出现了拖欠教师工资、不能支付校舍维修资金等情况，严重影响了农村义务教育的普及和发展。2001 年 5 月，国务院在《关于基础教育改革与发展的决定》中明确提出，基础教育特别是义务教育"实行在国务院领导下，由地方政府负责、分级管理、以县为主的体制"（简称"以县为主"体制），强调由县级人民政府"统一发放教职工工资，负责中小学校长、教师的管理"，由此，义务教育管理权限从乡镇为主转为以县为主。

2002 年 4 月，国务院办公厅发布《关于完善农村义务教育管理体制的通知》，明确提出"农村义务教育实行'在国务院领导下，由地方政府负责、分级管理、以县为主'的体制。县级人民政府对农村义务教育负有主要责任"。该通知规定，农村中小学教职工编制方案的提出、农村中小学校长和教职工的管理、农村中小学公用经费的统筹安排均由县级人民政府负责，而乡（镇）人民政府不直接参与义务教育内部事务的管理，其所保留的职责是"负责组织适龄儿童少年入学，严格控制义务教育阶段学生辍学；维护学校的治安、安全和正常教学秩序，治理校园周边环境；按有关规定划拨新建、扩建校舍所必需的土地。经济条件较好的乡（镇）要积极筹措经费，改善农村中小学办学条件，支持农村义务教育发展"。按照该通知的要求，全国绝大多数地区启动实施"以县为主"的义务教育管理体制，撤销乡镇教育管理机构。"以县为主"的义务教育管理体制奠定了今天包括山镇小学在内的全国农村中小学的行政领导管理格局。但是，在政策的具体执行过程中，各地又是因地制宜的。比如，下文我们将会看到，在山镇，教办在事实层面得以保留，并在山镇小学的管理和发展中扮演着重要角色，这就与其他地区颇为不同。

---

① 何东昌. 中华人民共和国重要教育文献(1949—1997)[A]. 海口: 海南出版社, 1998: 3663.
② 何东昌. 中华人民共和国重要教育文献(1998—2002)[M]. 海口: 海南出版社, 2003: 286.

第二节　山镇小学的上级领导者：朴县教育局

一、朴县教育局的历史变迁和职能部门

在山镇所属的朴县，随着时代和政治形势的变化，教育领导管理体制也经历了纷繁复杂的变革。中华人民共和国成立之初，朴县设文教科管理全县教育业务。1955 年，文化和教育分开管理，1957 年又合并为教育局。21 世纪初，在全国实行"以县为主"的背景下，县级教育行政部门在农村义务教育管理方面至关重要。如今，朴县教育局虽然只是一家正科级单位，却拥有独立办公楼，与之相比，朴县的其他职能部门，如统计局、文化局、体育局等则聚集在一栋楼里办公，由此可见朴县教育局的重要性。

2020 年笔者调研时，朴县教育局独处一个大院，有一栋独立的六层办公楼，内设办公室、基础教育科[①]、人事科、德育科、监察科、体卫艺科、计财科、审计科、基建科、安全科、技术装备科、档案室、成教科。2020 年，朴县教育局共有 120 名左右的工作人员。其中，基础教育科是业务范围最大的部门，管理全县中小学幼儿园的日常管理和业务指导工作，但是仅有科长 1 人，科员 3 人。德育科、体卫艺科负责体育卫生和美育方面的事务，如组织运动会、开展学生体质健康监测和体育中考等方面的有关事务。人事科负责教师管理工作，包括教师的选拔、聘任和日常管理等，如职称评定、岗位晋级、表彰奖励、工资调整等。计财科负责经费的预算、拨付、分配、审核等。安全科负责教育教学设施和校园安全的检查等。这些科室的业务直接影响到山镇小学的人、财、物、事的管理，尤其是资源配置。朴县人民政府教育督导室也附设在朴县教育局，由一名副局长兼任督导室主任，负责对政府部门的教育行政管理和学校办学行为、教育质量进行监督、检查、评估、指导。

---

① 虽然这些机构名为"科"，但在行政体系里其实是股级单位，朴县教育局才是正科级单位。

除教育局科室之外，朴县教育局还有一些直属机构，它们不在教育局大楼内办公，其工作人员多为事业编制而非公务员编制，主要直属机构有教研室和电教馆。教研室负责全县教师教学业务的管理和指导，推进教育教学改革，测评教学质量，并且与人事科合作促进教师专业发展。对于普通老师的职业发展而言，教研室与老师的关系更为密切一些。调研期间，笔者多次参加教研室在山镇组织的课堂教学质量调研活动、山镇等四镇联合举办的小学学科教研共同体活动等。电教馆负责教育技术设备，如计算机房、网络的运行与管理等，还负责教育技术教师培训和专业发展活动等。除了这两家机构外，还有朴县进修学校，本来其职责是负责教育技术教师培训和专业发展活动，但该校现已名存实亡，多年没有组织活动。而在朴县所在省的其他县区，进修学校、电教馆和教研室都被整合为教师发展中心，但朴县的整合工作一直没有开展。

二、教育局局长和其他教育管理者

朴县教育局有一位局长，三位副局长。朴县教育局局长近年来更迭频繁，几乎每年一换。笔者调查前的朴县教育局近三任局长均无教育工作背景，分别是从司法、农业、乡镇等部门调动而来的。2020 年笔者调研时的教育局局长历任规划局副局长、政府办公室副主任、镇长、环保局局长、商务局局长等多个职务，2019年底调任教育局局长兼党委书记。这与全国层面的统计数据基本相符，从春侠的调查显示，教育局局长就职前身份是校长或副局长的仅占 39.4%，而在乡镇和县委、县政府等其他部门工作的则占 60.7%[①]。教育局局长是否为专业人士并不决定着区域教育治理方式，更多的是教育行政管理体制在发挥着系统性的作用，但不可否认的是，外行往往比内行更容易犯错。另外，对于普通老百姓和教育系统从业人员而言，内行出身的教育局领导更能给人一种专业的感觉，在教育领导管理方面给公众以安全感。笔者访谈的某镇教办主任说："现在教育局里 100 多人，懂教育的（内行）寥寥无几。这些人到下面来（检查工作），什么话都讲不出来，只是走个过场，没有一点指导意义。再看教育局的公众号上，几乎没有与教育教学

---

① 从春侠. 困境与超越——教育局长角色研究[M]. 北京: 新华出版社, 2010: 60.

有关的有价值的事情，都是一些宣传口号，还有一些行政事务的布置等。"对于该主任所提到的人，笔者在调研中与其中的大多数人打过交道，在一些事件中真实地感受过他们的业务水平和工作能力。笔者在和朴县教育系统内其他校长和山镇教办领导交流的过程中发现，他们对朴县教育局领导和行政人员业务水平的评价较低。山镇教育的教育领导体系应进行相应的改革和提升，以更好地引领其发展。

第三节 山镇小学的"直接"领导者：山镇教办

对于山镇普通的小学教师而言，朴县教育局对他们来说是遥远的，也许有很多老师终其职业生涯都不会与朴县教育局直接打交道，也可能说不出朴县教育局局长的姓名或朴县教育局科室的构成等。对于山镇小学的教师甚至校长来说，最重要的教育行政机构是近在身边、直接管理他们各项事务的山镇教办。如果询问任何一位山镇老师对教育行政管理主体或小学上级单位的理解，他们中的绝大部分人都会回答是山镇教办，因为山镇教办负责这些老师们的毕业分配、评优评先、岗位定级、职称评审和绩效待遇等。在山镇老师们的心中，山镇教办的管理者都是教育系统的"干部"，而非一般的老师。

一、教办存废的历史变迁及其职责

教办是教育行政管理体制改革的历史产物。中华人民共和国成立之初，朴县在乡镇层面配备中心校校长和文化、扫盲专职干部。1985年《中共中央关于教育体制改革的决定》颁布后，"地方负责，分级管理"的基础教育管理体制确立。在农村，县、乡、村三级办学，县、乡两级管理的体制形成。1985年，各乡镇成立教育管理委员会，乡镇长兼任主任，下设办公室，负责初等教育管理工作。中心校校长负责乡镇小学的行政和业务管理。1985 年实行分级管理以后，重点中学、完全中学、实验小学由县办、县教育局管理；各乡初级中学、中心校由乡镇教育委员会管理，村小学、幼儿班由村民委员会办学，乡镇教育委员会进行业务管理。自此，教办就成了最为基层的教育行政机构，负责乡镇初中、中心校、幼儿园和社区教育中心的全面事务，包括教育经费的使用、乡镇内部的师资调配、校长和学校教干的选拔、教育教学活动的组织及教育质量监测与提升等。而村小学的教育经费来源于村民委员会，人事安排和教育教学业务则归教育管理委员会办公室领导与管理。在教育体制改革之初，关于加强教育办公室建设的呼声甚高，认为其处于"地方负责、分级管理"体制改革第一线："教育体制改革的主要内容是分级办学、分级管理，乡镇教育办公室首当其冲，扩大了职权范围，增加了工作负荷。改革前，往往是县教育局跟农村中小学直接对话，乡镇教育办公室只是上传下达的收发室和中转站，游离于学校管理之外，一旦发生问题则上推下卸，无矛盾纠缠之烦。改革后，绝大多数农村中小学都下放到乡镇管理，且不说中心校、初中，就连定点完中的初中部也都委托乡镇管理，因此学校许多重大问题均改由乡镇教育办公室直接处理解决。在这种形势下，乡镇教育办公室的工作重点理所当然地要从单纯上传下达转移到加强学校管理上来。"①

2002 年"以县为主"的义务教育管理体制确立后，各地纷纷上收义务教育管理权限，农村地区普遍撤销了"教办"这一机构。2002 年，国务院办公厅发布《关于完善农村义务教育管理体制的通知》，规定"乡（镇）人民政府不设专门的教育管理机构，乡（镇）有关教育工作由乡（镇）长直接负责，乡（镇）可在核定的行政编制内确定一至二名助理或干事协助乡（镇）长管理具体教育事务，并接受县级教育行政部门指导。教育教学业务管理由乡（镇）中心学校校长负责"，尤其强调"县级教育行政部门依法履行对农村中小学教师的资格认定、招聘录用、职务评聘、培养培训、调配交流和考核等管理职能，乡（镇）、村无权聘任农村中小学教职工。农村中小学校长的选拔、任用、培训、考核、交流由县级教育行政部门归口管理"。至此，农村乡镇教办在人事管理、财务管理的权力被收回到县级教育行政部门，教育教学业务管理的职能转移到乡镇中心校。有的地区采取"合并"模式，也就是将教办合并进了乡镇中心小学，一个牌子，两套班子，由中心校承

---

① 沈加秀. 乡镇教育办公室建设的当务之急[J]. 天津教育, 1996(5): 27.

担原教办的上述功能，"即把教办编入中心校，原教办主任改任中心校校长，依旧负责辖区内教育管理工作，原中心校校长改任中心校常务副校长，负责本校的日常教育教学工作，两个单位只是名义上合并一起，但仍旧各司其职"①。

二、山镇教办的概貌

朴县就采取了"合并"模式，各乡镇教办无论是在称谓上还是在实质上都保留着。每个乡镇都有教办主任，同时，每个乡镇也都有一所中心校。名义上，教办主任兼任中心校校长。所以，对于教办主任的称呼，有人称之为校长，有人称之为主任。或者，也可以说是教办和中心校合署办公。如前所述，中心校教师花名册中包含所有教办工作人员的资料。但事实上，教办是一个单独的"机关"。山镇教办一直在一个独立的院子里办公，有两层楼的办公场所，还有独立的小食堂。山镇教办的办公地点靠近初中，距离山镇中心校有两公里左右。山镇中心校也有自己完整的领导班子和组织架构，在日常的教育教学管理中，山镇中心校和其他村小学一样接受山镇教办的管理，除了规模较大、质量较好外，和村小学的地位没有太大区别。按照上述《国务院关于完善农村义务教育管理体制的通知》要求，本应由乡镇中心校开展的教育教学业务管理工作实际上由山镇教办分管业务的邓副主任主要负责。

走进山镇教办的小院，颇为安静，不像小学校园那样人声鼎沸。办公楼一共两层，一楼有四个房间，各自挂着成人教育办公室、社区学校等牌子，但笔者在调研期间，从未见过这几个房间开门。只有一间库房里存放着各种办公用品，偶尔会打开，用于发放各类办公用品或节日福利等物资。山镇教办领导的办公地点在二楼，从位于中间的楼梯走上去，右手边第一间是山镇教办负责人盛主任的办公室，该办公室是一个套间，内有小会客室，干净整洁，装修考究。第二间办公室里坐着两位副主任：一位是分管业务的邓副主任；另一位是分管德育工作和日常活动的吴副主任。第三间是李会计和负责学前教育事务的徐老师的办公室。楼梯的左手边，则是山镇教办的会议室兼党员活动室，会议室有 30 个左右的座位，平时除了用于召开教办工作人员的会议之外，还可以用于召开全体小学校长和副

---

① 马文韬, 张新平. 乡镇中心校的职能、困境及出路[J]. 教学与管理, 2017(13): 8-11.

校长的会议。更大规模的会议则需要借用山镇中心校的报告厅了。

21 世纪以来的 20 多年，山镇教办一共经历过三任主任。章主任和何主任分别担任了 10 年的主任，都是因为年龄到了而退出领导岗位。过去 20 多年，由于山镇经济发展的趋势以及城镇化进程所带来的生源与师资流失，山镇的基础教育在不断退步，从原来全县的中游水平滑坡到了底端。不可否认的是，过去的很长一段时间里，山镇的小学教育管理存在一些不足之处。笔者感受最深的是，当我们试图去收集 21 世纪以来的 20 多年山镇小学教育的资料时，山镇教办竟然没有任何的档案资料可以查阅。盛主任和两位副主任给出的解释是他们接手山镇教办工作时，没有任何文件资料，连工作计划、工作总结和发展规划这些最基本的管理材料都没有。

关于山镇教办的职责范围，盛主任提出，县教育局对"教办"的职责没有明确的文件规定。理论上，山镇教办接受镇党委政府和县教育局的双重领导。事实上，除了学校的基础设施建设和一些大型活动的组织需要镇里支持或组织外，学校内部事务主要接受县教育局的领导与业务指导。山镇教办主要的职责包括如下方面：贯彻执行上级的教育方针、政策和法律法规；统筹规划全镇的小学和幼儿园的建设与管理工作；组织全镇小学、幼儿园的教育教学业务开展，具体负责教育经费使用、教师队伍建设和教育质量提升等。另外，山镇教办要负责社区教育中心的工作，比如盛主任就兼任社区教育中心的主任，要协调政府与民办学校的关系，还要监管全镇的教育培训机构。可以说，一个镇的教办对接县教育局所有的科室和直属单位，人、财、物、事，事无巨细，面面俱到。

第四节 山镇教办的管理者及其日常工作

一、山镇教办的管理人员

山镇教办的现任主任盛主任出生于 1978 年，13 周岁就考进本县的中等师范学校,据说一直保持该校年龄最小学生的纪录。16 岁参加工作,任其母校庄场镇中心校教师,其后逐步走上管理岗位,先后担任教导副主任、教导主任、副校长,2014 年担任庄场镇中心校校长。担任校长后,他带领老师开发校本课程,以花样跳绳为学校特色课程,赢得了省市教育行政部门和教育研究机构的肯定。2019 年县教育局进行人事调整,盛主任从庄场镇中心校校长岗位调动到山镇教办任主任,在朴县的教育系统里,这算是"升职",盛主任也成为全县教育系统中最为年轻的教办主任,在以 20 世纪 60 年代出生的人为主体的教办主任群体中颇为突出,其前景也被同行看好。在全县教育系统的经验交流汇报会上,盛主任多次代表山镇发言,介绍管理经验。2020 年,盛主任作为朴县所在地级市唯一的农村校长,被选拔参加四省联办的名校长培训班。长达一学期的外地学习与研修让他感觉到山镇与发达地区的教育差距太大。笔者访谈时,他说:"我回来后都不敢和教办工作人员及小学校长开会,怕他们说我眼高手低,需要一段时间调整这样的落差。"盛主任拥有小学数学高级教师职称,担任教办主任后还在中心校负责教授一个班级的数学课,但是第二学期因为工作太忙而终止;在龙山小学校长不幸去世后,该校无法选出合适的校长,盛主任亲自兼任该校校长,也在该校教授数学课。在田野研究中,笔者与盛主任多次交流,能感受到他对深度改革教育和办好教育的激情,也能理解他对于当前乡村教育发展受到各种掣肘的无奈。

除了盛主任之外,山镇教办还有两位副主任——邓副主任和吴副主任。邓副主任主抓教育教学业务和教师专业发展,承担提升教育质量的重任。邓副主任于 1973 年出生,此前曾任连山小学的校长,具有小学语文高级教师职称,也算是山镇教学业务方面的权威之一。邓副主任于 2018 年走上教办副主任的岗位,主要负责的工作有教育教学、教研、师资培训、质量评估和教师管理等。在教育教学业务方面,邓副主任组织备课比赛与展示、青年教师说课比赛、公开课与示范课、试卷质量分析研讨、学科集体备课等活动,邀请教研员来镇里开展教学指导,与其他乡镇合作开展各项教学交流活动,组织教师开展业务交流与合作,推动教师专业发展,进而促进课堂教育教学质量提升。笔者在田野研究期间,曾经多次和邓副主任一起去各小学检查教师的备课情况、调研期末考试复习与准备情况或召开教师座谈会。在调研过程中,笔者看到,邓副主任几乎熟悉全镇小学的所有教师,对于每一位教师的特长与存在的问题都能信手拈来。有的老师愿意与他交流,因为他在某种意义上拥有对全镇教师业务水平进行评价的权力,能够对教师的专业发展给予支持，这些都关系到教师的评比、绩效甚至是职称与岗位晋升。当然，也有一些老师害怕与邓副主任接触，他们在调研会上向笔者反映邓副主任做的很多工作，如检查手写备课等是形式主义，对于提升教育教学质量意义不大，徒增教师工作负担。

吴副主任此前曾任云山小学的校长，在山镇教办主要负责党建和德育、卫生与艺术方面的工作，组织开展学生社团活动与其他课外活动等。笔者调研期间，山镇教办组织开展了全镇范围内的师生跳绳比赛、庆祝中国共产党成立 100 周年的歌咏比赛和英语情景剧比赛等活动。每次活动的组织都涉及方方面面的细节，如演出服装的购置及其费用、村小学师生到镇里或者市里比赛的交通费用与安全问题，事无巨细但是又需要面面俱到。用吴副主任的话说，一个点想不到，可能就会出问题。例如，在一场大雪过后，原计划组织的英语情景剧比赛就因为道路交通安全问题而延期，这就需要吴副主任与盛主任和各小学的校长以及具体负责的老师沟通，因此需要数十个电话的往来。所以，笔者在调研期间，经常可以看到、听到吴副主任为此类事情与相关人员打电话进行沟通协调。在陪同笔者到各小学调研期间，吴副主任会仔细观察学校的卫生情况，指出学校在卫生环境方面存在的问题，点评学校在近期开展的学生活动中的表现，赞同他们存在的优势，同时也指出其存在的不足。但是，因为这些工作与普通教师的工作尤其是利益关系不是很大，所以除了少先队辅导员或者德育主任之类的人熟悉吴副主任之外，其他老师并不太熟悉他。因此，吴副主任显然没有邓副主任在学校的影响力大。

李会计原是山镇中心校的一名老师，多年前调任山镇教办会计岗位，负责学校办公经费拨付、教师绩效工资、津贴、保险以及各种慰问费的发放等工作。在调研期间，笔者就经常看到李会计处理各小学老师的绩效工资发放数额等问题，也经常看到他多次组织山镇教办工作人员和各小学的校长吊唁去世的教职工或教职工家属、慰问生病的教师等。

除两位副主任和李会计外，山镇教办还有一位没有职务的工作人员徐老师，其主要职责是安全管理和山镇教办办公场所的内部管理，虽然安全管理方面的事务不多，但是经常要迎接县教育局和公安、交通等部门组织的各种检查，如用电和消防方面的检查，以及校园门口交通安全设施、学校建筑和体育设施方面的检查。在调研期间，笔者和徐老师一起走进学校的电脑机房、配电房等，检查是否有私拉乱接的现象，发现有些学校对用电设施设备的管理较为混乱；笔者也与盛主任、徐老师一起去拜访镇供电所的所长，就学校的电容升级等事情进行沟通。

二、山镇教办的工作人员例会

山镇教办每周召开例会。以 2021 年 1 月笔者参加的一次例会为例，此次例会主要的会议内容有：盛主任就近期山镇教办和全镇小学教育管理的全面工作谈自己的思考与想法，各位副主任和工作人员就自己分管的工作汇报上周的工作进展及本周和近期的工作安排。邓副主任汇报的内容最多，主要有六方面工作：①年度县教育局优质课评选。首先，与农村教师培训站合作对 51 名各学科教师进行专题培训；其次，组织附近三镇的合作教研和同课异构评比，推送获得二等奖以上教师 10 人送县教育局参加评选。②入职教师"摸底课"情况。通过听 2020 年入职的 13 名新教师的课，发现这批新教师整体上素质较高，思路清晰。③期末调研考试。通报了各年级语文、数学和英语学科的优秀率。英语学科进步最大；在数学学科上，1—4 年级的优秀率呈上升趋势。黄山小学、龙山小学部分年级数学和英语学科的优秀率为 0。④省级信息技术 2.0 培训的参与率较低，需要各学校上传培训规划，积极组织教师参与学习。⑤教师工作：迎接教师"吃空饷"的检查；名师名校长的考核工作；为新进教师捐赠图书的工作；松山小学迎接节水型学校验收工作。⑥本周需要开展的工作：语音系统设备征订；素质报告书征订；教育发展状况调研问卷的组织填写；整理信息技术装备和固定资产清单；组织英语课本剧竞赛；检查备课情况，尤其是骨干教师的备课，组织优秀备课展；与庄场镇中心校合作，出期末复习试卷。这些工作涵盖了教育教学管理、教师专业发展以及各种检查、验收、评比等工作。

吴副主任汇报了以下几方面工作：①连山小学创建省级绿色学校和云山小学创建省级节水型学校的准备情况。②跳绳比赛。山镇教办组织了多种形式的花样跳绳，评委组深入各小学轮回评比，参与率较高，教师们也积极参与，跳绳质量提升迅猛，组织决赛并展示。③组织"不忘初心，立德树人"教师演讲比赛，这是 1997 年后第一次举行演讲比赛（山镇小学 20 余年来没有举行过教师演讲比赛），要求教师脱稿演讲 8 分钟。曾经担心无人报名而无法举行。实际上有 80 人投稿，最后选出 20 名优秀教师，演讲效果比预想的好得多，很多老师的演讲很有真情实感（盛主任插话：我们人才是有的，关键是怎么引领）。④联合初中和高中共同举办迎新年联欢会，确定节目和主持人等事项。吴副主任表达了对盛主任的赞扬："盛主任来到后，盘活了教育系统的关系，沟通了兄弟单位，改变了过去与初中、高中不联系的局面，也与供电部门和派出所等部门建立了紧密联系。"此外，吴副主任还汇报了诸如演讲比赛的复赛、音体美专职教师会议等工作。

分管安全的徐老师汇报了安全方面的工作。他陪同县教育局相关工作人员检查学校安全工作，查阅文档资料，也到学校现场进行检查，主要发现如下问题：有些学校存在危墙危房；有些学校的灭火器不足，仅有三所学校有灭火器箱；学校用电安全有隐患，山镇中心校存在墙头电线乱接乱搭、食堂插座安装过低等不安全现象。

李会计汇报了财务方面的工作之后，盛主任最后发表讲话。他强调管理工作要做到周清、月结，每个时间段要有相应的任务清单，要逐一完成，实现任务准时清零。关于山镇教办例会的组织，他要求今后要做 PPT 进行汇报，便于为以后工作积累资料；山镇教办工作人员要养成写记录日志的习惯，及时记录外出情况；每次举办活动，要对计划、实施、总结材料等进行"一条龙"整理。关于活动的组织，要避开严寒天气，活动安排要有间隔，不能停也不能过于密集。英语课本剧的开展是好事情，但是要看质量，只要质量好，不要怕花钱，服装、道具都要选择高质量的；备课文本的选拔要优中选优，宁缺毋滥；案头备课的工作如何开展，先开展调研，而不要着急做，要理清思路再做。要关爱新教师，优先解决教师在工作和生活上的困难。

在布置完常规工作之后，盛主任慷慨激昂地谈了新的一年里对教育系统工作和山镇教办工作人员自身发展的要求：①山镇的小学（教学质量）在 2018 年处于"洼地"，在全县排名靠后，2019 年开始崛起，上升到中游水平。2020 年再创辉煌，继续前进到全市的前 1/3。2021 年，全镇要在更高的起点上发展，要更快速度地发展。"2021 年忘掉过去的成绩，扬帆起航，标准更高，目标更为远大。"具体来说，"校容校貌要改变，老师的待遇要提升，要让老师得到实惠"，尤其是"当前本镇的名优教师特别少，要多培养名师，积极为老师搭建舞台、提供平台"。②在个人发展方面，要求山镇教办每个员工做职业发展规划，着眼长远，放大格局，学会享受教育的幸福，每个人都能成就最好的自己。山镇教办的领导要着力引领个人所分管团队的发展，在日常工作中要做到科学有序、有条不紊，尤其要注重团队合作，如"邓副主任领导的教导主任团队要发文章，要有个人的工作总结"。在工作的同时，也要团队关心团队成员，关爱自己和家人的身心健康。③在教育管理工作中，既要"刚性地管"，"在原则问题上不让步，坚决制止违规违纪的行为"；同时要注重"柔性地理"，用专业去引领，要学会和上级及平级的同事有效地进行沟通。盛主任回顾了自己 2020 年在外地参与名校长培训时的收获，感到自己"思想丰盈、理念更新"，最大的收获是在他离开的 4 个月时间里，山镇教办的工作人员能够独立自主、独当一面，各项工作都能有条不紊。最后，盛主任强调了教育宣传工作，"山镇教育"微信公众号要持续更新，宣传教育系统的正能量，但是要注意语言精致，同时也要注意保持低调。

综上可以看出，作为"一把手"，盛主任在山镇教办的会议中具有绝对的权威，也更为"高屋建瓴"，会谈论基础教育管理的理念、愿景、前途等方面。而其他两位副主任和工作人员则更多地关注并"管好"自己"分内"的事情。会上，邓副主任和吴副主任在讲话的过程中会时不时地对盛主任的讲话与工作进行赞扬，多次出现"跟随盛主任学习""盛主任带领我们""盛主任让我们更有底气"等溢美之词。

三、山镇教办的校长（园长）例会

山镇教办会不定期地召集各小学校长开会。2021 年 1 月 6 日，笔者在调研期间参加了一次以疫情防控为专题的校长会，出席人员有各小学校长和山镇教办全体工作人员，以及各小学的疫情防控专职人员。此次会议虽然是应上级要求召开的放假前的疫情防控专题会，但是其第一项主要内容是邓副主任强调关于期末复习与教育质量提升的相关要求以及其他教育教学业务。他强调的主要问题有：

①期末复习。校长要指导老师上好复习课的方法，以及复习教学的注意事项，如何将方法和策略再次呈现，连点成线、连线成面，通过结构化方式实现对知识点的巩固；用好手头复习资料，不要贪多，要精讲精练；有的学校教学进度较慢，还差一个单元的课没有上完；各学科要

协同作战，班主任要牵头协调，控制好学生的作业总量；1—6 年级的每个学生都要做 3 套复习试卷，其中一套为自主命题，另外两套为县教研室统一命题；分析试卷结果的时候，要正视教学中的问题，不要以"好学生转走了""试卷出偏了"为理由逃避责任。②英语课本剧，已征集了 13 个节目，还有两所小学未上报节目，要求学校尽快报上来。③布置优秀备课巡展的任务。④省级信息技术 2.0 培训。每个人需要完成 200 分钟的在线听课学习，听课后要完成答题，各校的参与率方面，最高的为云山小学，达到了 89%。校长要组织学校教师积极参与，把参与率提升上来。

之后，吴副主任布置了疫情防控工作，宣读了省里关于疫情防控文件的重要段落，强调了各种预案和突发状况的处理。他还提到疫情防控宣传稿的撰写，要定期完成"山镇教育"微信公众号上的文章撰写。他特别强调，"期末复习期间，大家都很忙，一定要写实实在在的东西，不要搞虚头巴脑的宣传稿"。

会议的最后一个议程是盛主任讲话。他首先强调了疫情的严重性，尤其强调要落实"校长是第一责任人，教干是主要负责人"的制度；严格规定各类人群进校的各项纪律，执行登记、消毒、测温等程序；倡议大家减少网购，防止病毒伴随网购物品的传播；加大在学生中间的宣传力度，让孩子成为疫情的宣传员。结合气温骤降情况，盛主任向校长们提出了"冬天冷，我们能够做什么"这一问题，建议各学校实施"××暖冬工程"，建议校长们在本校召开座谈会，了解教师的需求，看看教师食堂的饭菜是不是冷的①、老师们的营养够不够、教室里坏了的玻璃是否得到了及时更换等。他指出，校长要关爱特殊群体，老师和学生中特别贫困的人群的生活有没有困难。同时，学校还可以开展一些丰富多彩的校园活动，让老师和同学们动起来、活起来、暖起来。盛主任尤其强调了教育教学质量的重要性，"不仅仅是分数，是全面的质量"，要把校长和中层干部的绩效工资与教育教学质量绑定起来，学校的德育、疫情防控和安全教育等问题都与管理者的绩效工资挂钩；要通过领导、老师、学生及其家长等多角度的评价来确定管理者的绩效，力求及时、真实、务实。为在新年里全面持续地提高教育教学质量，校长要带领

---

① 笔者在龙山小学调研时，老师们反映食堂饭菜质量差且不保温，笔者将该问题转达给盛主任，他由此提出了此问题。

中青年教师做好 2021 年的个人规划, 班主任也要通过班会等形式引领学生做好个人规划, 教干群体也要做好个人的工作总结和规划。最后, 盛主任说, 我们要用优异的成绩送走六年级毕业生, "打好最后一战, 对得起父老乡亲的交代"。

盛主任讲话时经常会用到一连串的排比句和疑问句, 能够振奋精神, 发人深省。整个会议过程中, 除了山镇教办领导和工作人员按顺序发言外, 没有一位校长发言, 校长们大多是被动地听和记, 接受信息, 而没有就工作展开研讨。笔者在 2021 年中期回到山镇调研时, 试着问中青年老师们是否制定了 2021 年的个人规划, 得到的答案是 "否"。由此可见, 基层的教育领导者经常能够想出一些好的主意和设想, 但是由于执行力和监督、保障机制的缺乏, 很多事情 "说过就等于做过", 并未能落实到位或者转化为教育教学的实际效益。笔者在调研期间, 这样的场面和设想见到过很多次, 经常听到某一位山镇教办工作人员或者校长提及了一个好的想法 (如成立青年教师读书沙龙、组织教师申报课题等), 但在笔者满怀期待想看到实施效果的时候, 往往就再也没有下文了。

四、山镇教办的日常管理工作

山镇教办的日常管理工作非常重要, 但又细致而琐碎。就大的方面而言, 需要制定乡镇小学教育的发展规划, 以及教师队伍建设、基础设施建设、教育教学质量提升等方面的规划; 就小的方面而言, 则需要应对领导临时交办的事情、教师的上访、家长的投诉等事宜。除在正式的会议上或者少数的私人场合, 盛主任会和笔者谈及教育管理的 "大事", 但在和盛主任及山镇教办其他工作人员的平时交流中, 笔者听到的更多是后者, 很多时候甚至听到的是山镇教办工作人员对日常工作细节的抱怨。

盛主任给笔者展示了其所在的县教育局教办主任工作群, 从 2021 年 10 月 8 日国庆假期结束后上班到 10 月 31 日, 24 天的时间里共收到县教育局各科室转发的各类通知 62 个, 其中关于教育教学工作的通知占了不到 1/3, 更多的是关于社会治理的各项工作通知, 如 "关于组织观看脱贫攻坚主题影片《迟来的告白》和《出山记》的通知" "关于举办 2021 年朴县全民终身学习活动周启动仪式的通知"

"关于开展居民阅读指数问卷调查的通知""朴县第六届学宪法讲宪法活动的统计""关于组织家长观看反诈骗宣传视频、下载国家反诈中心 APP 的通知"等。此处仅列举几例：

1. 通知

各校：

10 月 14 日在办公 OA、城区创文（"创建文明城市"的简称）群、教育局德育工作群转发的《关于开展幸"盔"有你，与爱同行征文大赛的通知》（通知内含有骑电动车戴头盔调查问卷），现在把通知再转发一次给你们，希望尚未落实工作的学校尽快落实，特此通知！

2. 紧急通知

各单位：

省级安全发展示范城市创建迎检在即，学校是必查单位，从安保科督查和市领导检查反馈情况看，目前存在的主要问题有：档案资料严重缺失，创建宣传氛围严重不足，学生对创建的知晓率极低，10 月 25 日专家到达，请各校严格按照创建标准迅速整改到位，确保检查不失分，否则出问题严肃问责。

3. 通知

各学校幼儿园：

接上级通知，为保障国家公民不上当受骗，全民反诈。要求每位教职工、每位学生家长全部注册国家反诈中心 APP。国家反诈中心 APP 注册信息是由各个班级班主任汇总统计，然后各校园汇总统计发送到教办邮箱。提醒每个注册者保留截图。各单位把截图打包和汇总表一起发送①。

由此可以看出，因为教育系统人数众多，容易获得数量充足的基本数据，并且学校对教师和学生及其家长的组织有序，比较容易进行统一管理，所以，对于"创建文明城市"这样的全局性工作，教育系统不可避免地需要加入进来。再如，反诈骗、戴头盔等这些日常的社会治理工作或者填写问卷等工作，需要孩子与家

---

① 笔者注意到通知时间和提交材料的截止时间：自该通知发出的时间到信息收集完毕的时间仅两天，这就意味着在 48 小时之内，各位班主任要在处理完正常的教育教学和管理工作之外，还要通知所有家长完成此项工作。

长"小手拉大手",以完成上级布置的指标性任务。一般的工作流程是,山镇教办主任或副主任转发给小学校长,再由各位校长布置给班主任,班主任通过电话、短信或微信向家长或学生发出通知,学生或家长做出反馈并截图上传,班主任汇总班级的反馈截图并上交到学校,小学校长将本校的通知和反馈情况截图并上传到山镇教办,山镇教办主任再将截图汇总并上传到县教育局,此项工作方告完成。但是,终身学习、全民阅读、学宪法、脱贫攻坚等宣传的真实效果如何,其实无人过问、无人关心,也无法评价。

迎接各类检查也是山镇教办的日常重要工作,是占据山镇教办工作人员和学校管理者时间最多的事务。盛主任说,每周都有 4—5 次检查,这些检查来自县级教育部门、安全监管部门、卫生部门、水务管理部门、电力管理部门等。在山镇,以 2020—2021 学年为例,各小学一年来要迎接文明城市验收、新冠疫情防控等各项检查,还有部分学校需要接受零星检查,如安全校园、节水型校园、绿色校园的验收等。这些检查都需要学校准备大量的资料。邓副主任告诉我,全镇小学参加现代化学校验收的电子档资料多达 1.5G,仅目录就有 19 页。云山小学先后创建完成了市级节水型校园和省级节水型校园的验收,为此编制的节水型校园建设汇报材料多达 174 页,共计 55 600 字,包括申报表、申报条件、组织领导、宣传教育、制度建设、节水设施、节水绩效、鼓励性指标等部分。笔者在此列举了云山小学节水型学校申报材料目录,由此可以看出基础教育学校工作的细致与不易。当然,验收完成后,学校会得到县级教育部门和水务管理部门的拨款 2 万元,作为对学校的奖励。

云山小学节水型学校申报材料目录

　　除了准备烦琐的文字资料之外，每次迎接检查时，学校都需要花很多时间准备文件资料、整治校园环境、接受山镇教办甚至是县教育局相关科室的前期检查——检查学校对"迎检"工作的准备情况，还要花费半天甚至一天的时间迎接各级行政部门的现场考察。例如，很多老师向笔者反映，山镇所在的朴县创建文明城市——被本地媒体称为"含金量最高、综合性最强、影响力最大"的城市品牌——时，县教育局发布了《教育系统 2020 年全国文明城市创建工作方案》，将"八礼四仪"、文明校园"六个好"、《中小学生守则》等列为创建国家级文明城市师生"应知应会"内容，山镇的小学曾经通过停课的方式以教学生"应知应会"内容。2021 年，因为在创建文明城市过程中表现优异，"不忘初心、埋头苦干、工作扎实、成绩突出"，全面为夺得"文明城市"这一金字招牌做出了积极贡献[①]，山镇教办作为先进集体受到表彰，云山小学刘副校长等多人作为先进个人受到表彰。

　　学校教师还是县、镇各种大型活动的参与主体。例如，2020—2021 学年，学校组织部分老师参与了县里和镇里组织的庆祝中国共产党成立 100 周年的歌咏比

---

① 出自该县教育局文件([M 教发]2021 年 21 号)《关于表彰该县教育系统创文先进集体和先进个人的通知》。

赛、"教师节"和"六一儿童节"庆祝活动、山镇"教育系统一家亲"元旦迎新晚会、山镇"大蒜节"开幕演出等。这些活动虽然锻炼了老师们的能力，丰富了老师们的文体生活，但是也占据了山镇教办管理者、学校校长和老师们大量的工作时间和休息时间，加重了教育系统各类人群的负担。访谈中，一位青年教师说："如今的教育路上，'压倒'教师的从来都不会是教学上的难题，基本上是各种检查与活动，各种类似于形式主义的事情，已经把我们的精力分散得差不多了，真的身不由己。"

笔者通过梳理文献得出区域教育行政部门在推进教育改革与发展中所扮演的四种角色：规划区域教育发展并赋予学校一定的自主权；为管理者和教师的能力提升进行长期的培训；引领高质量的教育教学文化；各级政府教育政策的协调整合，为教育发展构建好的社区和社会环境①。县教育局和山镇教办作为基层的教育行政领导管理部门，承担着中央和地区教育政策的执行工作，也需要根据本区域内的教育发展状况制定本地化的教育政策，承担着促进辖区内教育普及、教师队伍建设、教育质量提升等责任，虽然行政级别不高，但是责任重大，且事无巨细。一定程度上可以说，能否实现"办人民满意的教育"这一宏大目标，基层教育行政领导管理部门责任重大。在后续的章节中，我们会看到朴县教育局和山镇教办为发展区域内的小学教育所做出的努力。

---

① Wei F, Ni Y, Yoon I H. Understanding the role of local educational departments in school collaboration for improvement: Two districts in China[J]. Educational Management Administration & Leadership, 2023, 51(4): 986-1007.

山镇小学的内部治理结构

  小学是一个微观组织，对外应"有名有实"，让人知道其作为机构的性质，并以此身份与其他组织交往，体现为其"法人地位"；对内则应有完善的组织架构，做到"事事有人管"，表现为其内部治理结构。

  2012 年，教育部颁布的《全面推进依法治校实施纲要》提出，"要以建设现代学校制度为目标，落实和规范学校办学自主权"，"在学校内形成决策权、执行权与监督权既相互制约又相互协调的内部治理结构"。

  本章将着重考察山镇小学内部的管理体制机制及其与山镇教办和教育行政部门的关系，探讨学校法人地位、学校章程等制度建设问题，以及校长负责制和办学自主权等现代学校制度设计如何在山镇各小学实施，从而与学校内部治理、办学自主权等方面的理论进行对话。

第一节 法人地位和章程：山镇小学的法律地位

依法办学、依法治校，在法律和制度的框架下开展学校管理和教育教学工作，是现代学校制度建设的第一要义，也是纠正长期以来依靠行政指令或者个人意志办学的必由之路。依法办学首先需要明确学校的法律地位，这是学校内部治理结构完善和办学自主权确立的前提。就内部关系而言，学校的法律地位关系到其组织机构的设置、运行与管理体制的构建；就外部关系而言，对于学校法律地位的认定，是处理其与教师、学生、教育部门等主体之间法律关系的基础性前提[①]。

一、山镇小学的法人地位

独立的法人地位是学校享有办学自主权、履行办学责任和义务的根本制度保障。在公立学校内部建立法人治理结构是建设现代学校制度的基础，也是建立科学有效内部治理结构的保障。2020 年颁布的《中华人民共和国民法典》规定："法人是具有民事权利能力和民事行为能力，依法独立享有民事权利和承担民事义务的组织。"法人应当具备四个条件：依法成立；有必要的财产或者经费；有自己的名称、组织机构和住所；能够独立承担民事责任。

1998 年发布的《事业单位登记管理暂行条例》把事业单位界定为"国家为了社会公益目的，由国家机关举办或者其他组织利用国有资产举办的，从事教育、科技、文化、卫生等活动的社会服务组织"。该条例同时规定了事业单位应当具备的法人条件，"申请事业单位法人登记，应当具备下列条件：（一）经审批机关批

---

① 任海涛, 杨兴龙. 论中小学学校的法律地位[J]. 华东师范大学学报(教育科学版), 2021(1): 40-48.

准设立；（二）有自己的名称、组织机构和场所；（三）有与其业务活动相适应的从业人员；（四）有与其业务活动相适应的经费来源；（五）能够独立承担民事责任"。在管理实践中，公立学校被登记为事业单位法人。2011 年，国务院办公厅印发《关于建立和完善事业单位法人治理结构的意见》，要"把建立和完善以决策层及其领导下的管理层为主要构架的事业单位法人治理结构，作为转变政府职能、创新事业单位体制机制的重要内容和实现管办分离的重要途径。要明确事业单位决策层的决策地位，把行政主管部门对事业单位的具体管理职责交给决策层，进一步激发事业单位活力"，要求面向社会提供公益服务的事业单位要探索建立和完善法人治理结构。2019 年，《中共教育部党组关于教育系统学习贯彻党的十九届四中全会精神的通知》发布，要求"全面推进依法治校，完善学校法人治理结构"，全面推进教育治理现代化。2021 年颁布的《中华人民共和国教育法》规定，"学校及其他教育机构具备法人条件的，自批准设立或者登记注册之日起取得法人资格。学校及其他教育机构在民事活动中依法享有民事权利，承担民事责任"。

学校是法人，这是完善法人治理结构的前提。在山镇，只有山镇中心校是独立的法人，享有法人所拥有的各项权利和义务。山镇中心校在 2000 年注册为事业单位法人。事业单位法人证书注明了山镇中心校的名称、宗旨、业务范围、性质、位置和资产情况，法人代表为山镇中心校校长，也就是山镇教办主任。在 2018 年盛主任接任山镇中心校校长（同时也是山镇教办主任）后，山镇中心校法人代表就发生了变更。

尽管其他 8 所村小也都是经审批机关批准设立的有自己的名称、组织机构和场所，有相适应的从业人员和相应的经费来源，符合事业单位法人的特征，然而，因为并未注册为独立法人，所以在法律的意义上，山镇各村的小学都不是具有法律资格的、独立的事业单位，不能独立地承担民事责任。换句话说，在法律意义上，山镇只有一所小学即山镇中心校，而村小是山镇中心校在各村的分支机构。而按照现行政策，山镇中心校和山镇教办又是合二为一的，因此，在此意义上，位于各村的小学就是在山镇教办这一带有行政管理职能的机构领导和管理之下开展教育教学工作的机构。这种制度安排产生的影响是：在法律意义上，山镇中心校可以作为独立的民事责任主体承担民事责任，同时也为 8 所村小承担民事责任。例如，当 8 所村小中的任何一所小学发生人身伤害事故时，山镇教办（山镇中心校）就需要承担赔偿责任。

就此问题，除山镇中心校以外的其他村小处于尴尬的境地：村小作为一家有自己的名称、场地、教职员工和经费来源的事业单位，但是却没有官方登记认可的学校法人地位。如此，村小何以完善法人治理结构？如果像政策文件所说的那样，学校法人治理结构是学校办学自主权的保障，是内部治理科学化的保障，那么一所所没有法人地位的村小如何行使学校的办学自主权？如果村小没有办学自主权，都在山镇教办（山镇中心校）的统一安排下开展教育教学工作，又如何能办出"一校一特色"？当然，在现行的教育领导管理体制下，村小即使是独立的法人，也可能没有办学自主权。但是，独立法人毕竟是办学自主权在形式上的保障，至少可以在法律意义上赋予其独立自主办学的可能性。没有独立法人地位的村小又如何能建设科学有效的内部治理结构？如果其按照现行的制度设计，只是山镇中心校的下属机构，又为何要有自己独立的名称和内部组织体系，而不是以山镇中心校在某村分校的形式存在？即便是山镇中心校的分支机构，也是可以注册为独立法人，行使民事权利、承担民事责任的。在法律的其他领域可以找到类似的参照，譬如，《中华人民共和国公司法》第十三条规定："公司可以设立子公司。子公司具有法人资格，依法独立承担民事责任。"借鉴这种思路，山镇的村小可以作为山镇中心校的"子公司"，也可以具有法人资格。

其实，关于公办中小学是否具有或者是否应当具有法人地位，理论界一直存在各种争论，对此问题的深入探讨可以从理论上明晰山镇中心校法人地位的实质意义，也可以为山镇中心校以外那些不具有法人资格的村小如何继续存在下去，甚至是获得办学自主权、完善内部治理结构提供理论依据。有学者认为，"从目前我国公立中小学的现状来看，其性质与特点与外国中小学具有一定的相似性，具备较强的社会公益性质，与政府的联系较为紧密，财务与办学都受到政府的严格管理，无法独立承担民事责任，也不具备独立的行为能力，不具备成为法人的基本条件"[1]。也有学者认为，学校即使是法人，也与一般法人不同，不同之处在于学校并不是独立承担民事责任。《中华人民共和国教育法》并未像《中华人民共和国民法典》那样使用"独立承担民事责任"的表述，显示出立法者对学校民事权利和责任能力的一种有意限制。对于公立学校而言，由于其产权归属于国家，对其责任能力进行限制是必要的。从公立学校的产权关系来看，它们相对于作为举

---

① 任海涛, 杨兴龙. 论中小学学校的法律地位[J]. 华东师范大学学报(教育科学版), 2021(1): 40-48.

办者的政府而言，根本就不能、也不应该享有完全独立的民事权利，当然也就不能独立承担全部民事法律责任①。既然责任不是"独立承担"，那么权利也就不能完全享有，这无疑也在一定意义上限制了学校的办学自主权。

就学校治理的外部关系而言，在与教育行政部门的法律关系中，"当公立中小学行使教育权时，它是国家设施，其与政府的关系类似于内部行政关系……在这种关系中，公立中小学作为内部行政相对一方，只是政府的服从和执行机关，受政府的直接管理。政府对其拥有行政事务的决定权，可以随时根据行政管理的需要发布命令，控制学校的人事、财政以及教学，而不要有法律规定或受法律的限制。政府对公立中小学校所采取的命令或其他处分措施，是行政机关的内部处分，属于内部行政行为"②。在此意义上，教育行政部门与公立中小学是管理与被管理、命令与服从的关系。因此，上述各项教育政策法规中所追求的学校自主办学、学校自主管理很难真正实现。山镇教办主任和其他教办工作人员、小学校长对教育行政部门关于教育经费、教师编制和考核等管理措施对学校自主办学的影响颇有感慨。法律赋予公立中小学的独立法人地位和现行教育财政、人事管理等制度设计之间的不协调导致学校法人地位和法人治理结构难以真正落实，其结果是，山镇各村小虽然是独立的教育机构，却没有独立的法人资格和地位。

二、山镇小学的制度体系

按照《中华人民共和国教育法》《国家中长期教育改革和发展规划纲要（2010—2020年）》等政策法规的要求，作为一个组织机构，每一所学校都应该有自己独有的章程。章程是组织为自身制定的最重要的文件，它集中、统一、完整、有机地规定了组织的各项活动中最重要的规则③。学校章程是学校办学合法性的体现，是建立新型政校关系的保障，是对办学定位与学校特色的规范④。可以说，学

---

① 参见：胡劲松，葛新斌. 关于我国学校"法人地位"的法理分析[J]. 教育理论与实践, 2001(6): 19-24; 杨挺, 龚波. 论教育管理体制改革背景下的学校法人身份问题[J]. 教育研究, 2012(5): 31-35.

② 周光礼. 教育与法律：中国教育关系的变革[M]. 北京：社会科学文献出版社, 2005: 30-31.

③ 亨利·罗伯特. 罗伯特议事规则(第10版)[M]. 袁天鹏, 孙涤译. 上海：格致出版社, 2008: 392.

④ 范国睿. 学校章程是学校治理的法理依据[J]. 中国民族教育, 2017(1): 14.

校章程就是学校的"宪法",是学校办学治校的依据,是国家各种法规政策的要求在学校的具体体现,是学校办学方向的指引。

《中华人民共和国教育法》规定,设立学校及其他教育机构,必须有组织机构和章程,学校及其他教育机构按照章程自主管理,由此在法律上明确了学校章程作为学校这一法人组织成立的基本要件。1995 年颁布的《国家教委关于实施〈中华人民共和国教育法〉若干问题的意见》也指出,"各级各类学校及其他教育机构,原则上应实行'一校一章程'……凡未制定章程的,应依法逐步制定和完善学校的章程,报主管教育行政部门核准"①。尽管有法律法规的明文规定,2011 年,陈立鹏等的研究却依然得出我国中小学长期以来存在无章办学、章程设计不规范、有章不依的结论②。其后,为了落实《国家中长期教育改革和发展规划纲要(2010—2020 年)》《全面推进依法治校实施纲要》等文件精神,教育部要求各级各类学校依法制定具有各自特色的学校章程,全面形成"一校一章程"的格局。范国睿的调查发现,各地(指其调研的上海、北京、江苏、广东、四川、山东、河南等地)均贯彻落实"一校一章程"的要求,以章程建设为抓手,探索建立现代学校制度。几乎所有地方教育行政部门均下文要求中小学编制学校章程,并跟进检查、审核。截至 2016 年 12 月,各地学校章程审核工作已基本完成,学校章程从无到有,向现代学校制度建设迈出了重要一步③。

相应地,朴县也按照要求组织开展了中小学章程制定工作。山镇中心校根据要求制定了章程。然而,在笔者访谈山镇教办邓副主任的时候,他说:"之前可能做过这件事情,但我不知道是什么样子的。"在邓副主任的帮助下,笔者查找到了2016 年所起草的《山镇中心校章程》原文。文件显示,《山镇中心校章程》经教职工代表大会通过,但笔者访谈当时在任的几位小学校长,均不记得当时是否召开过这次会议,所以可以推测,当时可能并未召开一次教职工大会来通过这份章程,而是为迎接上级部门的要求和检查而起草了这份"众所不知"的章程。笔者访谈其他镇的中小学校长时发现,这也是朴县绝大多数学校存在的共同问题,很多中小学校长都并不知道章程为何物。笔者收集了朴县其他一些学校的章程,发现内容上大同小异,除总则部分的校名、地址、校风校训、校徽等不同外,其他

① 何东昌. 中华人民共和国重要教育文献(1949—1997)[A]. 海口: 海南出版社, 1998: 3868.
② 陈立鹏, 梁莹莹, 王洪波. 我国中小学章程建设现状与思考[J]. 中国教育学刊, 2011(1): 24-28.
③ 范国睿. 基于教育管办评分离的中小学依法自主办学的体制机制改革探索[J]. 教育研究, 2017(4): 27-36.

部分的内容，如组织机构、教育教学管理、校舍设备及经费、卫生保健及安全、教职工、学生、学校与家长及社区等基本相同，均来自官方文件。整体上看，各校的章程也比较敷衍，如有一所学校的章程竟然在内容上缺失了"第三章"，却有两个"第八章"，诸如此类的问题普遍存在。令人忍俊不禁的是，朴县另一所乡镇中心校的章程对校长的相关表述中出现这样的表达："校长是学校法人代表……由莆田市委教育工委任免。副校长及中层干部由校长提名，并按有关规定权限和程序任命或聘任后，报莆田市教育局备案。"此处两次出现的莆田市位于千里之外的华南，可知该校的章程文本可能是在网上复制粘贴而得的，甚至并未经过校对和修改，由此可以推断学校对于制定章程的态度不够积极主动。现任的山镇教办管理者和各小学校长从未读过章程，更不用说学校依据《中华人民共和国教育法》等法律法规要求的那样"按照章程自主管理"了。

除并未付诸实施的章程外，山镇的小学在教学、德育、教师发展和后勤管理等方面制定了一系列的制度和规则。笔者尝试收集山镇小学的各项制度，但是山镇教办、山镇中心校和各村小的管理者都没有系统地保存相关的文件，只能当提到某个方面的话题时，他们努力找出相关的文件。这些文件有的是根据上级政策文件的内容复制、修改的，有的是根据自身的实际和山镇教办管理者的想法制定的。据山镇教办邓副主任介绍，山镇小学现在执行的"山镇中心校中层干部量化考核表"是盛主任为了提升学校管理团队的执行力而制定的；《山镇小学"教学五认真"细则》也是盛主任到山镇教办工作后，根据对教师教学状况的调研结果而制定的，旨在提升教学质量。这些都是2020年后制定、实施的新制度。由此可以看出，山镇教办试图通过量化考核的方式规定中层干部应该履职的具体内容、程度和相应的评价标准，但是，如"工作思路清晰，勇于改革创新，超前谋划，创造性地开展工作"这样的标准是难以量化的，学校也无法设置专门的机构、设计完美的量表来考核这些指标的达成度。因此，这些考核和细则只能是作为工作的参考标准，而无法精确实施并作用于中层干部的选择和奖惩上。在山镇的小学，大多数时候，中层干部的选择是根据校长和山镇教办管理人员对某位教师的个人印象甚至是其背后的人际关系而定的。例如，《山镇小学"教学五认真"细则》甚至具体地规定了老师每节课"至少要安排5分钟当堂书面练习"，但是这些具体的规定落到现实的课堂教学中是非常困难的。日常的课堂教学中，除靠教师的自觉外，教师是否安排了5分钟的当堂书面练习无法得到精确考评，并且这样的限制没有因人、因课制宜，对教师的课堂教学自主权也会产生负面影响，因此教师们对这一细则也是颇有意见。在具体实施过程中，《山镇小学"教学五认真"细则》被教师普遍忽略，在一定程度上成为一纸空文，这也是山镇的小学很多校本化制度文件的共同命运。如何制定出能够促进学校、教师发展的制度，如何把握好"规范管理"和"放权赋能"之间的度，既能通过制度来规范教师"不跑偏"，进而促进教师成长，又不让教师感受到过多的外部管束，这是盛主任、邓副主任和其他小学校长多次与笔者交流过的问题。

第二节　山镇小学的校长负责制

在学校这个具有特殊社会意义的相对独立的教育组织中，校长以教育者身份定位学校的组织性质及核心价值观，以领导者身份制定学校的发展规划，以管理者身份投入到学校的教育教学工作中，运用管理法规、管理方法和技术对学校的人员、财务、教育教学工作、时间、信息等进行全面管理[①]。校长是一个学校的总负责人，对学校的教育教学管理工作承担领导责任。截至笔者调研时，我国的中小学仍实行校长负责制。山镇小学的校长如何开展日常的教育管理工作，如何在学校里实行校长负责制，如何行使教育政策法规赋予的权力和权利，是本节要探讨的问题。

一、校长负责制的历史演变

实行校长负责制一直是教育政策的不懈追求。1952 年，《小学暂行规程（草案）》提出实行"校长责任制"，明确规定学校的领导体制和校长责任，"采校长责

---

① 褚宏启. 中国教育管理评论(第 1 卷)[M]. 北京: 教育科学出版社, 2003: 226.

任制。设校长一人，负责领导全校工作，必要时得设副校长"[1]。1963 年，中共中央印发《全日制小学暂行工作条例（草案）》（因其有 40 条主要内容，一般简称为"小学 40 条"），规定"校长是学校行政负责人，在当地党委和主管的教育行政部门领导下，负责领导全校的工作，团结全体教职工完成教学计划"[2]。该条例详细地规定了校长的主要职责：贯彻执行党中央和国务院的教育方针，执行教育行政部门的指示；领导教学工作和进行思想政治教育工作；领导和组织师生参加生产劳动；关心教师、学生、职工的生活，注意保护他们的健康；管理学校的人事工作；管理学校的校舍、设备和经费。1978 年，教育部修订并重新颁发了《全日制小学暂行工作条例（试行草案）》，规定"实行党支部领导下的校长分工负责制。学校的一切重大问题必须经过党支部讨论决定。校长是学校行政负责人，要贯彻执行党的教育方针，执行上级党委、教育行政部门和党支部的决议；负责领导和组织学校的教学工作和进行思想政治教育工作……校长应定期召开学校各部门负责人和教师代表组成的校务会议或者全体教师会议，发扬民主，集思广益，研究讨论学校工作"[3]。

改革开放以后，我国经济、社会等各领域都启动了简政放权的改革。1985 年，《中共中央关于教育体制改革的决定》提出"学校逐步实行校长负责制，有条件的学校要设立由校长主持的、人数不多的、有威信的校务委员会，作为审议机构。要建立和健全以教师为主体的教职工代表大会制度，加强民主管理和民主监督"[4]。1993 年，《中国教育改革和发展纲要》强调"中等及中等以下各类学校实行校长负责制。校长要全面贯彻国家的教育方针和政策，依靠教职员工办好学校"[5]。这一时期，一些学校积极推行校长负责制，在校长的带领下对学校办学模式进行探索，形成了有特色的学校办学模式。

2003 年，《国务院关于进一步加强农村教育工作的决定》对农村中小学校长的素质做了明确要求，"严格掌握校长任职条件，积极推行校长聘任制。农村中小学校长必须具备良好的思想政治道德素质、较强的组织管理能力和较高的业务水

---

① 何东昌. 中华人民共和国重要教育文献(1949—1997)[A]. 海口: 海南出版社, 1998: 143.

② 何东昌. 中华人民共和国重要教育文献(1949—1997)[A]. 海口: 海南出版社, 1998: 1154.

③ 何东昌. 中华人民共和国重要教育文献(1949—1997)[A]. 海口: 海南出版社, 1998: 1634.

④ 何东昌. 中华人民共和国重要教育文献(1949—1997)[A]. 海口: 海南出版社, 1998: 2285.

⑤ 何东昌. 中华人民共和国重要教育文献(1949—1997)[A]. 海口: 海南出版社, 1998: 3467.

平。校长应具有中级以上教师职务，一般有 5 年以上教育教学工作经历。坚持把公开选拔、平等竞争、择优聘任作为选拔任用校长的主要方式……校长实行任期制，对考核不合格或严重失职、渎职者，应及时予以解聘或撤职"。2010 年，《国家中长期教育改革和发展规划纲要（2010—2020 年）》提出要"完善中小学学校管理制度。完善普通中小学……校长负责制。完善校长任职条件和任用办法。实行校务会议等管理制度，建立健全教职工代表大会制度，不断完善科学民主决策机制"。2018 年修订通过的《中华人民共和国义务教育法》第二十六条规定，"学校实行校长负责制"。上述一系列政策都强调校长负责制的重要意义，但是对于校长的职权和责任并未进行明确、详细的规定。也有学者质疑，这种带有"一长制"特征的校长负责制或多或少带有"前科学管理"与"前民主管理"的痕迹①。因此，在校长负责制之外，学校管理还需要学校的党支部、校务委员会、教职工代表大会等体制机制来保障校长的权力行使在正确的轨道上。在校长的办学管校实践中，校长负责制的落实一方面取决于教育行政部门的赋权，另一方面也取决于学校校长是否具有领导、管理学校的专业水平。

2013 年，教育部颁布《义务教育学校校长专业标准》，作为义务教育学校合格校长专业素质的基本要求，提出"校长作为学校改革发展的带头人，担负着引领学校和教师发展，促进学生全面发展与个性发展的重任；将发展作为学校工作的第一要务，秉承先进教育理念和管理理念，建立健全学校各项规章制度，完善学校目标管理和绩效管理机制，实施科学管理、民主管理，推动学校可持续发展"。《义务教育学校校长专业标准》规定了校长在规划学校发展、营造育人文化、领导课程教学、引领教师成长、优化内部管理和调适外部环境等六个方面的职责，这六个方面也是校长需要负责的主要工作。

校长在学校发展中的地位毋庸置疑。陶行知先生说，校长是一个学校的灵魂②。在学校改进的研究中，研究者认为校长是学校改进的关键。加拿大著名教育领导专家 Leithwood 等认为，在薄弱学校改造过程中，为教师设定方向的领导是最重要的，如果没有好的领导者，薄弱学校无法实现真正意义上的改变。他们提出重建学校领导，认为重建领导的成功因素包括治理、环境、领导和组织等。因此，

---

① 陈桂生. 学校实话[M]. 上海：华东师范大学出版社，2009：219.
② 陶行知. 半周岁的燕子矶国民学校———一个用钱少的活学校[M]//陶行知全集(第一卷). 成都：四川教育出版社，1991：47-52.

通过重建领导的实践，全面改造学校，影响教师教学及文化，让学生获得成功，可以达到改进学校的效果①。虽然学术研究的话语与《义务教育学校校长专业标准》的表达不同，但是，两者通过提升学校校长的领导力以促进学校改进与发展的思路基本上是相同的。

下文，我们将描绘山镇小学 9 位校长的群像，观察他们的日常工作状况，了解他们的学校管理工作状况和管理心得，通过访谈进一步理解他们在推动学校进步过程中的心路历程。

二、山镇小学的校长概况

借助于山镇教育系统的统计资料，我们可以梳理出山镇 9 位小学校长的整体特征，具体信息见表 4-1。山镇小学 9 位校长均为男性，而在山镇的教师队伍中，70%左右的小学教师为女性，两者对比非常明显。但有意思的是，在城市小学中，女性担任校长一职倒是颇为常见的现象，如笔者挂职省会城市某区教育局副局长时，所在区的 15 位小学校长中，80%为女性，仅有 3 位男性校长。城乡校长的性别结构说明在当前农村社会背景下，女性更多地扮演着被动执行的角色，尚未被社会广泛接受其扮演领导者的角色。从年龄上看，山镇的小学校长中年龄最大的是黄山小学的杭校长，出生于 1967 年；最年轻的则是云山小学的蒋校长，出生于1980 年。从就任校长的年限来看，山镇中心校的江校长担任校长最久，他自 2004年起担任中心校校长，已任职将近 20 年，此前他担任过教导主任、副校长等职务；任校长时间最短的是龙山小学的王校长，从 2020 年起开始担任校长。从职称上看，9 位校长中仅有山镇中心校的江校长和云山小学的蒋校长具有中小学高级教师职称，其他 7 位校长均具有中小学一级教师职称。就任教学科情况来看，5 位校长担任美术、科学、道德与法治等学科的教学工作，4 位校长担任数学、英语等主科教学工作。他们在担任校长之前都是学校的骨干教师，担任语文、数学、英语等主科教学工作，但是担任校长后，因为行政事务多、会议多，无法保障教学时

---

① 转引自赖志峰. 国民小学校长重建领导层面及能力指标建构之研究: 复合多评准决策的应用[J]. 教育实践与研究, 2018(6): 71-112.

间，因此他们多担任副科的教学工作。

表 4-1　山镇小学校长队伍整体状况

学校	性别	年龄/岁	教龄/年	初始学历	最高学历	职称	任教学科
山镇中心校	男	52	33	中师	本科	中小学高级	道德与法治
云山小学	男	40	22	中师	本科	中小学高级	美术
黄山小学	男	53	30	中师	本科	中小学一级	科学
庐山小学	男	43	24	中师	大专	中小学一级	科学、道德与法治
连山小学	男	41	22	中师	大专	中小学一级	英语
松山小学	男	45	25	中师	本科	中小学一级	数学
梁山小学	男	51	31	中师	本科	中小学一级	数学
龙山小学	男	46	23	中师	大专	中小学一级	数学、科学
东山小学	男	48	27	中师	大专	中小学一级	科学

注：表中年龄、教龄等的统计时间均截止到 2020 年 9 月

三、山镇小学的校长对学校的领导与管理

2019 年，中共中央、国务院颁布的《关于深化教育教学改革全面提高义务教育质量的意见》提出，要"尊重校长岗位特点，完善选任机制与管理办法，推行校长职级制，努力造就一支政治过硬、品德高尚、业务精湛、治校有方的高素质专业化校长队伍"。按照既有政策的要求，校长担任此职位之前均需要参加任职资格培训，之后也要定期参加关于学校管理与领导能力提升的各类培训。例如，2016年，蒋校长参加了地级市教育局组织的中小学教育教学管理高级研修班，围绕《义务教育学校校长专业标准》中关于校长"领导课程教学"这一主题，研修了校本课程、教学实践、文化建设、学校问题诊断等方面的内容。2019—2020 年，盛主任参与了省校长培训中心组织的名校长高级研修班，与 30 位来自全省的小学校长一起学习了一年，听省内外专家讲座、参观名校，其中最长的一次脱产学习长达一个月。重要的是，盛主任还在导师指导下开展了关于"农村小学教师胜任力提

升的路径"这一课题研究，经历了查阅文献、撰写开题报告、开展调查研究等过程，最终形成调研报告并参与答辩。盛主任表示，在开展课题研究的过程中，他的个人科研能力得到了锻炼和提升，但是由于听到的讲座和参观的学校远远超出山镇小学的发展实际，只能"心向往之"，而无法在山镇的小学里落实所学习到的先进教育理念和办学经验，但是"无论如何，出去开阔眼界总是好的，否则都不知道外面的教育先进到何种程度了"。

《义务教育学校校长专业标准》要求校长能够"规划学校发展""营造育人文化"等。笔者在调研中发现，过去，山镇小学的校长在规划学校发展方面并没有过多的思考。可能的原因是，山镇的小学，即便是山镇中心校也是在山镇教办的全面领导下进行办学的，小学校长对学校的未来发展并无清晰的思路，在某种意义上可能也不需要他们过多地思考，他们只需要忠实地执行山镇教办主任的办学理念即可。例如，近年来，山镇教办盛主任在学校文化建设方面强调颇多，山镇小学的校长逐步开始思考学校文化建设，如黄山小学试图凝练学校的校训、校风，打造学校文化；再如，庐山小学开始通过书法、武术教育等社团活动来培养学生的特长，打造学校课程和文化特色。

俗话说："火车跑得快，全靠车头带。"校长作为学校的"一把手"，对学校的教育教学质量承担主要责任，因此"有效的学校倾向于有强有力的校长，他亲自领导教育工作"[1]。中共中央、国务院颁布的《关于深化教育教学改革全面提高义务教育质量的意见》指出，"校长是学校提高教育质量的第一责任人，应经常深入课堂听课、参与教研、指导教学，努力提高教育教学领导力"。在山镇，与学校发展规划、学校文化建设相比，校长更为重视的还是教学质量，尤其是学生的考试成绩，因此他们都重视对学校教育教学业务的领导。访谈中，所有的校长都认同听课和参与学校教研活动的重要性。黄山小学的杭校长说，听课是他们每周必做的事情，基本上每天能听一节课，多的时候能听两节课，有时候需要去山镇教办开会，这时就没有办法听课。梁山小学的邓校长也说，会议太多是影响听课的最主要原因。校长听课的重点是听年轻教师的课，考察他们能否站稳讲台。大多数时候，校长会在听课后给年轻教师提供反馈，在鼓励年轻教师的同时也会指出他

① 詹姆斯·Q. 威尔逊. 官僚机构——政府机构的作为及其原因[M]. 孙艳等译. 北京：生活·读书·新知三联书店, 2006: 30.

们存在的问题，帮助年轻教师提升教学质量。

事实上，在学校管理中，占据小学校长日常管理工作时间的并不是领导学校的教育教学工作，更多的是来自各级党委、政府部门和其他社会团体所派给的临时性任务，在教育行政部门之外，县委宣传部、县关心下一代工作委员会（简称"关工委"）、县妇女联合会（简称"妇联"）、团县委、县卫生局、县交通局等单位都可以给学校发放通知、下达任务。因此，学校的日常工作便经常被上级部门和山镇教办的部署打乱节奏。每所小学的围墙上都贴了满满当当的标语，从标语落款的部门就可以看出中国最基层的小学在教育教学之外所承担的任务与功能。以山镇中心校为例，该校的围墙标语包括：省教育厅和公安厅《关于维护学校正常秩序的通告》《关于严禁管制刀具进校园严厉打击涉校涉刀违法犯罪活动的通告》，以及省公安部门关于反诈骗、省交通部门关于交通安全等方面的宣传标语；关于"中国梦""文明校园六个好""八礼四仪"的通用宣传标语，以及"扬蒜德、崇蒜义"的乡土文化特色宣传标语；学校的校训、校风、教风、学风和办学理念；朴县文明办关于"创建全国文明城市""学习雷锋精神"的宣传标语和招贴画；卫生部门关于使用公筷、新冠疫情防控的宣传标语和招贴画；等等。这些标语、口号、招贴画等都需要学校老师或者请学校外面的广告公司印制或涂刷上墙。当然，除了学校的"一训三风"和办学理念是该校的日常宣传外，其余的来自其他部门的每一组标语口号也都对应着学校的某项工作。

对于学校管理而言，校长面临的最大问题是在人、财、物等方面缺乏话语权，而更多地扮演着上级教育行政部门政策执行者的角色。就人事权而言，校长在选拔副校长甚至是中层干部时话语权较弱，导致学校领导干部之间因办学理念的不同而常有分歧和冲突；校长在招聘、解聘教师等方面缺少话语权，对于有些表现恶劣的教师，校长难以将其开除。在经费使用权上，中小学校受限于教育行政部门，尤其在人员经费方面面临困难较大，教师许多的额外工作任务难以获得报酬；代课教师的费用只能来自学校公用经费。此外，学校课程开发权徒有形式；学校经费的预算编制、经费分配和使用受到上级教育行政部门的限制；基建采购由教育行政部门按照统一标准实施，难以满足学校特色发展的需求①。在访谈交流时，笔者能感受到山镇小学的校长对于学校工作的责任感和忧虑，能感受到他们在面

---

① 魏叶美, 范国睿. 中小学自主办学的应然特征、实然困境与策略[J]. 教育理论与实践, 2017(17): 13-16.

对学校发展中出现的各种挫折时所表现出的无奈，也能理解一名普通校长对学校办学自主权的期待。

第三节　山镇小学的组织机构和内部管理

组织结构是组织内部纵向各层次工作群体、横向各个部门的设置及其关系的总和。它是组织的框架体系，构成组织的基本形式①。本节考察山镇小学的组织结构以及这些不同等级、层次的结构在学校内部管理中扮演的角色及其发挥的功能。

一、小学组织机构的变革

1952 年，《小学暂行规程（草案）》对小学的组织结构设置做出规定，"小学班数在五班以上的，得设教导主任一人，在 15 班以上的，得增设副教导主任一人，协助校长办理教导和行政事宜"，"小学班数较多、事务较繁的，得酌设事务员，在校长领导下办理本校会计、庶务等工作"。《小学暂行规程（草案）》还详尽规定了小学的决策体制、职责、功能：校务会议"由校长为主席，全体教职员出席，必要时得邀请家长委员会代表或本地教育委员代表列席，讨论决定教导实施计划，检查总结教导工作，并解决学校其他重要问题；每月举行一次，必要时得举行临时会议"。在教学研究方面，举行教导研究会议："由全体教师依照学科性质，根据本校具体情况，分别组织研究组，各组设组长一人，主持本组教导研究会议，研究改进教学内容和教导方法，并交流、总结经验。教导研究会议，每两周各举

① 陈孝彬，高洪源. 教育管理学(第三版)[M]. 北京：北京师范大学出版社，2008: 403.

行一次，必要时得召集临时研究会议；并得联合各研究组，举行联席会议。规模较小的小学，不能举行教导研究会议的，得由同地区内几个小学联合举行"①。《小学暂行规程（草案）》为我国小学内部结构和管理体制奠定了基础：由教导主任负责教师和学生的日常管理，庶务员（后更名为总务主任）负责后勤事务，教导研究组（后来的学科备课组）负责教学业务研究和教师发展。1963 年，中共中央印发的《全日制小学暂行工作条例（草案）》规定，全日制小学应该设教导主任，并根据规模大小酌设事务主任或事务员，协助校长管理教学工作和行政事务工作②。2002 年，教育部印发《关于贯彻〈国务院办公厅转发中央编办、教育部、财政部关于制定中小学教职工编制标准意见的通知〉的实施意见》，要求"中小学根据学校类别、规模和任务设置管理机构……完全小学职能机构设教导处（室）、总务处（室）。其中 12 个班以下的小学只设管理岗位不设职能机构，可配备教导主任和总务主任各 1 人"。此后未见教育政策法规对小学的内部结构进行更为明确的规定。

一直以来，校长（副校长）和教导主任、总务主任的"三角"结构是小学管理的标准配置。近年来，一些小学重视教育教学研究工作，因而增设了教科室；一些小学随着规模扩大，行政事务尤其是人事事务繁杂，因而增设了办公室或人事秘书的岗位；一些小学的规模扩张、班级数目增加，若由校级管理层直接管理这些班级，显然管理难度太大，因而学校在保留教导处、教科室、总务处等职能部门的基础上，设立年级组作为管理层级，年级部主任全权负责落实日常教育教学和师生的管理工作。

二、山镇小学的内部结构

与全国小学的普遍设置一样，山镇的小学一般设置教导处和总务处。以山镇中心校为例，除"一把手"校长江校长外，山镇中心校还有三位副校长，分别是邓副校长、谷副校长以及卫副校长。按照职责分工，江校长负责学校的全面工作，包括教育教学工作、教师管理和专业发展工作、学校安全工作等；邓副校长负责

---

① 何东昌. 中华人民共和国重要教育文献(1949—1997)[A]. 海口: 海南出版社, 1998: 143-144.
② 何东昌. 中华人民共和国重要教育文献(1949—1997)[A]. 海口: 海南出版社, 1998: 1154.

课务安排、教师的内部调配、日常教学管理、考试的组织和教学质量监控与分析等；谷副校长负责学生工作，包括招生、德育、少先队工作等；卫副校长负责学校后勤方面的工作。在组织架构方面，山镇中心校设置了教导处和总务处，承担学校的日常教育教学工作和后勤工作，还设有少先队辅导员，算是学校的中层干部。教务处和总务处均设有一名主任和一名副主任。山镇中心校规模较大，有 2800余名学生，50 个班级，六年级多达 10 个班级，班级最少的一年级也有 7 个班级。所以，学校实行了年级组制度，每个年级组有组长一名，负责统筹管理本年级的教学工作和学生管理工作，与教导处等职能部门形成纵横交错的关系。其他小学没有设置年级组，仍实行"校领导—职能科室—班级"的学校内部管理体制。

笔者在朴县教育局和山镇教办未能查阅到关于小学内部职能部门和岗位设置的明确规定。因此，各校的中层教干岗位设置都是依循旧制，或由小学校长因工作需要安排骨干教师而自行设置，经山镇教办批准即可。所以，在山镇各小学，因为学校规模不同，内部设置不同。例如，山镇中心校在一正、三副共 4 位校领导的领导之下，设有校长办公室，该办公室主任兼管德育工作（有两位青年教师协助工作）和少先队辅导员工作，该办公室副主任则负责教师考勤工作。教导处有 5 位教师，负责人为杭主任，负责教学工作安排和教师的业务学习，有一位教师协助其工作；孙主任是教导处副主任，负责学生学籍和校园网络及设备管理工作，有一位教师协助其工作；洪副主任负责学校体育工作。社团部是山镇中心校的自设机构，有 9 位教师，分别负责书法、创意美术、音乐合唱、陶艺等社团工作，社团部在教导处的领导下工作，这 9 位教师不算学校中层干部，但实际地位和绩效工资比普通教师略高一些。除教育教学工作人员外，学校有后勤管理人员7 人，其中会计 1 人，负责财务及报表、贫困生补助和教师外出学习的报销业务；后勤处 4 人，负责学校器材设备采购、日常维修等事务；此外还包括图书室管理人员 1 人，食堂管理人员 1 人。山镇中心校设置 6 个年级组，年级组长定为学校中层教干。由此可以看出，由于学校规模大，山镇中心校的管理团队较为庞大，而在规模最小的龙山小学，仅有一名教导主任辅助校长工作，此外再无其他中层干部，这也是山镇小学中人数最少的管理层，不能代表山镇小学的一般内部管理结构设置情况。

以规模中等的黄山小学为例，我们可以看出山镇小学的一般内部管理结构设置情况。黄山小学有教师 32 人，学生 566 人，14 个教学班。管理岗位设置如下：

学校校长 1 人，负责学校的全面工作。副校长 2 人，一位是李副校长，主抓教学和德育工作；另一位是程副校长，是原来的校长，但是因为个人家庭原因，有一段时间无法正常主持工作，杭校长来校后，他便担任副校长，但只是挂名，不负责具体事务。学校设教务处，教务处未设置主任，有老师 3 人，3 人均向李副校长负责。其中，万老师是一位即将退休的原民办学校教师，主管日常教学业务；顾老师是一位 45 岁的中师毕业生，负责教科研工作和"双减"后的课后服务与体育工作；教英语的邓老师是学校唯一的硕士研究生，负责学校德育工作。一位 55岁左右的原民办学校教师担任学校的会计，负责财务和报表工作以及贫困生资助等事宜，还兼管学校的卫生工作，等于其一个人承担了总务工作。正副校长和上述各部门人员均为学校校委会成员，校委会就学校日常工作开会议事。在山镇教办的管理体系中，除杭校长和两位副校长外，上述 4 位老师均为中层干部。与山镇中心校相比，黄山小学的规模更小、事务更少。山镇中心校作为镇上教育的品牌与门面，也会经常接受上级指派的各种任务；而黄山小学作为一所普通村小，接受各类临时性任务和检查的机会较少。在人事、经费与教育教学的管理方面，黄山小学与山镇中心校校长拥有的权力几乎是一样的，都是在山镇教办的统一安排下开展日常教育教学和管理工作。

其实，在日常工作中，山镇各小学内部各部门之间的分工并不是非常清晰，因为小学的工作千头万绪，有时候无法明确地界定是哪个部门的职责。例如，教务处负责教育教学和日常的学生管理，如学生学籍、招生、教务安排、考试、成绩管理和质量分析等，但事实上，教导处的老师做了很多本部门职责以外的工作。学校在迎接各项检查和验收的时候并无明确分工，也无法明确分工，所有中层教干甚至是中青年教师都需要动员起来，参与材料整理以及其他各项准备工作。

山镇的小学并未像《山镇中心小学章程》和各种政策文件所规定的那样成立教职工代表大会和家长委员会等组织。山镇中心校和各村小均有党支部。江校长作为一名党员，身兼山镇中心校的党支部书记，但小学的党支部多是组织党员活动和政治学习，实际上对于学校重要事务的监督作用相对有限。需要指出的是，2022 年，中共中央办公厅印发了《关于建立中小学校党组织领导的校长负责制的意见（试行）》，规定"中小学校党组织全面领导学校工作，履行把方向、管大局、作决策、抓班子、带队伍、保落实的领导职责"，"学校党组织实行集体领导和个人分工负责相结合的制度。凡属重大问题都要按照集体领导、民主集中、个别酝酿、会议决定的原则，由党组织会议集体讨论作出决定"，"校长在学校党组织领导下，依法依规行使职权，按照学校党组织有关决议，全面负责学校的教育教学和行政管理等工作"，"实行中小学校党组织领导的校长负责制，必须发挥党组织领导作用，保证校长依法依规行使职权，建立健全党组织统一领导、党政分工合作、协调运行的工作机制"。至本书成稿时，在朴县，这一政策尚未明确实施，因此在此不做具体讨论。

三、山镇小学的日常管理

山镇小学的日常管理在学校领导和中层干部的带领下正常进行。

在人事权方面，小学校长、副校长和中层干部的选拔均由山镇教办负责，其中"一把手"校长的任命由山镇教办上报到乡镇和县教育局，最终由县教育局确定并备案；各小学可以自主招聘代课教师，但需山镇教办考核并备案；在编教师和劳务派遣教师招聘是县教育局招聘后分到山镇教办，由山镇教办根据情况安排到相应的学校；教师的日常考核、评价与管理由各小学负责，考核结果向山镇教办备案；学校干部和教师的评优评先指标与名额由山镇教办掌握，学校内部选拔推荐，最后由山镇教办开会决定。换言之，山镇小学只有选拔和推荐的权力，并没有决定权，山镇教办有最后的决定权。教职工绩效工资、福利待遇及代课教师工资等均由山镇教办统一考核，根据各校情况进行综合平衡后确定。

在经费方面，各小学日常的办公经费由自己掌握，但是每学期的办公经费极少，只能应付日常的水电费和基本的办公用品费用。学校的校舍维修、改扩建，多媒体设备和电器等办公用品的采购由山镇教办统一负责。在山镇中心校，教师办公室有空调，但其他村小的教师办公室尚未安装空调，教师们冬天靠电暖器取暖，夏天用电风扇降温。学校文化环境建设方面，因为涉及经费投入，也主要是由山镇教办统一规划和安排实施。笔者在调研期间，就跟随盛主任等人一起去山镇中心校考察操场周边标语牌的安装情况，盛主任甚至对标语牌面向的方向斟酌许久——是面向在操场上跑步的学生，还是面向在主道路上行走的学生。

在教学和课程管理工作方面，学校校长和中层干部可以提出自己关于建设校本特色课程和教学方式的构想，但是这些都需要经过山镇教办的认可方能真正付诸实施。在这个意义上，山镇中心校只是山镇教办主要领导办学思路和方案的执行者，而缺少一定的自主权。笔者调研时发现，江校长等学校管理者对于学校的工作尽管称得上是兢兢业业，但同时也缺乏创造性，也可以说在现实的环境下，其创造性无法得到充分发挥。

2012 年，教育部印发《全面推进依法治校实施纲要》，提出"要以建设现代学校制度为目标，落实和规范学校办学自主权，形成政府依法管理学校，学校依法办学、自主管理，教师依法执教，社会依法支持和参与学校管理的格局；要以提高学校章程及制度建设质量、规范和制约管理权力运行、推动基层民主建设、健全权利保障和救济机制为着力点，增强运用法治思维和法律手段解决学校改革发展中突出矛盾和问题的能力，全面提高学校依法管理的能力和水平；要切实落实师生主体地位，大力提高自律意识、服务意识，依法落实和保障师生的知情权、参与权、表达权和监督权"。一系列政策法规要求赋予学校办学自主权，通过以校长负责制为核心，辅以校务委员会制度、教职工代表大会制度等民主决策与监督机制，让学校能够自主管理、自主办学。

第四节 山镇小学的管理与现代学校制度的差距

一、校长办学自主权的内涵与意义

办学自主权的落实对于推动学校个性化发展，进而激发学校办学活力起到关键作用[1]。然而在实践中，公立中小学校的人、财、物——小到校舍维修、设备采购，大到学校人事变动和课程教学改革——均受到教育行政部门的管理，学校缺失一定的办学自主权。有学者对江、浙、沪、皖 155 位教育局局长的问卷调查显

---

① 陈慧. 中小学校长办学自主权比较研究[D]. 上海: 上海师范大学, 2021.

示,35.4%的教育局局长认为教育行政部门可以制定学校内部的奖酬办法,60%的教育局局长认为教育行政部门可以直接参与学校教学计划的制订,49.7%的教育局局长赞同教育行政部门把关学校中层干部的任用,31%的教育局局长赞同教育行政部门统一采购学校所需的仪器设备,42.6%的教育局局长主张教育行政部门直接考察各校新进教师的业务水平[①]。从笔者2013—2014年在省会城市某区教育局挂职经历和长期在中小学的调研来看,这些数据所反映的现象依然存在,而在强调区域教育高位均衡发展、高质量发展的今天,区域教育行政部门对公办中小学的管理与控制甚至有不断加强的趋势。毕竟,为推进区域教育的整体发展,区域教育行政部门可作为的空间更大,如推进教师的"县管校用"就使得学校对教师的考核评价权力被削弱,推进区域的集团化办学也使得薄弱学校甚至是优质学校校长"办学管校"的权力被削弱[②]。

何谓学校办学自主权?Arcia等指出,学校自主权就是上级政府将决策权力转移给学校,学校在人事招聘与雇佣、教师评价、教学管理上拥有自主决策权[③]。欧盟委员会(European Commission)认为,学校自主权通常被理解为一种管理形式,在这种管理中,学校被授予对其运行中所涉及事项的决策权,如经费和资源分配、人力资源、课程设计和评估、质量保证和学校改善等,关于学校管理的不同方面,不同的学校可能具有不同程度的自主权[④]。

校长应该具有办学自主权,这取决于学校教育教学工作的性质。学校教育与教学工作的专业性、学校教育任务与内容的变化性和复杂性,客观上要求学校校长及教师拥有更多的专业决策权[⑤]。无论是在学术研究还是在教育政策实践中,无人否认落实学校办学自主权是中小学校办出水平、办出特色从而实现教育高质量发展的关键。当然,校长的办学自主权一方面取决于教育行政部门的简政放权和赋权;另一方面也取决于校长是否为真正意义上的专业人士,是否具有良好的"办学管校"能力。

① 吴景松, 李春玲. 公共治理视野中教育局长领导行为的调查分析[J]. 教育发展研究, 2008(Z2): 119-123.

② Wei F, Ni Y, Yoon I H. Understanding the role of local educational departments in school collaboration for improvement: Two districts in China[J]. Educational Management Administration & Leadership, 2023, 51(4): 986-1007.

③ Arcia G, Macdonald K, Patrinos H A, et al. School autonomy and accountability[R]. System Assessment and Benchmarking for Education Results(SABER), 2011.

④ 转引自陈慧. 中小学校长办学自主权比较研究[D] 上海: 上海师范大学, 2021.

⑤ 范国睿. 基于教育管办评分离的中小学依法自主办学的体制机制改革探索[J]. 教育研究, 2017(4): 27-36.

二、现代学校制度建设的不足及其改进之道

2020 年，教育部等八部门联合印发《关于进一步激发中小学办学活力的若干意见》，提出要深化教育"放管服"改革，落实中小学办学主体地位，增强学校办学内生动力，健全办学管理机制，为推进中小学教育治理现代化提供了行动指南。现代学校管理需要建立现代学校制度，实现学校的依法管理、民主管理、自主管理，告别过去依靠教育行政部门的指令进行管理或者简单依靠"一把手"校长的经验和权威进行的个人化管理。

就当前山镇小学的管理而言，其与现代学校制度建设和教育治理体系的现代化还有一定的距离。山镇中心校和各村小在内部管理中存在的问题是共通的，主要体现在如下方面。首先，学校办学自主权缺失。山镇教办在教育管理中处于较为强势的地位，学校教育管理的人、财、物资源由山镇教办统一安排，学校的教育教学事务也由山镇教办根据各学校情况进行安排。学校——包括山镇中心校和各村小——在办学自主权方面较为欠缺，教师匮乏而无法自主招聘代课教师，经费不足且缺乏自主使用权。其次，就山镇各村小的内部管理而言，学校基本的管理制度不够健全，现代学校制度尚未建立，章程、校务委员会、教职工代表大会等基本的现代学校要素尚未建设齐全，有些元素即便存在也仅是形式上的，而无法发挥真正意义上民主管理的职能。由此导致的问题是，山镇各村小没有明确的文化特色和教育教学改革思路。无论是在山镇教办召开的校长例会上的一言堂而无讨论现象，还是日常办学中的按部就班、依令而行，都使得学校只能是教育行政部门负责人个性化办学思路和方案的忠实执行者，难以办出"一校一特色"，也难以实现学校的个性化发展。这既是学校自主权缺失的结果，也是学校自主权缺失的原因。

就现代学校制度建设的改进而言，主要是理顺教育行政部门与学校的关系，保障学校依法办学、依法治校。从教育行政部门角度来说，要避免教育行政管理工作的越位和错位，做好该做的支持性工作和必要的监管工作，而对学校的教育教学工作、人事管理和经费管理不应进行过多干预，应尊重校长的专业行为，为学校"因校制宜"地决策进而办出自己的特色留出足够空间，赋予校长足够权力以带领学校内部的教职员工进行民主管理、自主管理。"为了保障学校的自主权，

教育行政部门必须确定自身与学校的权力边界，严格遵守权力边界，变'干预'为合理的帮助与监督。"①从学校的角度而言，学校要努力通过建构完善的章程和规则体系，明确学校管理的权力边界。校长等管理者应该运用自己的专业知识和能力坚守正确的教育立场，将校务委员会、家长委员会、教职工代表大会等作为保护学校自主权的平台和保障，积极地维护学校的权益。

当然，我们可能需要思考的问题是"学校办学自主权是教育质量的保障"这一观点是否必然成立。在当前农村小学管理的语境中，如果一些小学校长没有自己的教育理念，缺乏较好的专业水平和管理素养，那么，在这样的小学里，不追求学校的办学自主权，而是在较高水平的教育行政管理者的引领下做好日常的教育教学工作，是否可以成为农村小学教育发展的一个选项呢？从我们的调研来看，赋予农村小学校长办学自主权，需要对这支队伍进行充分的能力建设（capacity-building），这无疑是一个漫长的过程。

---

① 魏叶美，范国睿. 中小学自主办学的应然特征、实然困境与策略[J]. 教育理论与实践，2017(17): 13-16.

第五章

山镇小学的教师队伍建设

教师是学校中最重要的群体，教师的素质决定着教育教学的质量，关系到学生的发展水平。2020 年，教育部等六部门发布《关于加强新时代乡村教师队伍建设的意见》，提出要"加强新时代乡村教师队伍建设，努力造就一支热爱乡村、数量充足、素质优良、充满活力的乡村教师队伍""力争经过 3—5 年努力，乡村教师数量基本满足需求，质量水平明显提升，队伍结构明显优化，地位大幅提高，待遇得到有效保障，职业吸引力持续增强，贫困地区乡村教师队伍建设明显加强"，同时也指出了"乡村教师队伍还存在结构性缺员较为突出、素质能力有待提升、发展通道相对偏窄、职业吸引力不强等问题。"

在山镇小学里，教师队伍整体状况如何？工作状态怎么样？是否能留得住？教师专业发展水平是否符合教育事业发展的需要？教师专业发展的路径和机制是否健全、有效？农村小学教师队伍建设折射出农村义务教育治理现代化中的何种问题？这是本章需要回答的问题。

第一节 农村小学教师队伍建设政策的历史回顾

一、改革开放至 20 世纪末农村教师队伍建设政策变迁

重教必先重师，农村教育要发展，师资队伍的建设是关键。改革开放以来，教师队伍尤其是农村中小学教师队伍的建设一直是国家教育政策的重点。中央政府和教育行政部门通过加强农村中小学教师的补充、管理、培训和待遇提升，通过清退不合格民办教师、选拔优秀民办教师转正、多种途径提高教师学历等政策和措施，扩大农村中小学教师规模，提高农村中小学教师素质，加强农村中小学教师队伍建设。

"文化大革命"结束后，教育领域开展拨乱反正。1977 年，教育部出台了《关于加强中小学在职教师培训工作的意见》，指出"据调查，各地都有相当一部分中小学教师在教学工作上有很大困难"，而要"普及教育与提高中小学教育质量，必须要有一支又红又专的无产阶级教师队伍"[1]。这是"文化大革命"后第一个关于教师队伍建设的政策文件，即关注在职教师的培训，教师队伍素质在决策者视野中的重要性可见一斑[2]。1978 年，国务院又转发教育部《关于加强中小学教师队伍管理工作的意见》，对教师的调配、编制安排、师范生分配和民办教师队伍的管理提出了具体的要求[3]。这两个文件奠定了改革开放后农村中小学教师管理的两个主题：一是提升教师队伍的质量；二是加强对教师队伍的管理。此后教育部文件中的统计数据显示了改革开放之初中小学教师队伍的整体状况：小学教师有 538

---

① 何东昌. 中华人民共和国重要教育文献(1949—1997)[A]. 海口: 海南出版社, 1998: 1588.
② 何东昌. 中华人民共和国重要教育文献(1949—1997)[A]. 海口: 海南出版社, 1998: 1588.
③ 何东昌. 中华人民共和国重要教育文献(1949—1997)[A]. 海口: 海南出版社, 1998: 1590.

万人，文化水平达到高中、中师毕业程度的有 253 万人，约占小学教师总数的 47%。全国民办教师有 453 万人，占中小学教师总数的 53.6%。上述情况表明，中小学教师队伍中，新教师多、民办教师多、文化水平没有达到国家规定标准的多。这是中华人民共和国成立以来我国中小学师资质量最低的时期，这种情况严重影响了中小学教育质量的提高①。在以民办教师和代课教师为主体的农村中小学，整体水平只会更为糟糕。

1983 年，中共中央、国务院印发《关于加强和改革农村学校教育若干问题的通知》，指出"建设一支稳定、合格的教师队伍，是办好农村学校的重要关键"，要求"各级党政领导必须认真落实知识分子政策，以极大的热情关心教师，提高教师的政治地位、社会地位和工资待遇，注意改善其工作条件和生活条件，在全社会形成尊重教师的良好风尚"，"要整顿教师队伍，各级党政领导应采取坚决措施，使合格教师进得来、留得住，不合格的另行安排"②。1985 年，《中共中央关于教育体制改革的决定》指出，"建立一支有足够数量的、合格而稳定的师资队伍，是实行义务教育、提高基础教育水平的根本大计。为此，要采取特定的措施提高中小学教师和幼儿教师的社会地位和生活待遇，鼓励他们终身从事教育事业。与此同时，必须对现有的教师进行认真的培训和考核……要争取在五年或者更长一点的时间内使绝大多数教师能够胜任教学工作"③。这时，中央政府已经注意到待遇和工作条件、生活条件对教师"进得来、留得住"的影响。彼时，商品经济的大潮刚刚兴起，城市里商业和工业企业开始改革，农村实行家庭联产承包责任制，各行各业逐步发展，工人、农民、个体户的收入都普遍增长。相比之下，中小学教师的待遇较低，一些教师离开教育行业，去机关、企业或者从事个体商业，造成了教师队伍的不稳定，而此时又是义务教育普及的开始阶段，所以我国农村中小学教师队伍建设的决策重心转向了教师待遇问题。

20 世纪 90 年代，实现"双基"、振兴教育成为国家教育发展目标，这一目标的实现离不开一支合格的教师队伍。1993 年，中共中央、国务院颁布的《中国教育改革和发展纲要》提出"振兴民族的希望在教育，振兴教育的希望在教师"这一宏伟口号，要求"建设一支具有良好政治业务素质、结构合理、相对稳定的教

① 何东昌. 中华人民共和国重要教育文献(1949—1997)[A]. 海口: 海南出版社, 1998: 1832.
② 何东昌. 中华人民共和国重要教育文献(1949—1997)[A]. 海口: 海南出版社, 1998: 2087.
③ 何东昌. 中华人民共和国重要教育文献(1949—1997)[A]. 海口: 海南出版社, 1998: 2287.

师队伍，是教育改革和发展的根本大计。要下决心，采取重大政策和措施，提高教师社会地位，大力改善教师的工作、学习和生活条件，努力使教师成为最受人尊重的职业"。该纲要也对教师专业素质提出了更高要求："教师是人类灵魂的工程师，必须努力提高自己的思想政治素质和业务水平；热爱教育事业，教书育人，为人师表；精心组织教学，积极参加教育改革，不断提高教学质量"，"要制定教师培训计划，促进教师特别是中青年教师不断进修提高，使绝大多数中小学教师更好地胜任教育教学工作。到本世纪（指 20 世纪）末，通过师资补充和在职培训，绝大多数中小学教师要达到国家规定的合格学历标准，小学和初中教师中具有专科和本科学历者的比重逐年提高"①。由此可以看出，直到 20 世纪末，尽管经过改革开放后的发展及民办教师的治理、整顿和在职培训，但还有一定比例的中小学教师难以胜任教育教学工作，不具备合格的学历。直到今天，这样的现象依然存在于部分地区的农村中小学。

二、21 世纪以来推进农村教师队伍建设的政策举措

21 世纪以来，素质教育深入实施、基础教育课程改革的启动与推进都要求有一支高素质的中小学教师队伍。2001 年，《国务院关于基础教育改革与发展的决定》要求：以转变教育观念、提高职业道德和教育教学水平为重点，紧密结合基础教育课程改革，加强中小学教师继续教育工作，加大信息技术、外语、艺术类和综合类课程师资的培训力度，同时，加强骨干教师队伍建设，通过实施"跨世纪园丁工程"等教师培训计划，培养一大批在教育教学工作中起骨干、示范作用的优秀教师和一批教育名师。与此同时，该决定对教师的编制安排、管理也提出了更为明确的要求，对"在编不在岗"等现象做出了严厉的限制性措施。该决定特别强调了信息技术、艺术等"小学科"师资的培养和培训，这是新课程改革的要求，也是全面提高中小学生素质的需要。然而，直至今日，在部分农村地区的中小学，配齐艺术、体育、信息技术学科的老师并开齐、开足这些课程，一直是难以全面实现的目标。

---

① 何东昌. 中华人民共和国重要教育文献(1949—1997)[A]. 海口: 海南出版社, 1998: 3472.

伴随着社会进步，城乡二元体制越来越成为阻碍社会发展的桎梏。缩小城乡教育差距、促进教育公平成为发展农村教育的重要政策导向。2003年，《国务院关于进一步加强农村教育工作的决定》从政策补偿和支持的角度强调农村中小学教师队伍建设，如规定：在核定编制时，应充分考虑农村中小学区域广、生源分散、教学点较多等特点，保证这些地区教学编制的基本需求；落实国家规定的对农村地区、边远地区、贫困地区中小学教师津贴、补贴；适当提高乡村中小学中、高级教师职务岗位比例；地（市）、县教育行政部门要建立区域内城乡"校对校"教师定期交流制度。在城乡教育统筹发展、城乡教育一体化发展的政策背景下，中央政府和教育行政部门通过实施"大学生志愿服务西部计划""乡村教师支持计划""特岗计划""免费师范生"等一系列政策和行动，促进农村教师队伍建设。2006年上半年，教育部等多部委连续发布《教育部关于大力推进城镇教师支援农村教育工作的意见》《关于组织开展高校毕业生到农村基层从事支教、支农、支医和扶贫工作的通知》《教育部办公厅关于做好2006年为农村学校培养教育硕士师资工作的通知》《教育部 财政部 人事部 中央编办关于实施农村义务教育阶段学校教师特设岗位计划的通知》等文件，引导城镇教师支教，鼓励高校毕业生到西部"两基"攻坚县农村义务教育阶段学校任教，引导和鼓励高校毕业生从事农村教育工作，逐步解决农村师资总量不足和结构不合理等问题，努力改善农村教师队伍状况，提高农村教师整体素质。2007年，国务院办公厅转发教育部等部门关于《教育部直属师范大学师范生免费教育实施办法（试行）》的通知，决定在教育部直属师范大学实行师范生免费教育，要求免费师范生毕业以后必须到中小学任教十年以上。2010年，教育部决定进一步扩大"农村学校教育硕士师资培养计划"规模，为县镇及以下农村学校培养具有教育硕士专业学位的骨干教师，提高农村教师学历水平和整体素质，并与"特岗计划"结合实施。国家通过运用政策工具为农村中小学吸引高层次教师，加强教师队伍建设，但是这些政策的实施效果有限，乡村教师数量不足且质量难以满足实际需要，并未达到理想的状态①。

2018年，中共中央、国务院发布《关于全面深化新时代教师队伍建设改革的意见》，这是中华人民共和国成立以来首次以中共中央名义发布的加强教师队伍建

① 付卫东，范先佐. 《乡村教师支持计划》实施的成效、问题及对策——基于中西部6省12县(区)120余所农村中小学的调查[J]. 华中师范大学学报(人文社会科学版)，2018(1): 63-173.

设的意见。该意见指出："教师特别是中小学教师职业吸引力不足，地位待遇有待提高；教师城乡结构、学科结构分布不尽合理，准入、招聘、交流、退出等机制还不够完善，管理体制机制亟须理顺。"该意见系统地提出了改善教师队伍状况的路径和措施，尤其强调要大力提升乡村教师待遇，"深入实施乡村教师支持计划，关心乡村教师生活。认真落实艰苦边远地区津贴等政策，全面落实集中连片特困地区乡村教师生活补助政策……加强乡村教师周转宿舍建设，按规定将符合条件的教师纳入当地住房保障范围，让乡村教师住有所居。拿出务实举措，帮助乡村青年教师解决困难，关心乡村青年教师工作生活，巩固乡村青年教师队伍。在培训、职称评聘、表彰奖励等方面向乡村青年教师倾斜，优化乡村青年教师发展环境，加快乡村青年教师成长步伐。为乡村教师配备相应设施，丰富精神文化生活"。这一重要政策在细节上突出强调改善农村中小学教师的生活和工作环境，殊为不易。

为实施该意见，教育部等五部门于 2018 年印发《教师教育振兴行动计划（2018—2022 年）》，提出为乡村学校培养"下得去、留得住、教得好、有发展"的合格教师。建立健全乡村教师成长发展的支持服务体系，高质量开展乡村教师全员培训，培训的针对性和实效性不断提高。实施乡村教师素质提高行动，通过公费定向培养、到岗退费等多种方式，为乡村小学培养补充全科教师，加大紧缺薄弱学科教师培养力度。培训内容针对教育教学实际需要，注重新课标新教材和教育观念、教学方法培训，赋予乡村教师更多选择权，提升乡村教师培训实效。该行动计划所提出的乡村教师队伍建设在目标上更为切合实际，也注意到乡村教师培训实效性不强的问题，并提出了较为具体的解决措施。

2019 年，中共中央、国务院印发《中国教育现代化 2035》，提出"建设高素质专业化创新型教师队伍"。同年，中共中央办公厅、国务院办公厅印发《加快推进教育现代化实施方案（2018—2022 年）》，提出"全面加强新时代教师队伍建设"，强调要"补强薄弱地区教师短板，深入实施乡村教师支持计划、银龄讲学计划、援藏援疆万名教师支教计划"。2021 年，《中华人民共和国乡村振兴促进法》强调："各级人民政府应当加强农村教育工作统筹……提高农村基础教育质量，加大乡村教师培养力度，采取公费师范教育等方式吸引高等学校毕业生到乡村任教，对长期在乡村任教的教师在职称评定等方面给予优待，保障和改善乡村教师待遇，提高乡村教师学历水平、整体素质和乡村教育现代化水平"。建设好一支"师德高尚、业务精湛、结构合理、充满活力"的高素质、专业化教师队伍，是农村中小学教师队伍建设的长远追求，也是较高要求。当前，较为务实的目标是建设一支数量充足、结构合理、专业合格的农村小学教师队伍。

由于历史原因，教师待遇较为低下等问题长期存在，且在农村地区更为突出。整体上看，农村中小学教师队伍数量短缺，优秀师资更为紧缺，教师年龄结构不合理，年轻老师"引不来、留不住"，而骨干教师流失较为严重。教师所学学科与任教学科不匹配，教师专业水平较低，专业发展的平台和机会欠缺，这些都是在全国农村学校普遍存在的问题[1]。诚如菲利普·库姆斯所言："农村地区[2]常常像半干旱的教育荒漠一样而没有教育质量可言，不但教师通常都是水平最低的，而且贫困儿童的比例也很高……这些儿童才真正需要最好的教师，然而他们却是最后才得到。"[3]近年来，媒体报道了各地农村教师招聘中的困难，甚至是"招聘考试数学考9分的老师来任教数学"[4]的现象时有发生。这与大城市的学校教师招聘中经常出现名校硕士、名校博士的现象形成了强烈反差。因此，农村教师队伍的质量还有很大的提升空间。

第二节　山镇小学教师队伍的概况

根据山镇教办2020年6月的统计，全镇小学共有教师394人（名册中含山镇教办领导及工作人员6人）。我们将从教师的身份性质、性别、学历、职称等方面对山镇小学教师的总体状况进行分析，并放在国家和省市的大背景下进行考察，以更全面和深入地理解山镇小学教师的定位。

---

① 参见范先佐, 郭清扬. 农村新补教师如何由"飞鸽牌"变为"永久牌"[J]. 人民教育, 2017(7): 17-20; 范先佐, 郭清扬. 发展农村教育关键是不断加强农村中小学教师队伍建设[J]. 当代教师教育, 2019(1): 8-16.

② 指发展中国家的农村地区.

③ 菲利普·库姆斯. 世界教育危机[M]. 赵宝恒, 李环等译. 北京: 人民教育出版社, 2001: 126.

④ 9 分进面试! 乡村教师招考遇冷, 乡村教育的质量如何保证? [EB/OL]. https://static.nfapp.southcn.com/content/201808/20/c1415426.html. (2018-08-20).

一、山镇小学教师的身份特征：在编、劳务派遣和代课教师

山镇小学教师的身份比较复杂，主要有在编、劳务派遣和代课教师三种类型，还有极少数教师为工人身份（数量极少，可忽略不计）。据笔者统计，截至 2020 年，山镇小学有在编教师 261 人，占教师总数的 66.2%。2001 年，《国务院办公厅转发中央编办、教育部、财政部关于制定中小学教职工编制标准意见的通知》发布，其规定的小学教师编制标准为：城市、县镇和农村小学的生师比分别是 19∶1、21∶1 和 23∶1，体现了城乡之间教师编制标准的差别。2014 年，中央编办、教育部、财政部印发《关于统一城乡中小学教职工编制标准的通知》，提出"统一编制标准，促进城乡中小学教育资源均衡配置。根据中央关于推进城乡发展一体化和基本公共服务均等化精神……将县镇、农村中小学教职工编制标准统一到城市标准"，规定小学教职工与学生比为 1∶19。然而，2019—2020 学年，山镇小学的学生数量是 7124 人，按编制标准的规定，山镇小学应有在编教职工 380 人，而实际上仅有在编教职工 261 人，据此计算的生师比是 27.30∶1，远高于国家规定编制标准的生师比，即便是按照 2001 年的标准也高出许多。据统计，"十三五"期间，我国乡村小学生师比不断降低，从 2015 年的 15.68∶1 下降到 2018 年的 15.53∶1，达到了国家规定的普通小学生师比标准，但与经济合作与发展组织（OECD）国家（12.04∶1）和高收入国家（7.71∶1）还是有一定的差距[1]。由此可见，无论是与国家标准相比还是与国家当前整体状况相比，山镇小学教师缺编问题都是非常严重的。2020 年，山镇教办在交给县教育局的一份反映教师队伍状况的报告中提及："小学因为教师年龄结构、专业结构等原因，小学学科教师紧缺。综合来看，现缺口 92 人，其中语文 35 人、数学 28 人、英语 13 人、科学 8 人、心理健康教育 8 人。"因此，该报告提出，恳请有关部门能够"根据国家及省、市有关促进城乡教育一体化均衡发展的文件精神，有关乡村教育经费、人员保障政策应该予以重视和落实。基于此，建议全县核编细化到校（到村小），给予农村学校更多关注与支持"。

---

① 付卫东，曾新．"十四五"时期我国乡村教师队伍建设：主要形势与重点任务[J]．中国电化教育，2020(11)：119-124．

为了弥补在编教师的不足，从而能够维持学校正常的教育教学工作，山镇招聘了大量的劳务派遣教师和代课教师。截至 2020 年 6 月，山镇小学教师队伍中，非在编教师有 133 人，占教师总数的 33.8%。其中，劳务派遣教师有 62 人，占教师总数的 15.7%；代课教师有 71 人，占教师总数的 18.0%[①]。2010 年以来，朴县没有招聘有编制的新教师，导致教师极度短缺，不得不招聘了大量代课教师。2018 年开始，县教育局和人社局开始招聘劳务派遣教师，又称为局聘教师。2018 年，全县共招聘劳务派遣教师 500 人，分配到山镇 11 人；2019 年招聘劳务派遣教师 730 人，分配到山镇 33；2020 年招聘劳务派遣教师 500 人，分配到山镇 18 人。从全县范围内看，劳务派遣教师的选聘力度极大，2018—2020 年共补充 1730 名教师，由此也可以看出前期全县教师缺额的严重程度。劳务派遣教师增加后，大量临时代课教师被顶替，临时代课教师的数量迅速减少。即便如此，山镇仍有 18% 的临时代课教师，加上劳务派遣教师，非在编教师占比高达 33.8%，从全国范围来看，这都是比较高的数字。2009 年，《教育部关于进一步做好中小学教师补充工作的通知》强调，"从 2009 年开始，各地中小学新任教师补充应全部采取公开招聘的办法，不得再以其他方式和途径自行聘用教师"。然而，直到 2019 年，全国教育统计数据显示，我国小学教职工中代课教师仍有 166 922 人，但仅占小学专任教师总人数（5 486 258）的 3.04%；全国小学代课教师占专任教师比例最高的省份是福建，达到了 10.51%[②]。即便如此，也远远低于山镇的 18.0%，更不用说包含劳务派遣教师在内更宽口径的 33.8%。可见，鉴于农村教师合格师资补充不足，义务教育学校教育发展迅速，各地不得不自行招聘临时代课教师。在国家统一政策实施的过程中，必然面临地方上多样性的挑战，教育治理如何在统一性与灵活性之间维持平衡成为地方政府的重要政治艺术[③]。如果无法有效和灵活执行国家关于不许自行聘用代课教师的政策，则会导致很多学校面临很多学科无人执教的局面，进而影响义务教育的普及与发展。所以，直到 2019 年，全国教育统计中也不得不列入"代课教师"这一类别。

---

① 因四舍五入存在误差，此处劳务派遣教师和代课教师的占比之和为 33.7%，与上文的 33.8%不一致，特此说明。

② 根据 2019 年教育部的"小学教职工数（总计）"教育统计数据(http://www.moe.gov.cn/jyb_sjzl/moe_560/jytjsj_2019/gd/202006/t20200610_464564.html)计算得出。

③ 沈洪成. 教育下乡：一个乡镇的教育治理实践[J]. 社会学研究, 2014(1): 90-115, 243-244.

二、山镇小学教师的自然特征

（一）"女进男退"：小学教师的性别结构

性别和年龄是教师的人口学特征，也是自然获得的身份，与教育无关，即便是教龄也更多与年龄相关。但在小学教师群体中，性别构成和年龄、教龄结构作为一种特征的集合，则会在一定意义上影响到教育事业的发展，值得关注。

据笔者统计，截至 2020 年，山镇小学有男教师 118 人，占教师总数的 29.9%；有女教师 276 人，占教师总数的 70.1%。2020 年全国教育统计数据显示，我国小学阶段女专任教师数占专任教师总数的比例为 70.59%[①]。张咏梅等在北京的调查显示，小学三年级女教师的人数约为男教师的 9 倍，且女教师所教班级的学业成绩显著高于男教师[②]。可见，山镇小学的教师性别比例和全国范围内教师队伍女性化的趋势是一致的。

所谓的教师队伍女性化，是指教师队伍中女性教师数量不断增加，导致教师性别结构以女性为主，即女教师比例明显高于男教师的现象[③]。我国中小学教师队伍性别结构的变化，其实质是"女进男退"的过程。"女进"是社会教育发展、教师职业性别标识化和传统性别角色分工共同影响的结果，"男退"是教师职业吸引力下滑和教师职业性别化的后果[④]。反过来，这种"女进男退"的格局又导致教师职业的社会认同和待遇都受到一定的影响。毕竟，在一些农村家长的观念里，小学老师和幼儿园老师就是"带孩子的"，是一种更适合女性的工作。在山镇，一些女教师选择教师职业是因为"不在乎钱，图个稳定"。相比之下，那些需要承担家庭重担的男性如果有更好的选择，则更有可能不会选择小学教师职业。另一个有趣的现象是，山镇的小学女教师在择偶时也不愿意选择同事，而是愿意选择在政府机关、医院、银行等单位工作且收入和社会地位更具优势的配偶。教师队伍女

① 2020 年教育部教育统计数据——各级各类学校女教师、女教职工数[EB/OL]. http://www.moe.gov.cn/jyb_sjzl/moe_560/2020/quanguo/202108/t20210831_556359.html. (2021-08-31).
② 张咏梅, 郝懿, 李美娟. 教师因素、学生因素对学生学业成绩影响的实证研究——基于大规模测验数据的多层线性模型分析[J]. 教师教育研究, 2012(4): 56-62.
③ 郑新蓉, 姚岩, 武晓伟. 重塑社会活力：性别图景中的乡村教师和学校[J]. 妇女研究论丛, 2017(1): 5-20.
④ 敖俊梅, 林玲. 中小学教师性别结构"女性化"的现状、成因与对策[J]. 民族教育研究, 2020(2): 54-62.

性化给学校的管理也带来了一定的压力，山镇的小学每年都有 10 多位老师因为休产假、保胎等原因而无法开展教学。如何优化农村小学教师的性别结构，适当地提高男教师的比例，是一个需要从理念、政策等方面综合施策的问题。

（二）"青黄不接"的年龄结构

合理的年龄结构组合是教师队伍稳步发展、新老交替的保障，也是提升教育质量的前提。合理的年龄组合，一方面能促进年轻教师学习到丰富的教学经验；另一方面也能促进老龄教师接受新理念、提升教学能力[1]。山镇小学教师的平均年龄为 37.75 岁，中位数为 36 岁。表 5-1 呈现了山镇小学教师各年龄段的人数分布及其与全国乡村教师和城市教师的年龄结构对比情况。

表 5-1　2020 年山镇小学教师年龄结构及其与全国整体情况的对比[2]

年龄段/岁	山镇教师数量/人	占山镇教师总数比例/%	全国乡村教师占比/%	全国城市教师占比/%
55—59	22	5.6	6.9	2.4
50—54	18	4.6	11.0	9.7
45—49	64	16.2	12.4	13.6
40—44	63	16.0	16.0	16.8
35—39	47	11.9	15.3	16.3
30—34	112	28.4	15.6	16.7
25—29	53	13.5	16.1	17.3
24 及以下	15	3.8	6.5	7.1

注：因四舍五入存在误差，部分数据和不为 100%，下同

由此可以看出，50—59 岁年龄段的全国城市教师所占比例（12.1%）远远低于全国乡村教师（17.9%），这反映出农村教师队伍老化情况比较严重。然而，山

---

① 赵丹. 教育均衡视角下农村教师资源配置的现实困境及改革对策——小规模和大规模学校的对比研究[J]. 华中师范大学学报(人文社会科学版), 2016(5): 156-163.

② 全国乡村教师与全国城市教师各年龄段人数占比数据是笔者根据 2020 年全国教育统计数据计算得出的，原始数据见 http://www.moe.gov.cn/jyb_sjzl/moe_560/2020/quanguo/202109/t20210902_557952.html, 本书将全国教育统计数据中的镇区教师和乡村教师统称为乡村教师。

镇这一年龄段教师比例（10.2%）低于全国乡村教师平均水平，这是一个可喜的现象。就 34 岁及以下小学年轻教师的比例而言，全国城市小学为 41.1%，全国农村小学为 38.2%，山镇为 45.7%。这些数据反映出山镇教师队伍的年龄结构是较为合理的，基本上与全国水平相当。尽管如此，在三所规模较小的村小——梁山小学、龙山小学、松山小学，高年龄段教师比例都偏高，年轻教师多为新进的劳务派遣教师，专业水平不尽如人意。2021 年 1 月笔者访谈时，松山小学一位时年 60 岁的胡老师说："我是 1983 年参加工作的民办教师，今年夏天就退休了，学校让我继续返聘代课，我肯定不干。再说，这个年龄的教师代课也是误人子弟，连多媒体都不会用。"高年龄段教师有较为丰富的教学经验，但是面临着教育技术使用和教育教学形式变革的压力，而他们也没有继续学习的愿望；新入职的年轻教师能够适应新技术和新形式的需要，视野开阔，但是教育教学经验不足。处于职业生涯最佳时期的中青年骨干教师则是数量最少的群体，所以，梁山小学邓校长在概括山镇小学教师队伍的情况时说："教师队伍到了青黄不接的地步。"

（三）"两头大、中间小"的教龄结构

如果结合教师工作年限来看，前引邓校长的话更容易理解。截至 2020 年 6 月，山镇小学 394 名教师的平均教龄是 13.55 年，中位数为 9 年。何齐宗和康琼对 13 056 名教师的调查显示，农村小学教师的平均教龄为 13.7 年[①]。山镇小学教师的教龄数据（表 5-2）与大规模调查的数据比较一致。

表 5-2　山镇小学教师的教龄

教龄/年	山镇教师数量/人	占山镇教师总数比例/%
30—41	37	9.3
20—29	132	33.5
10—19	18	4.6
6—9	38	9.6
4—5	45	11.4

---

① 何齐宗，康琼. 乡村小学教师教学胜任力的现状、问题与对策: 基于江西省的调查分析[J]. 中国教育学刊，2021(3): 82-86.

续表

教龄/年	山镇教师数量/人	占山镇教师总数比例/%
3	37	9.4
2	52	13.2
1	35	8.9

　　理论上来说，各教龄段的教师数量应是比较平均的，但是山镇小学教师的教龄分布差异非常大。教龄为10—19年的仅有18人，占教师总数的比例不到5%，这从侧面验证了前述2001—2010年朴县和山镇的在编教师补充数量极少，同一时期各类因素叠加导致教师流失较多：朴县每年都有进城考试，也就是采用择优选拔的方式选择一批教学成果优秀、年富力强的教师进入城区学校，山镇每年以这样的方式调离5人左右。21世纪初，农村教师工资待遇低，和城区学校、民办学校有很大差距，因此很多教师离职以进入本地或者外地的民办学校，或通过考研究生、公务员等方式离开教师队伍。据不完全统计，2010—2020年，山镇小学流失的成熟教师在50人以上，这导致教师队伍出现非常明显的断层。

　　在实践中，工作10年以上的教师恰恰是年富力强、经验丰富的骨干教师。由表5-2可知，山镇小学教龄在1—9年的年轻教师数量达到207人，占比超过50%，尤其是教龄在5年及以下的教师达到169人，占比为42.9%。从积极方面来看，山镇小学教师实现了年轻化，年轻教师有工作激情，也有后劲和发展潜力；但从消极方面来看，年轻教师过多，教师队伍的工作经验不足。有调查研究表明，教师的教学胜任力水平随着教龄的增长而不断提高，教龄在10年以下的教师教学胜任力水平最低，而教龄在30年以上的教师教学胜任力水平最高[①]。从山镇小学情况来看，2017—2020年补充的新教师多为劳务派遣教师和代课教师，这些教师的学历和专业水平与正规的师范毕业生相比还有较大差距。因此，近年来山镇小学教育教学质量较低也可以在一定程度上得到解释。同时，年轻教师聚集于某一年龄段，导致年轻教师在专业发展的机会（如职称晋升、评优评先等）方面竞争激烈，这也是教师反映较多的一个问题。

---

　　① 何齐宗，康琼. 乡村小学教师教学胜任力的现状、问题与对策：基于江西省的调查分析[J]. 中国教育学刊，2021(3): 82-86.

三、山镇小学教师的专业特征

（一）山镇小学教师的教师资格

教师资格制度作为职业资格制度的一种，是指一个国家对专门从事教育教学活动者所应具备的条件或身份的一种强制性规定，是对教师实行的一种特定的执业认定许可制度。教师资格证书除了可以确认教师所拥有的与教学有关的知能之外，还可以保障教师的社会地位与法律地位[①]。

山镇小学的 394 名老师中，344 人有教师资格证，占教师总数的 87.3%，另外 50 人无教师资格证（均为代课教师），占教师总数的 12.7%。2003 年，《国务院关于进一步加强农村教育工作的决定》明确要求："依法执行教师资格制度，全面推行教师聘任制。严格掌握教师资格认定条件，严禁聘用不具备教师资格的人员担任教师。"2009 年，《教育部关于进一步做好中小学教师补充工作的通知》也强调，"地方各级教育行政部门要依据《教师法》、《教师资格条例》有关规定，进一步完善并严格实施教师资格准入制度，严把教师入口关，保证新增教师质量。各地要切实落实教师'持证上岗'制度，将持有与教学岗位相应的教师资格证书作为教师招聘录用的前提条件和职务晋升的必要条件。严禁聘用不具备教师资格的人员担任专任教师"。然而，如同聘用劳务派遣教师和代课教师的原因一样，山镇的小学由于师资短缺，也不得不接受没有教师资格证的人员来学校代课。

对于持有教师资格证的教师来说，他们取得教师资格证的来源是复杂多样的。在山镇，一些老师所持有的教师资格证与现在所任教的学段、学科不完全匹配。例如，王老师是一所非师范类的职业技术学院物流管理专业毕业生，经过个人努力考取了小学数学学科的教师资格证，现在任教小学数学学科；还有一位老师持有初中生物的教师资格证，但因为初中教师编制考试较难，最终选择了小学英语教学工作。

既有文献对教师资格证与学生学业成绩之间的关系有不同的结论。

---

① 褚宏启等. 论教育法的精神——为了人的自由而全面的发展[M]. 北京: 教育科学出版社, 2013: 237.

Darling-Hammond 的研究发现，有教师资格证的教师所教学生的数学学业成绩更好[1]。陈纯槿和胡咏梅的研究发现，教师资格证对西部农村小学生的学业成绩没有影响，但对初中生的学业成绩有显著正向影响[2]。在山镇，就笔者的访谈结果来看，小学教师是否有教师资格证与学生的学业成绩并无明显的相关关系。有的教师没有教师资格证，但是其任教班级的考试成绩处于中等以上水平，甚至有的老师所任教班级的成绩排名前列。通过访谈细究其原因，可能有如下几个方面：第一，作为临时代课教师，为了保住这份工作，这些老师在工作上投入的时间和精力更多；第二，因为学校对临时代课教师有辞退机制，这些任教效果较好的老师是经过筛选后留下的，否则早已被清退了；第三，很多教师即便拥有教师资格证，实际上也并未受过师范专业的训练，因此，他们并不比没有教师资格证的教师更为专业。如果持有教师资格证的教师是受过师范专业训练的，那么其教学工作更为规范；而如果持有教师资格证的教师不是师范专业毕业生，没有受过师范专业训练，那么无论其有无教师资格证，教学效果差别不大。当然，即便是受过专业训练，也并不能代表其规范的教学更能提高学生的学习成绩。毕竟，对小学教师而言，教学效果更多地与态度和投入的时间有关。

（二）山镇小学教师的学历

教师职业作为一门专业，对学历有特定的要求。1993 年颁布的《中华人民共和国教师法》对不同学段的教师学历提出了明确要求，"取得小学教师资格，应当具备中等师范学校毕业及其以上学历"。《国家中长期教育改革和发展规划纲要（2010—2020 年）》明确指出，"提高教师任职学历标准"。相关研究表明，教师学历水平与学生学习之间存在一定的正相关关系，但当教师学历达到合格水平之后，教师学历则与学生考试成绩无显著的正相关关系[3]。也就是说，学历越高并不代表教学水平越好，教师的学历也并不会自动转化为学生的学业成绩。但邓业涛对国内教师队伍的研究表明，教师群体的最高学位对学生成绩有显著影响，小学教师

---

① Darling-Hammond L. Teacher quality and student achievement[J]. Education Policy Analysis Archives, 2008(8): 1.

② 陈纯槿, 胡咏梅. 西部农村中小学教师质量及其影响因素的实证分析[J]. 教师教育研究, 2011(3): 61-65.

③ 周思文. 农村初中教师质量与学生学业表现的相关性研究——以中国西北地区的贫困农村为例[D]. 西安: 陕西师范大学, 2017.

学历达标率对学科（尤其是数学和语文）成绩存在显著正向影响[①]。薛海平在甘肃的研究表明，具有大专及以上学历的教师，其数学教学质量显著高于中专学历的教师[②]。尽管现有研究统计的是最高学历，但是结合实际情况来看，笔者认为第一学历更能代表教师的学业成绩水平。

山镇小学教师入职时的初始学历情况如下：山镇小学年龄在 50 岁以上的教师基本上是由民办教师转正而来的教师，这些老师的初始学历以初中和高中居多，后来通过函授等方式获得中师文凭。年龄在 35—50 岁的教师学历基本上以中师和中专为主，这个年龄段的老师一般在 20 世纪 90 年代初中毕业，在那时的农村，初中毕业后直接读中师、中专是一个非常不错的选择，同时也说明这部分人读书时的学业成绩较好。年龄在 35 岁以下的年轻老师学历来源则非常丰富，有师范大学、师范学院毕业的师范生，有非师范专业毕业的本科生甚至是少量的研究生，但更多的是高等职业技术学院毕业的大专生。具体而言，山镇小学教师入职时的初始学历概况如表 5-3 所示。

表 5-3　山镇小学教师初始学历概况表

初始学历	人数/人	占山镇教师总数比例/%
硕士	1	0.3
本科	59	15.0
大专	140	35.5
中师（中师函授）	97	24.6
中专	40	10.2
高中	52	13.2
初中	5	1.3

山镇小学的很多教师在工作中通过自学考试、函授学习等各种方式进修，以提升自身学历。笔者访谈了 6 位老师，他们分别通过函授、专升本考试、自学考试等形式进修，从而将学历从中师水平提升到了大专或者本科水平。2020—2021年，山镇小学教师的最高学历水平情况如表 5-4 所示。据统计，2018 年，我国乡

---

① 邓业涛. 关于小学师资状况与教育质量关系的实证研究[D]. 北京：北京大学, 2005.
② 薛海平. 西部农村初中教师素质与教育质量关系的实证研究[J]. 教师教育研究, 2008(4): 55-60.

村小学教师中学历合格的专任教师的比例为 95.49%[①]。可见，山镇小学教师的学历水平普遍提高后，超过了国家对小学教师的学历要求，也高于全国小学教师学历的整体水平。

表 5-4　山镇小学教师最高学历概况表

最高学历	人数/人	占山镇教师总数比例/%
硕士	1	0.3
本科	230	58.4
大专	141	35.8
中师	4	1.0
中专	3	0.8
高中	14	3.6
初中	1	0.3

（三）山镇小学教师的职称

教师的职称是教师专业化的标志。1986 年，中央职称改革工作领导小组转发国家教育委员会《中学教师职务试行条例》《小学教师职务试行条例》《关于中小学教师职务试行条例的实施意见》等文件，对中小学教师职务的职责、任职条件、考核和评审程序做出了详细规定。自此，中小学教师队伍建立了职称体系，这"对调动广大中小学教师的积极性、提高中小学教师队伍整体素质、促进基础教育事业发展发挥了积极作用"[②]。2015 年，人力资源和社会保障部、教育部印发《关于深化中小学教师职称制度改革的指导意见》，对原有的中学和小学教师相互独立的职称（职务）制度体系进行改革，建立统一的中小学教师职务制度，教师职务分为初级职务、中级职务和高级职务。原中学教师职务系列与小学教师职务系列统一并入新设置的中小学教师职称（职务）系列。该指导意见还统一了职称（职

---

① 付卫东, 曾新. "十四五"时期我国乡村教师队伍建设: 主要形势与重点任务[J]. 中国电化教育, 2020(11): 119-124.

② 何东昌. 中华人民共和国重要教育文献(1949—1997)[A]. 海门: 海南出版社, 1998: 2439.

务）等级和名称，制定了新的《中小学教师水平评价基本标准条件》，作为中小学教师职称评审的重要基础和主要依据。该指导意见尤其强调要"综合考虑乡村小学和教学点实际，对农村教师予以适当倾斜，稳定和吸引优秀教师在边远贫困地区乡村小学和教学点任教"。

笔者根据 2020 年 6 月对山镇小学教师的统计分析得出山镇小学教师的职称情况，具体如下。

11 位教师为高级工一级职称，占教师总数的 2.8%。由于历史原因，这部分老师虽然从事教学工作，但是却为工人身份，所以遵照工人的职称系列。165 人无职称或未定职称，占教师总数的 41.9%。无职称的教师主要是代课教师和劳务派遣教师，还有入职第一年的在编教师以及三位普通工人身份的教师（没有评上高级工一级职称）。其他还有 1 人为幼儿园一级教师职称，62 人为小学二级教师职称，144 人为中小学一级教师职称，11 人为中小学高级教师职称。从数据对比中可见，山镇小学教师的职称结构不尽合理，主要体现在：小学高级职称教师的比例太低，而无职称和未定职称的教师比例过高。

职称评审是教师职业生涯中的大事。在山镇的小学里，对于初级职称而言，一般情况下，教师只要符合学历、教龄和担任班主任等基本条件，就可以评小学三级教师和小学二级教师。小学一级教师和小学高级教师的名额较少，山镇在 2020 年有 5 个晋升一级教师的名额，有 9 人申报；有 2 个竞争高级教师的名额，有 5 人申报。因此，职称评审的竞争非常激烈，符合基本条件的老师需要比拼教学业绩、教学竞赛获奖和科研成果，即一定级别的课题和论文获奖或发表。

以 2020 年为例，山镇小学教师职称评审的基本程序如下：①朴县教育局下发文件到山镇教办；②山镇教办将指标和要求传达到每一所小学；③学校组织教师个人申报，学校负责将符合条件的教师推荐到山镇教办；④山镇教办根据指标情况与教师的个人材料确定上报到教育局的名单和顺序；⑤朴县教育局组织评审后公示，公示结束后确定正式结果。在山镇小学的老师们看来，职称评审中，成果是重要的，但是更重要的是关系——和校长以及山镇教办领导的关系，因为让谁去参加教学比赛是由领导决定的，如果不给教师参加比赛的机会，则完全不可能获奖。但是在山镇教办的领导看来，不能晋升职称的老师在专业发展方面是存在问题的。在谈到这个问题时，山镇教办分管业务的邓副主任说："如果派你出去，和别的乡镇比，没有竞争力，为什么要推荐你去参加教学比赛，发论文也是靠老师个人的努力，有的老师只会抱怨没有关系，而不是和别人比努力的程度。"在职称晋升的过程中，老师们也是各自拿出自己的看家本领，报课题、发论文，积极参加比赛获奖，为自己的职称积分，力争在竞争中突出重围。

（四）山镇小学教师的任教学科与所学专业的匹配度

教师作为一种专业，需要在职前学习中进行专业知识积累和能力训练。然而，由于教师招聘的困难，很多农村学校并不能招聘到足够数量的师范生，又由于学校里的结构性缺编，很多老师不得不根据学校的需要而任教自己所学专业以外的学科。教师任教学科与所学专业相匹配是教学质量的重要保证，只有经过长期的正规教育和训练，教师对所学专业才具备坚实的理论、实践基础；反之，如果任教学科与所学专业不匹配，会因为对教学内容不熟悉导致授课时仅限于传递知识，而不能举一反三、融会贯通，难以达到预期效果[1]。研究表明，当教师任教学科与所学专业一致时，教师对学生学业成绩有显著的正向影响[2]。笔者统计了山镇小学教师任教学科与所学专业的情况，结果发现，山镇小学的所有教师中，任教学科与所学专业不匹配的有 173 人，占教师总数的 43.9%；任教学科与所学专业完全匹配的有 221 人，占教师总数的 56.1%。大量教师的任教学科与所学专业不匹配的主要原因有：其一，山镇小学教师中非师范专业毕业生较多，很多教师大学学习的是会计、电子信息等专业，但是因为就业困难或者喜欢教师职业，他们通过考试获得教师资格证，毕业后通过考编制、劳务派遣等方式从教，甚至成为临时代课老师。其二，一些老师虽然是师范专业毕业，但由于所学专业在小学没有合适的课程可以安排，只能任教与所学专业不一致的学科，例如，某位老师学习的是舞蹈专业，但在学校只能教美术；还有的老师在大学里学习的是体育、美术专业，但是因其所在学校的语文、数学等主课老师紧缺，只能安排其任教主科。

① 赵丹. 教育均衡视角下农村教师资源配置的现实困境及改革对策——小规模和大规模学校的对比研究[J]. 华中师范大学学报(人文社会科学版), 2016(5): 156-163.
② 谢敏, 辛涛, 李大伟. 教师资格和职业发展因素对学生数学成绩的影响: 一个跨文化比较[J]. 心理与行为研究, 2008(2): 124-129; 杨素红. 教师人力资本对学生学业成绩的影响——基于西部五省区农村初中的教育生产函数研究[J]. 2010 年中国教育经济学学术年会论文集, 2010: 1395-1408.

表 5-5 是黄山小学 29 位老师（1 人被借调）的性别、最高学历、任教学科、任教年级、大学所学专业等情况，可以看出，该校 29 名教师中，任教学科与所学专业不匹配的教师有 12 人，占 41.4%，这一数据与全镇的整体水平基本相当，其专业的分散程度可以代表全镇的整体水平。

表 5-5　黄山小学教师专业匹配状况表

序号	性别	最高学历	任教学科	任教年级	大学所学专业	任教学科与所学专业是否匹配
1	女	大专	语文	五年级	汉语言文学	是
2	女	本科	语文	六年级	汉语言文学（师范）	是
3	女	本科	语文、科学	三年级	汉语言文学教育	是
4	女	本科	语文	六年级	汉语言文学教育	是
5	女	专科	语文	六年级	会计	否
6	女	大专	语文	四年级	计算机辅助设计与制造	否
7	女	本科	语文	三年级	教育学（语文教育）	是
8	女	硕士研究生	英语	五年级	科学技术哲学	否
9	女	大专	语文	一年级	小学教育	是
10	女	大专	数学	四年级	汽车技术服务与营销	否
11	女	函授大专	语文	二年级	人力资源管理	否
12	女	大专	数学	六年级	食品药品监督管理	否
13	女	本科	数学	六年级	数学与应用数学	是
14	女	大专	数学	三年级	体育	否
15	女	大专	数学	一年级	体育教育	否
16	女	本科	语文	五年级	文化产业管理	否
17	女	本科	英语	四年级	小学教育	是
18	女	大专	数学	一年级	小学教育	是
19	女	大专	数学	四年级	小学教育	是
20	女	大专	数学	三年级	小学教育	是
21	女	大专	数学	二年级	小学教育	是
22	女	大专	数学	二年级	小学教育	是
23	女	大专	语文	四年级	小学教育	是

续表

序号	性别	最高学历	任教学科	任教年级	大学所学专业	任教学科与所学专业是否匹配
24	女	本科	科学	六年级	小学教育	是
25	女	本科	数学	六年级	行政管理	否
26	女	本科	语文	一年级	学前教育	否
27	女	大专	语文	六年级	学前教育	否
28	女	本科	英语	六年级	英语	是
29	女	本科	英语	三年级	英语教育	是

2009 年,《教育部关于进一步做好中小学教师补充工作的通知》强调,"要着力解决教师队伍结构性矛盾,重视英语、信息技术、艺术、体育、科学等紧缺学科教师的补充,以满足学校特别是农村学校开设课程的需要"。然而,很多农村学校甚至根本就没有音乐、体育、美术和英语教师。因为在编制紧张的条件下,农村学校不可能为了这些科目而专门占用教师编制,而是要首先保证考试科目任课老师的编制[1]。同样,在山镇的小学中,很多信息技术、艺术、体育教师会任教语文、数学、英语等主要学科,导致学校很少能开齐开足音乐课、美术课、体育课和信息技术课。在山镇调研时,笔者了解到多个此类案例:一位本科学历的美术老师从教后一直担任两个班级数学课的教学,虽然学生很喜欢她的美术课,但她没有机会教美术,因此她只能在每周一次的社团课上教部分学生绘画。另一位本科专业为信息技术专业的老师已经任教了 10 年左右的英语课,她坦陈,自己没有受到过专业的英语训练,口语发音不好,所以上课的时候只能让学生听录音,而很少自己读英语给学生听。李老师本来是在另一个城市教初中生物的老师,因为结婚要回老家,所以调到了山镇中心校,但是学校并不安排她任教与生物相关的科学学科,而是让她教英语,开学一周了,她没有在课堂上说过一句英语,而是给学生听课堂教学配套录音,最后引起了家长的投诉。因为师资紧缺,山镇的小学难以开齐开足艺术类课程,导致农村小学生难以像城市孩子那样享受艺术的熏陶,难以接受合格的英语教育和信息技术教育,在今后的学习和升学竞争中乃至日常生活中可能处于不利地位。

改革开放以来,国家一直积极通过一系列的政策推进农村中小学教师队伍建

---

[1] 苏婷. 农村教育发展待解教师编制之困[N]. 中国教育报, 2009-04-08(第 2 版).

设，提高教师待遇，扩大教师规模，提升教师质量。从山镇小学这样最基层的乡镇小学来看，这些政策的实施效果并不尽如人意。由于各种各样的原因，山镇小学教师的队伍建设水平距离国家政策的要求，以及人民群众对优质教育的要求还有一定的差距。

第三节　山镇小学教师的流失与留任

一、山镇小学教师的流失现状

随着城市化的推进，人力、资本等发展要素在城市加速集聚，农村学校面临着更加严峻的形势，教师队伍的稳定和质量受到了极大的冲击。农村中小学尤其是经济欠发达的农村中小学教师离开农村学校进城工作或者是到发达地区学校工作，甚至是离开教育系统从事其他行业，由此造成农村中小学教师流失。在一项针对 6442 名乡村青年教师进行的调查中，有高达 81.17%的教师表示有离开农村学校的意愿，仅有 18.83%的教师表示愿意留任[1]。农村教师"留不住"是一个严重的问题。2010 年以来，关于山镇小学教师的流失并无官方数字，我们只能根据对具体小学的访谈得知其概况。以山镇中心校为例，2019—2021 年，教师共流失14 人。其中，2021 年，山镇中心校教师调离 6 人，教师流失后的去向分为三类。

第一类，4 人参加县城城区学校选调考试进入城区小学工作，其中语文 2 人，数学和英语学科各 1 人。2021 年，朴县在各乡镇中心校选拔教师 100 人，俗称"进城考"，其中小学岗位 50 人，初中岗位 50 人，每镇限选调 4 人。通过竞争激烈的笔试和面试进行选拔，县教育局将农村中小学优秀教师选拔进城区教育局直属学

① 朱秀红，刘善槐. 乡村青年教师的流动意愿与稳定政策研究——基于个人–环境匹配理论的分析视角[J]. 教育发展研究, 2019(20): 37-46.

校。这类明显地剥夺农村教育资源的现象已经存续很多年，山镇很多符合条件的小学教师都孜孜不倦地复习迎考，并将此视为改善自己和家人生活条件尤其是孩子受教育条件的重要机会。

第二类，1 人参加发达地区的教师招聘考试，调到江苏苏州的学校。由于经济社会发展的差距，山镇与苏州这样的经济相对发达地区的教师待遇差距较大，按总年收入计算，苏州及其下属各县级市教师的年收入约是山镇教师的 2—3 倍。因此，山镇一些有想法的尤其是在发达地区高校毕业的青年教师"志不在此（地）"，他们会与大学同学联系，寻求各类应聘、考编的机会，考取发达地区公办学校的编制，甚至是到这些地方的民办学校工作，离开山镇。

第三类，1 人为外省籍，参加户籍所在地教师招聘考试，调回原籍。关于此事，山镇教办盛主任说，"近年来全县新招聘的教师，1/3 为邻省的师范毕业生，这些教师在这里工作两三年，初步成为合格的教师，再回去参加当地教师招聘考试，当地对这些人采取从优政策，只要面试而不用笔试，所以只要是回去的教师几乎都能被录用，这等于是我们在变相地为邻省培养成熟教师，但我们本地的很多师范毕业生考不了编制。我们应该制定政策，向发达地区的一些城市学习，实行地方保护主义，规定只能本地的毕业生参加教师招聘考试，这样既能解决本地学生就业问题，又能保证教师队伍稳定"。2022 年初，朴县教育局终于出台了相应政策，吸引在外地任教的朴县籍师范专业毕业生回乡任教。

二、农村小学教师留任意愿调查研究

因为教师流失后很难对其进行追踪研究，所以研究在职教师的留任意愿，成为预测教师是否流失的重要指标。我们设计了"乡村小学新教师的胜任力与留任意愿调查问卷"对教师留任意愿进行了调查。除了教师的背景信息和留任意愿外，我们还调查了教师对学校环境、学校氛围、学校专业发展支持的感受。为了扩大样本量，除了在山镇发放问卷外，我们还在朴县的其他乡镇收集了数据，同时结合山镇小学教师的访谈资料，探讨了影响农村小学教师留任的因素。综上，我们以山镇为中心对农村小学教师留任意愿进行了考察，并着重从学校管理的角度分析了农村小学教师留任意愿的影响因素。

国际调查显示，新任教师入职后的前 5 年离任率最高，达 15%—50%，教师在入职后的前 5 年流失是一个全球性问题[1]，因此任职的前 5 年被认为是影响教师发展与留任的关键时期。在职业生涯的前 5 年，教师在课程规划、文化多样性、差异化等关键领域越能获得结构性支持和专业发展，那么他们留任的可能性就越大[2]。因此，我们将教龄在 5 年内的农村小学新任教师的留任意愿作为分析对象，并且收集了 5 年以上教龄教师的数据作为参照。我们借鉴 ERG 理论，探究学校管理对新任教师生存（existence）、关系（relatedness）和成长（growth）三方面的需求满足如何影响其留任意愿。学校环境指向新任教师的生存需要，学校氛围指向其关系需要，专业发展指向其成长需要，教师对学校环境、专业发展和学校氛围的满意度评价从整体上反映学校的管理水平（图 5-1）。学校环境，包括新任教师对学校的生活环境、工作环境以及管理制度的满意度；学校氛围，包括新任教师对学校为其营造的教师群体文化、团队关怀和上下级关系的满意度；专业发展，包括新任教师对学校为其提供的校内教研、校外培训和师徒制的满意度。这三个维度共包括生活环境、工作环境、管理制度、教师群体文化、团队关怀、上下级关系、校内教研、校外培训和师徒制 9 个变量。

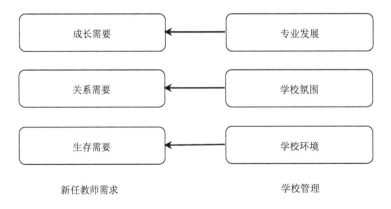

图 5-1　新任教师需求的理论框架

---

① Whalen C, Majocha E, van Nuland S. Novice teacher challenges and promoting novice teacher retention in Canada[J]. European Journal of Teacher Education, 2019(5): 591-607.

② Reitman G C, Karge B D. Investing in teacher support leads to teacher retention: Six supports administrators should consider for new teachers[J]. Multicultural Education, 2019(1): 7-18.

参与调研的 598 名农村小学教师的基本特征如表 5-6 所示。问卷调查结果显示，农村教师的留任意愿不高，愿意留任 5 年以上的教师有 278 人，占 46.5%；不愿意留任的和愿意留任 1 年内的教师均为 37 人，各占 6.2%，愿意留任 1—3 年和 3—5 年的教师分别有 114 人（19.1%）和 132 人（22.1%）。

表 5-6　农村小学教师描述性统计

变量		人数/人	占比/%	变量		人数/人	占比/%
性别	男	128	21.4	最高学历	中专	20	3.3
	女	470	78.6		大专	122	20.4
年龄	20—22 岁	29	4.8		本科	453	75.8
	23—25 岁	87	14.5		硕士	3	0.5
	26—28 岁	84	14.0	职称	无职称	149	24.9
	29—31 岁	93	15.6		三级	4	0.7
	32—34 岁	80	13.4		二级	244	40.8
	35 岁及以上	225	37.6		一级	159	26.6
教龄	1 年	62	10.4		高级	42	7.0
	2 年	78	13.0	留任意愿	不愿意	37	6.2
	3 年	96	16.1		1 年	37	6.2
	4 年	49	8.2		1—3 年	114	19.1
	5 年及以上	313	52.3		3—5 年	132	22.1
毕业院校	师范	445	74.4		5 年以上	278	46.5
	非师范	153	25.6	户口所在地	本村	77	12.9
班主任	是	329	55.0		本镇	169	28.3
	否	269	45.0		本县	113	18.9
职位	普通教师	517	86.5		本市	191	31.9
	中层干部	53	8.9		本省	27	4.5
	校级领导	28	4.7		外省	21	3.5

对所有变量进行相关分析，结果见表 5-7。在未设置控制变量的情况下，代表学校管理因素的 9 个变量和人口学变量中的教师性别、年龄、教龄、毕业院校、

职称变量与农村小学教师留任意愿存在显著的相关关系，最高学历和是否担任班主任变量与农村小学教师留任意愿不存在显著的相关关系。在以教师的人口学变量为控制变量的情况下，代表学校管理因素的 9 个变量与农村小学教师留任意愿仍然存在显著的相关关系。可见，自变量与因变量选定合理，满足建模时变量间存在显著相关关系的前提。

表 5-7　教师留任意愿与学校管理要素和人口学变量的相关性

变量	未设置控制变量		设置控制变量	
	r	p	r	p
生活环境	0.222***	0.000	0.213***	0.000
工作环境	0.259***	0.000	0.248***	0.000
管理制度	0.237***	0.000	0.213***	0.000
教师群体文化	0.215***	0.000	0.210***	0.000
团队关怀	0.193***	0.000	0.204***	0.000
上下级关系	0.140**	0.001	0.146***	0.000
校内教研	0.177***	0.000	0.181***	0.000
校外培训	0.145***	0.000	0.156***	0.000
师徒制	0.089*	0.029	0.115**	0.005
性别	−0.184***	0.000		
年龄	0.326***	0.000		
教龄	0.225***	0.000		
毕业院校	−0.124**	0.002		
最高学历	−0.065	0.113		
职称	−0.154***	0.000		
是否担任班主任	0.060	0.141		

注：*表示 $p<0.05$，**表示 $p<0.01$，***表示 $p<0.001$，下同

将作为因变量的农村小学教师留任意愿设置为二分类变量，即"愿意"（5 年以上）与"不愿意"（5 年以内），采用二元 Logistic 回归模型进行分析。以教师对学校环境、学校氛围和专业发展三个维度下各指标的评价为核心自变量，由于人口学变量中的性别、年龄、教龄、毕业院校和职称变量与农村小学教师留任意愿

存在显著的相关关系，将它们作为控制变量加入模型中。

我们分别研究学校环境、学校氛围、专业发展三个维度下各变量对教师留任意愿的影响。每个学校管理变量前面的系数表示该学校管理因素与农村小学教师留任意愿是否具有显著的相关关系以及相关系数的大小。

模型 1 显示，学校环境中的工作环境和管理制度变量对农村小学教师留任意愿具有显著的正向影响（工作环境：β=0.521，$p<0.001$；管理制度：β=0.538，$p<0.001$），表明农村小学教师对学校的工作环境和管理制度越满意，留任意愿越强。模型 2 显示，学校氛围中的教师群体文化变量对农村小学教师留任意愿具有显著的正向影响（β=0.588，$p<0.01$），表明农村小学教师对其学校中群体文化的满意度越高，留任意愿越强。模型 3 显示，专业发展中的校内教研变量对农村小学教师留任意愿具有显著的正向影响（β=0.540，$p<0.01$），表明农村小学中校内教研的机会越多，教师的留任意愿越强（表 5-8）。观察人口学变量与农村小学教师留任意愿的相关系数可以发现，在三个模型中，年龄对农村小学教师留任意愿均存在显著的正向影响，教师的年龄越大，留任意愿越强；在模型 2 和模型 3 中，户口所在地变量对农村小学教师留任意愿存在显著的负向影响，教师的户籍所在地距离学校越远，其越不愿意留任；在模型 1 中，毕业于师范院校与非师范院校教师的留任意愿存在显著差异，毕业于师范院校的教师留任意愿更强。

表 5-8　二元 Logistic 回归结果

项目		模型 1		模型 2		模型 3	
		β	SE	β	SE	β	SE
学校环境	生活环境	0.221	0.212				
	工作环境	0.521***	0.200				
	管理制度	0.538***	0.202				
学校氛围	教师群体文化			0.588**	0.262		
	团队关怀			0.343	0.238		
	上下级关系			0.136	0.159		
专业发展	校内教研					0.540**	0.194
	校外培训					0.232	0.174
	师徒制					0.041	0.141

续表

项目		模型 1		模型 2		模型 3	
		β	SE	β	SE	β	SE
人口学变量	性别	−0.355	0.257	−0.393	0.256	−0.402	0.253
	年龄	0.403***	0.085	0.426***	0.084	0.435***	0.084
	教龄	−0.098	0.100	−0.108	0.100	−0.115	0.099
	户口所在地	−0.145	0.076	−0.185**	0.075	−0.183**	0.074
	毕业院校	−0.509**	0.243	−0.452	0.240	−0.453	0.236
	职位	0.079	0.215	0.057	0.211	0.016	0.211
	职称	0.054	0.107	0.029	0.106	0.040	0.104
常量		−5.082***	1.155	−4.297***	1.139	−3.162**	1.024

三、影响农村小学教师留任意愿的因素分析

（一）教师管理政策对教师流失与留任的影响

尽管各级政府的文件都强调要创造条件让乡村教师"进得来，留得下"，但是基层教育行政部门往往会根据区域内教育发展的政策偏好制定吸引乡村教师的政策。有研究表明，不合理的教师调配政策和补充方式是导致农村教师流失与稀缺的政策性诱因[①]。在山镇，教师的流失也是影响小学教师队伍建设和教育质量的重要原因之一。多年以来，朴县教育局每年都会组织农村教师"进城考"，从乡镇中小学选调优秀教师进入城区学校任教，2020 年从乡镇中小学选拔 60 名工作三年以上的在编在岗教师进城，其中小学教师 30 人；2021 年从农村中小学选调 100 名工作三年以上的在编在岗教师进城，其中小学教师 50 人。前已述及，山镇中心校在 2021 年就有 4 名教师以这样的方式被调进县城学校。这样的政策导向和实践成为一个重要的杠杆，让乡镇中小学的成熟教师、优秀教师无法安心留在农村学校。笔者调研时认识的多位符合条件的老师都在积极准备"进城考"，因而无法安

[①] 赵丹. 教育均衡视角下农村教师资源配置的现实困境及改革对策——小规模和大规模学校的对比研究[J]. 华中师范大学学报(人文社会科学版), 2016, 55(5): 156-163.

心于当前所在学校的教育教学工作。但是，笔者在访谈一些中年骨干教师时发现，他们对此政策和教师的选择都表示理解。一位老师在和笔者交流这一问题时，用书面材料较为系统地表达了她的观点：

> 从学校层面考虑，学校肯定会流失一些优秀教师。农村学校的教师编制也很紧张，也不愿意看到教师流失，但是每年都会有新教师公开招聘，农村学校都会进入新教师。县教育局为保障原学校正常教学，每镇同一学科限调1人，不会对农村学校造成太大的影响。加上近两年城区部分学校缺编，从在农村工作满5年的教师中选调符合条件的教师，也是根据当地教师分配问题采取的正确举措和手段。从教师个人层面考虑，不管是进入朴县县城、市区还是其他发达地区，对于教师本人都是新的起点，也是个人更好的发展和成长机会。其中还有最主要的原因，作为职业女性和母亲，尤其是女教师，要想家庭和事业兼顾，使两者达到平衡，真的很难，也是值得思考的课题。家庭稳定才是保证工作稳定的前提，家和工作单位分隔两地的女教师，不管是心理、身体还是工作方面都需要付出更多，从这个层面考虑，在编在岗女教师选择再次进城考试，也是无奈之下的正确抉择。大多数大学刚毕业的新教师和中青年教师的家都在县城，想进城工作兼照顾孩子是所有女教师的真实需求，同时她们也可以将更多的精力投入到教育教学工作和自身学习方面，这也在情理之中，是可以理解的。

（二）待遇和生活环境对教师流失与留任的影响

一般认为，影响农村教师留任与否的因素是工资待遇，因此，提升以薪资待遇为主的物质条件对农村教师留任有重要影响。研究表明，义务教育教师的工资越低，其流动意愿越强，倾向于从落后地区、薄弱学校流出[①]。《乡村教师支持计划（2015—2020年）》实施以来，通过提高工资和津贴补助、定向培养、荣誉制度等政策，乡村教师的发展在来源渠道、工作生活待遇、职业发展路径方面取得

---

① 赵忠平，秦玉友. 谁更想离开?——机会成本与义务教育教师流动意向的实证研究[J]. 教育与经济，2016(1): 53-62.

了初步成效①。就工资待遇而言,山镇小学教师的工资与城区教师执行相同的标准,除此之外,农村小学教师每月有 300 元的农村补贴。当然,老师们普遍认为城区学校教师的福利待遇更好,如年终绩效、节日福利等都远远高于农村学校教师,所以很多老师表示有可能的话还是愿意去城区学校工作。

随着收入水平的提高,提高农村教师的工资收入和待遇等货币性激励政策并非影响教师留任的首要因素,家庭生活需要成为重要因素②。当下的农村小学教师更看重的是家庭生活的质量,如城区的文化体育设施、休闲购物、就医条件和子女的就学条件,对家中老人、配偶和孩子的照顾与陪伴等。一位已经结婚并且有个 1 岁左右孩子的年轻女教师谈到自己生活与工作的矛盾时说:

> 我家住在城里,早上来上班需要开 30 多分钟的车,我很早就要起来了,孩子还在睡觉我就要出门,我一关门还经常把孩子吵醒了,孩子爸爸又得起来哄孩子睡觉。有时候加班到很晚,再开 30 多分钟的车回到家,孩子都睡着了。家里人对我每天来回跑有很大意见,让我想办法调到城里去工作,这样每天就不用那么辛苦,也方便照顾孩子。

2020 年,教育部等六部门印发《关于加强新时代乡村教师队伍建设的意见》,提出,"丰富精神文化生活。在保障教育教学的情况下,组织青年教师参加乡村各种文化活动,主动融入当地百姓生活"。大学刚毕业的青年教师很少有乡村社会生活的经验,也很少有主动融入乡村社会的积极性,他们更习惯于县城的物质与文化生活。山镇中心校的一位年轻女教师,在工作的第一年,父母就为其购置了汽车,每天往返于县城与山镇之间。尽管山镇教办为其提供了三年的青年教工周转房,但她下班后还是更愿意回到县城的家中。即使是在山镇工作多年的本地教师,在乡村有房屋,他们也会在镇上另外购房,同时在县城购买商品房。许多老师虽然本人在山镇的小学教书,但是他们把自己的孩子送进县城的中小学就读。以黄山小学为例,学校 32 位教师中,有 21 位教师在县城居住,并且他们的子女都在县城学校就读,还有 3 位老师居住在山镇镇区。全校小学中仅有几位年龄较大的

① 付卫东, 范先佐.《乡村教师支持计划》实施的成效、问题及对策——基于中西部 6 省 12 县(区)120 余所农村中小学的调查[J]. 华中师范大学学报(人文社会科学版), 2018(1): 163-173.
② 赵新亮. 提高工资收入能否留住乡村教师——基于五省乡村教师流动意愿的调查[J]. 教育研究, 2019, 40(10): 132-142.

教师依然居住在村里，因为他们的家里还在种田。尽管很多老师认为城区的学校工作压力更大，但这样的居住条件和生活空间的变化，使得山镇的老师们为了改善自己的生活环境而愿意离开农村小学。

对于新入职的教师而言，尤其是家在外地的新教师，是否有较好的住宿条件，是影响他们留任的原因之一。《乡村教师支持计划（2015—2020年）》专门强调了乡村教师的住宿问题："加快实施边远艰苦地区乡村学校教师周转宿舍建设。各地要按规定将符合条件的乡村教师住房纳入当地住房保障范围，统筹予以解决。"但是这里的周转宿舍仅针对边远艰苦地区的乡村学校，山镇所在地为经济较发达的省份，显然不属于边远艰苦地区。为了改善教师生活条件，山镇教办出资，从2018年起租用山镇高中家属区6套商品房，将其改造为青年教师宿舍，每套房分配给4位教师合住，共解决了24位青年教师的住房问题。宿舍里配有热水器、空调、厨具、网络等必备设施，小学教师能以每月300元的房租居住3年，这极大地缓解了青年教师的住房压力。调查显示，尽管每天需要单程骑电动车15—30分钟往返于学校和宿舍，但是住进周转房的老师都对这一政策比较满意。然而，周转房数量毕竟有限，能够分配到住房的教师比例较低，这一政策的覆盖面还有待进一步扩大。

（三）工作条件对教师流失与留任的影响

我们的实证研究结果显示，与教师的生活条件相比，学校环境因素中对新任教师留任意愿影响较大的是其对工作环境的满意度。山镇小学的新任教师基本上是在大城市接受的本科教育，在大学四年适应了城市生活，他们在城市学校实习也见识到了较好的办学条件。回到乡村后，农村小学的配置难免会让他们不自觉地与在城市担任教师的同学所处的工作环境进行比较。尽管近些年来对农村学校建设和教师薪酬补贴的投入不断加大，学校办公条件等得到了一定改善，但是与城市学校之间的差距依然存在，在城市接受了现代信息化、网络化职业培养的新任教师仍然难以适应，趋于流向城市以追求更好的教学环境。一些新入职教师往往会拿山镇小学的条件与自己原来在城市实习学校的条件进行对比。笔者在山镇小学调研时也发现，教师办公室的布置非常简单，一间教师办公室里只有桌椅，有一台公用的电脑，未连接打印机。老师们日常的办公主要是纸笔作业，打印材料需要教导主任授权领取。冬天的时候，教师办公室没有空调，靠电暖器取暖。教室里则既没有空调，也没有取暖器，教室的门并不能关紧，寒风很容易吹进教室。在这样的工作环境下，山镇的小学教师凭借着对工作的热爱和奉献精神坚守于此。但是，一旦有了更好的条件，一部分老师很有可能会选择离开。

（四）学校管理对教师流失与留任的影响

从学校层面来看，学校是教师最直接的管理机构和工作场所，学校内部管理质量在很大程度上决定了一所学校的发展前景。学校管理制度、学校文化、学校变革是发展和服务一支教师队伍的重要保障，对教师的工作有着极大的影响。农村学校的治理水平直接影响到教师队伍的稳定，不少教师会因为"教师评价问题""学校领导管理方式""学校领导管理水平""教学风气"而调动或改行[1]。部分学校领导认为"没压力就没有动力"，习惯给年富力强的新入职教师加任务、压担子，给他们安排超负荷的工作量[2]。学校领导应该给予教师更多的行政支持而不是行政压力，积极健康的学校氛围能够降低农村教师的流失率[3]。新任教师在校内资源分配中往往处于不利地位，付出与收益不成正比的情况令新任教师职业懈怠[4]。新任教师资历尚浅，在很大程度上属于被管理者和任务执行者，其发表意见和参与决策的权利很难得到尊重，这往往会导致新任教师对学校管理制度不再抱有过高期望，更多的是默认并接受。一位年轻女教师就改进学校氛围提出了自己的期望：

> 我希望学校领导可以多站在我们年轻老师的角度想问题，考虑一下老师们的身心健康。年轻老师的教学任务本来就非常重，不得不参加的事务还不少，实在有事缺席了还要挨领导批评。有些事情可以商量着来，

① 王艳玲, 吕游, 杨菁. 西南地区乡村教师流动及流失意愿的影响因素分析——基于对云南省昆明市 3 区县 1047 位教师的调查[J]. 教师发展研究, 2017(4): 7-14.
② 杨宝忠, 孟晶, 杨思垠. 基于乡村新任教师专业发展需求的学校支持研究[J]. 中小学教师培训, 2016(12): 1-5.
③ 代蕊华, 郭志懋. 什么样的学校教师流失率更高?[J]. 教师教育研究, 2020, 32(5): 46-53.
④ 梁茜. 农村初任教师情感劳动的动因、过程及影响因素——基于对 11 位农村初任教师的访谈研究[J]. 教师教育研究, 2019, 31(2): 75-83.

管得太严格反而可能对年轻老师产生负面影响。毕竟谁都会有做错事的时候，希望学校领导能对年轻老师多一些包容。

在山镇的小学里，学校内部管理并未形成规范的制度体系，很多时候还仅是依赖于校长个人的经验与对事情的态度，并未能真正地听取教师意见。较低的教育质量及其背后的学校管理水平和家校合作等多方面的压力也在一定程度上让农村小学教师难以对学校的组织管理形成归属感和认同感，进而降低了他们的留任意愿。

学校氛围对教师有着潜移默化的影响，积极、支持性的文化氛围能够使教师感受到人文关怀和安全感，激发教师的积极性、主动性[①]。笔者所做的问卷分析结果显示，团队关怀变量对农村小学新任教师的留任意愿有显著影响。我们在访谈中发现，一部分新任教师对目前的农村学校氛围有诸多不满，同时又怀有一定期望；部分教师对学校氛围抱着无所谓的态度，作为同龄人的新任教师之间建立了较为亲密的关系，同龄人之间的关怀与帮助是他们极其重要的需要，而与领导或老教师的联系主要集中在工作方面。徐志勇和张东娇基于851位教师数据的实证研究发现，教师的学校文化认同、学校文化氛围能够有效提升教师的内在满意度，使得教师感受到尊重，获得快乐和成就感，并增强教师工作的稳定性[②]。而山镇的小学相对缺乏浓郁的相互关心的人际环境和有利于团队合作的良好氛围，使得新任教师难以建立良好的人际关系，从而更加关注个人的生活与成长需要。

第四节　山镇小学的教师专业发展

有好教师才有好学校、好教育，教师的素养决定着学校的教育教学质量。农

---

① 贺文洁，李琼，穆洪华. 学校文化氛围对乡村教师工作满意度的影响：教师能动性的中介作用[J]. 教师教育研究, 2018, 30(3): 39-45.

② 徐志勇，张东娇. 学校文化认同、组织文化氛围与教师满意度对学校效能的影响效应：基于结构方程模型(SEM)的实证研究[J]. 教育学报, 2011(5): 116-128.

村教师专业发展水平关系到学校的发展，甚至在一定程度上决定着乡村振兴的成败。改革开放以来，国家和教育行政部门注重通过教师培训提升教师专业发展水平，但受城乡发展不平衡、学校办学条件历史欠账多等因素的影响，当前农村教师队伍仍面临整体素质不高等突出问题，制约了农村教育高质量发展。在农村学校的调查中，学校管理者普遍反映制约学校教育教学质量提升、学校整体改革与发展的主要因素是教师队伍的素质。我们将结合山镇小学教师专业发展的实证资料，探讨农村中小学教师专业发展的状况、制约因素和改善路径。

一、教师专业发展内涵与影响因素的文献述评

1966 年，国际劳工组织和联合国教科文组织在巴黎会议上通过的《关于教师地位的建议》中提出：教师工作应被视为一种专业，它是一种要求教师经过严格训练而持续不断地学习研究，才能获得并保持专业知识和技能的公共业务[1]。教师作为一种专业存在，教师专业化、教师专业发展成为教育研究与实践中最重要的概念之一。教师专业发展是教师个人在教师专业生活中成长的过程，包括意识和信心的增强、教学技能的提高，以及各种知识的不断更新、拓宽和深化[2]。卢乃桂和操太圣指出，教师个体内在专业特性的提升，教师个体的专业知识、专业技能、专业情意、专业价值观、专业发展意识等方面由低到高发展，逐渐符合教师专业人员标准的过程称为教师专业发展[3]。连榕将教师专业发展定义为教师个体专业不断发展的历程，是教师不断接受新知识、增长专业能力的过程[4]。有学者则注意到在中国语境下，教师专业发展还涉及外部利益与资源，从而将教师专业发展分为教师追求"外在"的职称、学历、荣誉等的提升，以及追求"内在"的专业理念与师德、专业知识、专业能力等素质的提高[5]。笔者认为，在现

① 全国十二所重点师范大学联合编写. 教育学基础[M]. 北京: 教育科学出版社, 2002: 116.
② 柳立言, 张会庆, 闫寒冰. 智能时代乡村教师专业发展的困境、机遇和实践路径[J]. 中国电化教育, 2021(10): 105-112.
③ 卢乃桂, 操太圣. 中国教师的专业发展与变迁[M]. 北京: 教育科学出版社, 2009: 4.
④ 连榕. 教师专业发展[M]. 2 版. 北京: 高等教育出版社, 2019: 7.
⑤ 邓涛, 李燕. 专业发展空间对教师职业幸福感的影响: 基于有调节的中介模型[J]. 现代教育管理, 2021(9): 81-89.

实的教师政策背景下，将教师专业发展分为外在"形式"发展与内在"实质"提升是符合教师队伍建设与管理实际的，在教师专业发展实践中具有可操作性。教师"外在"的职称、学历、荣誉等的提升更多需要农村教师政策的特殊支持，如当前教师职务聘任和特级教师的评比标准等规定了农村教师的指标与比例，这些年很多农村中小学教师受惠于此，甚至比他们在城市学校的同行更早地晋升为高级职称教师。

与对教师专业发展"外在"的政策支持相比，在"内在"的专业理念与师德、专业知识和专业能力等素质的提高方面，虽然这些年来相关政策一直在努力推动教师专业发展，各地通过全员培训、顶岗置换、网络研修、送教下乡、专家指导、校本研修等路径促进教师专业发展，但并没有达到预期效果，"教不好"现象在农村学校仍不同程度地存在着[①]。学者们从不同维度总结了农村教师专业发展的困境及其产生的原因：农村文化生态变化导致农村教师专业发展意识淡薄；农村教师本体知识陈旧且研修内容与实际工作脱节；农村教师工学之间存在突出矛盾；城乡教育资源配置不均彰显专业发展机制不完善[②]。也有学者重点考察了农村教师的文化观念对其专业发展的影响，诸如乡土知识的匮乏等导致教师专业发展内生能力的缺失[③]。农村教师学习的物质文化匮乏、制度僵化也是制约农村教师专业发展的重要因素[④]。从学校管理的角度看，教师很难从其他教育者那里获得丰富、有用的专业发展资源，如名师工作坊很难在乡村学校建立，校本教研难以得到专家学者的支持，而农村学校校长将主要精力放在校园安全、教育教学上，将教师专业发展放到次要地位，很少为教师获取专业发展搭建传递信息与资源的桥梁[⑤]。这些在全国层面或理论层面对农村教师专业发展进行的研究所得出的结论很大程度上也适用于山镇的小学教师。

① 朱沛雨. 嵌入性理论视角下乡村教师专业发展路径研究[J]. 成都师范学院学报, 2021(9): 29-35.
② 柳立言, 张会庆, 闫寒冰. 智能时代乡村教师专业发展的困境、机遇和实践路径[J]. 中国电化教育, 2021(10): 105-112.
③ 吴云鹏. 乡村振兴视野下乡村教师专业发展的困境与突围[J]. 华南师范大学学报(社会科学版), 2021(1): 81-89.
④ 肖正德. 乡村教师学习文化的问题与重构[J]. 教育发展研究, 2013(4): 43-47.
⑤ 朱沛雨. 嵌入性理论视角下乡村教师专业发展路径研究[J]. 成都师范学院学报, 2021(9): 29-35.

二、山镇小学教师专业发展的方式

2021 年 11 月，笔者到山镇调研时，盛主任颇为高兴地告诉笔者，在各种教师比赛中，山镇的小学教师业绩尤其突出。例如，在工作第一年的定向公费师范生教学比赛中，朴县共设 8 个一等奖和 12 个二等奖，山镇的小学教师中共有 5 位符合条件的老师参赛，最终一等奖、二等奖获得者各 2 人，这样的成绩在全市表现最佳。这些成绩的获得说明近年来山镇在教师培训方面取得了很好的成效。近年来，山镇教办积极组织教师专业发展的各类活动，建设专业发展平台，为教师发展提供支持，主要有如下几种形式。

（一）省市组织的高校培训

盛主任主持山镇教办工作后，大力支持教师外出学习。以 2018—2021 年为例，尽管其间受新冠疫情影响，外出交流不是非常便利，但是这三年来还是有很多教师走出学校，到省内各大城市以及杭州、上海等地学习者有 40 余人次，参与高校和教育研究机构等组织的关于校长专业发展、教师教科研能力、教学技能提升等方面的培训和班主任技能大赛、教师基本功大赛等竞赛，山镇教办为此投入的交通、食宿经费合计有 9 万余元。对于山镇的小学教育而言，这是一笔不菲的开支。例如，邓副主任和其他老师也参与了"省级千人培训计划""省教育书法协会年会""市级长课文教学专题""市级小学数学教学研究""市级英语课堂戏剧展演""市级小学科学思维与创新能力培养"等教学研讨和培训活动。但因为外出学习的机会少且花费高，参与者主要集中在学校领导和少量骨干教师身上。有老师说："外出培训总是聚集于几个人身上，有的每学期有四五次各种类型的学习机会，如果不被重视，可能很多年也参加不了一次这样的学习。"当然，理想情况下，学校领导和骨干教师外出学习后回来能"辐射"其他教师。

（二）朴县教研室组织的教研活动

朴县教研室主任、副主任均为省特级教师，也是在区域内有一定影响力的教学研究专家。他们定期走进中小学开展讲座、参与教师的教学比赛，通过点评教师授课情况等传授较新的教学理念。据统计，2019—2021 学年，山镇小学教师中共有 120 人次参加过县教研室组织的各类教研活动，如"小学数学教学研讨""小学英语青年教师汇报课研讨""基于 STEM 理念的小学科学新课堂研讨""部编教材语文园地讲座"等培训和教学研讨活动。笔者在调研期间参与了 2020 年 11 月 6 日在山镇中心校举行的"朴县小学数学青年教师研修班第三次集中研修"活动，活动分为听课、议课、专家讲座三个环节。听课环节中，山镇中心校孟老师展示"整数的四则混合运算"示范课。在随后的议课和交流研讨环节中，青年教师对孟老师的示范课进行评价，也结合孟老师上课情况谈了自己关于教学的思考。最后，县教研室副主任、小学数学特级教师李主任对青年教师提出的困惑进行了点评、指导，并做了"问题驱动深度学习"专题讲座。笔者在讲座结束后对参与教师进行了访谈，老师们普遍反映李主任的讲座能够切合农村小学教师的实际，并且能够从理论上引领教师的思考和教学改革，这样由本地名师开展的教师培训比外出到大城市参与高校组织的教学方面的培训"更接地气"。活动结束后，山镇教办通过在微信公众号上将教师们精彩的听课笔记展示出来，激励更多教师积极参与学习。对于普通教师的访谈显示，大家都认为这样的教研培训活动效果好、参与者有收获，但这样的培训覆盖的范围太小。

（三）片区联合教研

除了参与在山镇中心校组织的教研活动外，山镇的小学教师还去邻近的乡镇参与片区的联合教研共同体开展的教研活动。山镇与附近的三个乡镇联合组成了片区的联合教研共同体，每个月举行一次不同学科的教研活动，组织骨干教师和青年教师同课异构，分享教学心得。例如，2021 年 5 月 15 日，山镇和周边三镇联合开展以"教研共同体，共建本真课堂"为主题的科学课教学研讨活动。活动中，来自山镇中心校的陈老师和来其他三镇的四位老师一起，通过同课异构活动执教了"水能溶解一些物质"一课，他们运用不同的策略方法，让学生体验到探究的乐趣。再如，2021 年 11 月 12 日上午，山镇与周边三镇联合举行小学英语教学专题研讨暨中层教干同课异构活动。来自四个镇的四位中层教干共同执教同一课题。大市教研室小学英语教研员郎主任认为四位教师在"双减"背景下的课堂教学设计理念较新，策略得当。朴县教研室小学英语教研员薛老师结合"双减"背景，给与会老师做了题为"小学英语教学的'减'与'增'"的专题讲座。在盛主任看来，这样的交流可以让骨干教师为青年提供指导，为青年教师的成长搭建了展示的舞台、竞争的擂台、发展的平台，之所以山镇的教师在全市的各种比赛中获得优异的成绩，也是无数次培训活动积累的结果。访谈中，大部分青年教师都认为片区的联合教研活动是一个很好的学习机会，使他们能够近距离学习身边成熟教师的教育教学经验，有老师表示，"培训和听课研讨学习总是能让自己有所得，促进自己学习，找到自己的定位以及进步的空间"。但是也有老师认为这样的活动是"鸡肋"，因为"都是相同层次的教师在交流，没有专家的引领而不能得到提升"，所以参与的积极性不高。

（四）山镇教办组织的镇级教研和评比

山镇教办经常牵头组织全镇范围内以学科为单位的教研活动。比如，山镇教办定期组织以学科为单位的镇级公开课，让骨干教师和年轻教师展示教学成果；学期末会检查教师备课笔记，组织优秀教师进行备课展示。笔者多次跟随山镇教办的工作人员到学校检查教师备课情况，虽然教师们对此略有抱怨，但是也都按照要求完成了。山镇教办组织的优质备课展示活动也很正式，并且通过微信公众号加以宣传。在2021年度朴县教研室组织的优质备课比赛中，全县共有130位老师获奖，其中山镇有15位老师获奖，获奖人数在24个乡镇中排名第一，获奖比例占全市10%以上，这远超出山镇小学教师数量在全县小学教师数量中的比重。山镇教办还按照县教育局和教研室的要求，组织开展"一师一优课"评比，每年推荐3人到县里参加比赛。例如，2021年，3位被推荐到县里参赛的老师均获奖，山镇教办公众号对教师的获奖情况和日常工作业绩进行了宣传，起到了示范和引领作用。

山镇教办也会不定期地分学科组织镇级的教研活动，一般是语文、数学、外语和科学等学科的教学研究活动，比较规范，也较为频繁。以2019年5月14日在山镇中心校会议室举行的全镇英语教学研讨会为例，概况如下：首先，山镇教办主任点评全镇英语教学现状并提出了要求和希望。其次，山镇中心校英语教研组组长吴老师针对如何有效地备好、上好复习课以及复习时需要关注的若干问题等，给英语教师提出许多意见与建议，总结出九个字的要诀"抓得准，练得实，跟得紧"。再次，山镇中心校英语教研组的尹老师从期中考试的质量分析入手，要求老师们在有效的时间里实现质的突破，同时就单词的记忆、提高学生英语学习兴趣、课堂教学评价等提出建议和指导。最后是短暂的教师讨论环节。针对大家在英语教学中遇到的困难和存在的疑惑，教学经验较为丰富的王老师和邓老师（全镇唯一的硕士研究生）分享了自己的教学经验和转化后进生的工作方法。但在笔者访谈的一些老师看来，镇级学习和培训活动与县级和市级的活动相比，"有差距，有的是形式上的。真正能让教师在日常教学中学以致用的内容很少，大家几乎都还是按自己的计划、自己的进度、自己的方式继续教学"。

（五）山镇的村小开展的教研活动

山镇的村小中，有些学校的某些学科的教师规模相对较小，如美术、科学等仅有1—2名教师，甚至没有专职教师，无法有效开展教研活动，所以只能参加山镇教办统一组织的教研活动，但是对于语文、数学等大学科来说，教师人数之多足以组织小规模的教研活动。因此，山镇的村小为了提升教学质量，在全镇的成绩"比拼"中占据有利的位置，也会定期或不定期地开展校内公开课、教师相互听课评课、集体备课等校本教研活动。例如，2021年3月19日，黄山小学开展全校的集中教研活动，语文组的孟老师和刘老师、数学组的朱老师、英语组的邓老师分别执教了公开课，课后，全体听课老师集中对四位老师的教学进行评课，但是大家的点评意见较为简单。笔者分析，造成这种状况的主要原因有：现有师资专业素养有待提升，年龄较大的教师由民办教师转正而来，而青年教师因为教学任务繁重再加上家庭生活负担较重（多数教师抚育两个子女），无法全身心投入到教学研究中，所以在教研活动中难以提出有价值的观点。

三、山镇小学教师专业发展的困境及原因

近年来，盛主任和山镇教办的领导班子重视从教师素质改善入手来提升教育教学质量，通过校外培训、校本研修等方式推动教师专业发展，也取得了一定成

效，但是鉴于教师素质基础较差、教师培训经费投入不足、教师日常工作负担较重等原因，促进教师专业发展的各种方式并未能取得预期的效果，这在教师队伍近年来的职称晋升、名教师（特级教师）荣誉获取等方面都有所体现，从我们对教师的访谈中也可以得到这样的结论。

（一）教师外出培训的资源不足、覆盖面小

教师到城市里的高校、教育研究机构学习是开阔学术视野、优化知识结构、更新教育理念的重要方式。但山镇甚至是朴县在组织外部专家到校讲学、组织教师外出学习等方面，与城市中小学、经济发达地区的农村学校，甚至与有"国培计划"和各种教育扶贫项目支持的西部地区农村学校相比还存在较大的差距。山镇的小学中每个学科每年能走出本县参加培训的教师非常少，机会和资源总是集中在少数几位教师身上。山镇的大多数小学老师多年来甚至没有一次去城市接受培训学习的机会，这导致大部分老师的教学理念还停留在过去在师范学校学习的陈旧知识上，局限于自己和同事的经验上，惧怕、抵制变革的发生，如一些中老年教师不愿意使用多媒体设备上课，使得先进的教学设备闲置；有些老师封闭于自己的生活和工作环境，不愿意与外部世界交往，甚至对同事积极主动的教育变革行为冷嘲热讽，一些爱学习、爱思考的老师反而成为"异类"。

对于新教师而言，因为人数众多，所以培训和学习机会分配问题也是让教师产生抱怨的原因。教龄 11 年的李老师就培训和学习机会分配问题总结出这样的特点：

> 镇级活动，基本上所有教师都能参加。县教育局和教研室组织的活动，学校拟定教师名单参加。大市级组织的学习活动，山镇教办会以电话形式通知到比较熟悉的个人，征求个人意愿后再上报。而去省内外出差学习的机会，基本上都不通知，大多是领导和个别老师有机会去。外出学习机会多的教师，学校自然会重视，他们展示自己的机会也就多了，由此进入良性循环，反之进入恶性循环。

一位老师比较客观地和笔者探讨了现有培训和学习机会的分配对教师专业发展的影响：

学校不可能把每一次学习机会平均分给每一位教师，难免会从教师中选择一些学校领导印象比较好且关系比较近，又临近评职称年限的教师。也有培训和听课活动名单是由学校指定的情况，这可能导致有些在名单上的教师不愿意去，而有些不在名单上的教师想去。在后者看来，没通知他去就说明学校不重视他，学习机会没了，展示自己的机会就少了，自己进步的可能性也就小了，评职称就更难了。那些不在名单上的教师可能会认为自己没有得到学校的肯定和认可，成为局外人，难免会产生不满情绪，如焦虑。乐观一点的教师会选择把主要精力放在教学上，成绩好了，学校自然会重视；悲观的教师会进入迷茫期，找不到方向，经常抱怨，认为反正学校也不让我去参加培训，这就表示学校认为我就是没有其他人优秀，反正我按时上班、按时上课就行了，最后学生成绩什么样，结果就不是我能控制的了。

由于长期在山镇调研，和很多教师熟悉，笔者能明显地感受到那些经常有机会外出接受培训的教师在专业素养和日常交流方面优于一般老师，也能感受到山镇教办和学校领导在外出学习机会分配上确实难以绝对公平。但是，鉴于培训经费紧张导致的培训机会较少，山镇教办和学校又试图打造自己的骨干教师队伍，因此对那些有望成为骨干教师甚至是"名师"的教师给予更多的机会，也就可以理解了。对于基层工作者来说，在教育资源有限的情况下实现办学效益最大化，正如戴着镣铐跳舞还要追求舞姿优美一般，一直是个难题。

（二）青年教师培养的针对性不强

如前所述，山镇小学的年轻教师占比较大，尤其是近年来入职的劳务派遣教师和代课教师中，有相当一部分是非师范专业出身，他们在学校里并未受到教学知识和技能的训练。这些新任教师尤其需要学校提供有效的专业发展平台，以支持其提升教学胜任力和管理班级的能力，使其能够尽快地站稳讲台，做好班主任等日常教育工作。2000年前，朴县和山镇对新入职的教师并没有开展针对性的培训，只是在开学前召开新教师座谈会，会上领导就新任教师发展提供一些指导和建议。朴县教研室曾经组织一些骨干教师听一轮所有新任教师的课，事实上，因为新任教师人数太多，去各个镇全部听一遍课不太现实，结果也就不了了之了。

2020年后，朴县教育局和山镇教办在开学初和入职第一学期对新任教师开展了相应的系列化培训，如朴县教育局组织的岗前新任教师培训、定向公费师范生风采展示大赛、大市教研室组织的灯塔"四有"好教师团队校际同课异构、语数外科四镇片区组织教学专题研讨活动等，为新任教师提供了成长平台。山镇教办还组织了"教师业务素养提升暨教学能力测试""新入职教师汇报课展示活动""青蓝工程结对及展示活动""青年教师基本功选拔赛""语数外科教学论坛活动"等。通过这些活动，一些新任教师能快速进入角色，为自己今后的工作做好铺垫。

但是，需要指出的是，很多新任教师因为一入职即承担多门学科的教学和班级管理工作，备课、上课、带班负担特别重，所以对参与上述的各类新任教师培训活动感到力不从心、疲于应付，失去了积极性。在调研中，一些青年教师反映这些活动在一定程度上流于形式，并未能够有效地支持青年教师的专业成长。青年教师更多地从办公室的同年级组老师、同一批进校的同事或网络上获取信息和资源。但是，无论如何，这些培训和活动还是在一定意义上为青年教师创造了安全、信任和支持的组织氛围，给予他们心理上的安全感，前述新任教师获得的各种奖项也说明，新任教师的发展走在了正确的轨道上。

（三）镇级和学校组织的教研活动与培训效果不佳

在教师外部培训学习资源不足的情况下，学校校本教研应成为学校教师专业发展的重要平台。然而，在山镇，我们看到校本教研的组织不足。前已述及，因为学校骨干教师少，无法起到引领性的作用，山镇的校本教研主要停留于传统的听评课形式，辅以少量的集体备课和教学研讨活动。对于校内教研活动，教师参与积极性较低。调研期间，在听课评课、集体备课时，我们经常能看到一些教师在玩手机、批改作业甚至私下聊天，一些年龄较长的老师干脆不参加教研活动。访谈中，一位50多岁临近退休的老师说，"我们这把年纪了，一辈子就这样过来了，再学习也不能长劲（方言，意思是"提升"），也没有什么经验可以传授给年轻人，去参加教研活动也是浪费时间，不如节省时间早点把手头的事情忙完"。另外，还有一部分老师之所以参加教研活动，并不是发自内心地需要从教研中获益，改进自己的教育教学工作，而是"被安排的"，只是为应付领导、完成任务，或者是为了通过参加教研活动"打卡"、积分，满足绩效考核的需要。

在进行校本教研时，因为不同教师的水平、层次相差不大，且投入精力较少，很多时候形式大于内容，所以教研活动的质量和效益较差，参加教研的老师感觉没有收获，投入多的老师觉得没有价值感，导致以后投入减少，进而又会降低教研活动的质量，由此形成了恶性循环。归根结底，还是由于山镇的骨干教师、名师数量太少，即便是骨干老师，在专业水平上也只是稍好于其他普通老师，在区域内并没有较大的影响力和学术权威，不能对其他老师起到引领作用，这样的教研不能让老师感到信服，反而使他们产生抵触情绪。因此，加快培养出自己的"名师"是山镇教办领导一直以来的迫切愿望。

（四）教师学习的内驱力不足

对于成为优秀教师的渴望、预期以及由此产生的学习主动性是教师专业发展最重要的内驱力。正如笔者所认识的一位省级语文特级教师叶老师所说，她从教之初的十年，每周都会去电教馆找全国各地优秀语文教师的公开课录像带，一遍遍地播放并记录其所有的上课内容，模仿名师上课的风格。十年来，叶老师详细研究了 200 多位名师的教学设计思路和课堂教学风格，为其专业发展奠定了扎实的基础。但是对于山镇小学的多数教师而言，通过访谈得知，很少有教师是自发、自愿地参加外地的学习与培训以及镇级和学校组织开展的各种教研，他们很少像叶老师那样自主地寻求网络资源或者外部的线下资源，积极主动地去学习。相对于新入职教师和青年教师，工作比较稳定的中青年骨干教师参与培训和学习的积极性不高，其积极性呈阶梯式递减的趋势。只有想评高级职称的个别教师，也就是相对较为年轻而又比较上进的中青年教师愿意参加这类活动。

相对而言，大多数老教师仍然处于长期的惯性思维中：首先，在他们看来，年龄大了，再学习也没有用了，并且多年来他们也没学习过、没上过公开课，无法跟年轻人相比；其次，学校重视学生成绩，不如把精力放在学生成绩上，学生成绩好即可，甚至只要学生成绩不差他们就满足了；最后，自己参加学习培训，也不一定能获奖，而评高级职称的竞争压力那么大，自己没有希望，干脆放弃。因此，相对于年轻教师，老教师会利用一切时间抓学生成绩，考、讲、练成为他们固定的教学模式，较少顾及自身的学习以及学生的学习习惯培养、心理健康问题等。

山镇的小学教师缺乏自主发展与学习的动力和时间，也充分反映在山镇小学教师的阅读行为与阅读习惯方面。他们缺乏自主阅读的时间，也未能养成自主阅读的习惯，这与全国层面的调查结论也是基本一致的。李新翠对2300位中小学教师的调查研究显示，76.4%的教师每天的读书时间不足1小时①。上海的一项调查也显示，在3411名中小幼教师中，81.8%的教师每天阅读时间少于1小时，61.2%的教师在一年中的图书阅读量低于4本，而工作太忙（66.1%）和没有时间（57.1%）是教师阅读匮乏的主要原因②。"不读书"的教师在教学生读书，这是现实教育的悖谬之处。山镇的许多小学教师处于"忙、茫、盲"的状态，"忙碌"而无暇学习和思考最终导致专业发展方向的"茫然"和教育教学工作的"盲目"。

（五）教师工作负担重而自主发展时间少

在调研中，山镇的小学教师普遍反映工作负担较重，无论是学校校长、主任等管理者还是普通老师，每天都忙碌不堪。忙碌的工作状态不利于教师安心开展教育教学工作，不利于教师专业发展。课题组成员对山镇邻近的某镇A农村小学教师工作时间分配的调查结果显示，一位老师每日备课的时间是1.62小时，批改作业的时间是1.71小时，上课的时间是1.62小时，辅导学生的时间是1.46小时，管理学生的时间是1.58小时，而参加会议的时间则长达2.18小时，超过了上课和备课的时间③。这与山镇小学的情况相似，我们在山镇的小学经常看到老师们一边开会，一边批改作业。学校临时会议、文案材料要求和各种形式的行政事务挤占了很多教师的可支配自由时间，他们疲于应付日常的闲杂事务，在忙碌中丧失了专业发展的斗志，甚至遗忘了促进自身专业发展以更好地教书育人的本心。

---

① 李新翠. 中小学教师工作量的超负荷与有效调适[J]. 中国教育学刊, 2016(2): 56-60.

② 上海市教师学研究会"上海市中小幼教师读书现状调研"课题组. 读书, 教师的态度: 上海市中小幼教师读书现状调查[J]. 上海教育, 2014(27): 12-13.

③ 陈方雪. 乡村教师工作时间管理问题及对策研究——以某乡镇 A 小学为个案[D]. 南京: 南京师范大学, 2019.

四、促进山镇小学教师专业发展的路径

乡村教育振兴背景下，农村教育的高质量发展需要一支高素质的教师队伍。然而，正如前文所言，在缺乏经费保障和名师引领的情况下，要将一支非在编教师占 30% 以上的农村小学教师队伍打造成高素质的小学教师队伍，这对于山镇小学的教育管理者而言，是一项非常艰巨的任务。不过，山镇近几年的实践也表明，事在人为，在外部条件约束的情况下，教育管理者发挥主观能动性，还是可以在一定程度上提升教师队伍质量的。基于上文中对山镇小学教师专业发展存在问题的剖析，我们认为，为进一步促进农村小学教师专业发展，可以从以下几个方面进一步着力。

（一）以师德和文化奠定农村小学教师专业发展的精神根基

教师个体对教育在社会进步和个体发展中的价值与意义的信念是支撑教师走向专业、走向优秀乃至走向卓越的精神支柱。农村小学教师队伍建设也需要以师德奠定专业发展的精神根基。《乡村教师支持计划（2015—2020 年）》指出：必须把乡村教师队伍建设摆在优先发展的战略地位，多措并举，定向施策，精准发力，通过全面提高乡村教师思想政治素质和师德水平、建立乡村教师荣誉制度等关键举措，努力造就一支素质优良、甘于奉献、扎根乡村的教师队伍。对于山镇的小学教师而言，通过师德师风、乡村振兴政策、乡土文化等方面的讲座和自主学习，强化教师在心理上对农村文化的理解与尊重，以自省的态度明了教师在农村文化中所处的地位，认同教师专业发展并确认自己的发展方向，能够明确自己作为一名农村小学教师在乡村振兴和农村教育发展中的位置，这是农村小学教师专业发展的前提。

（二）整体设计系统性的教师专业发展机制

如前所述，山镇小学教师的外部培训和校本教研都没有取得预期效果，没有能够支撑教育教学工作的高质量发展。究其原因，是因为外部培训和校本教研的安排都较为随意，没有对培训和教研的内容进行系列化、针对性的规划与设计，并且在外出学习与培训的机会和区域内教研活动展示机会分配、职称晋升和荣誉获得的机会以及教师专业发展的奖惩等方面尚未形成完善的机制，带有较为突出的"人治"色彩。因此，山镇的小学亟待形成系统性的教师专业发展机制，形成以"公平合理、公开透明、以人为本"为导向的制度体系，规范教师专业发展，营造有利于教师学习、研究的良好氛围，更好地激励教师投身于个人的专业成长。在制度之外，山镇的小学需要以项目为抓手推进教师参与教学研究。调研发现，山镇教师的团队课题和个人课题极少，为数不多的课题只有山镇教办和山镇中心校的教研骨干参与，大多数老师甚至在其教学生涯中从未开展过甚至是参与过课题研究，只是被动地、简单地参与学校日常的教研活动。因此，山镇教办和各小学需要以校长和骨干教师为引领，设计更多的教学研究课题，以课题为抓手，带动更多的教师思考在乡村振兴、"五育融合"、"双减"等新的时代背景下如何有效地提升教育教学质量，如何将乡土文化内化为校本化的教育教学资源，如何在乡村振兴的背景下实现五育并举与五育融合、培养全面发展的新型农村学子。这些课题都需要教师长期不懈地坚持思考与研究，以此为切入点，可以带动教师阅读专业书籍，学习国内外先进的教学改革经验，并在自身教学改革的实践中获得专业成长。

（三）构建青年教师专业发展共同体

青年教师是山镇小学教师的主体，也是山镇教育发展的未来，应该成为教师队伍建设的重中之重。山镇教办和学校领导要鼓励、指导青年教师结合自身现状和发展需要制定个人专业发展规划，突破学校之间的界限，在全镇范围内构建青年教师专业发展共同体，为青年教师素质提升创造条件、搭建平台，促进青年教师之间的沟通了解，做深、做实青年教师的培养，形成行之有效的青年教师专业发展基本模式，方能为学校的可持续发展奠定坚实基础。要着力关心青年教师的成长，了解青年教师成长的现状，对青年教师中的"好苗子"要心中有数，为青年教师的成长和进步创造良好的氛围，引导青年教师公开、公平、友好地竞争，既能齐心协力为团队发展做贡献，又能各展特长、错位发展，使更多的优秀青年教师脱颖而出，使具有各类荣誉称号的青年教师数量持续增加，从而为青年教师的发展起到示范和引领的作用；要组织适合青年人身心发展特点和审美情趣的各种联谊及参观考察活动，构筑青年教师的交流平台，让青年教师能够定期分享读书心得、教学科研的体会乃至困惑；要鼓励、组织青年教师以个人或者团队为单位申报各级各类教研课题，形成系列课题成果，在此基础上外出学习、交流、参赛，扩大青年教师的社会影响力，培养教师专业发展的自信心和凝聚力。

（四）减轻教师工作负担，赋予教师专业发展的时间

2019 年，中共中央办公厅、国务院办公厅印发了《关于减轻中小学教师负担进一步营造教育教学良好环境的若干意见》，指出"目前教师特别是中小学教师还存在负担较重的问题，主要表现是：各种督查检查评比考核等事项名目多、频率高；各类调研、统计、信息采集等活动交叉重复，有的布置随意；一些地方和部门在落实安全稳定、扫黑除恶、创优评先等工作时，经常向学校和教师摊派任务。这极大地干扰了学校正常的教育教学秩序，给教师增加了额外负担"。为此，该意见提出"必须牢固树立教师的天职是教书育人的理念，切实减少对中小学校和教师不必要的干扰，把宁静还给学校，把时间还给教师"。因此，政府及其相关部门需要梳理布置给学校系统的活动在何种意义、何种程度上与学校的本职工作相关，坚决杜绝那些与教育教学活动无关的活动，还学校一片净土。当然，这也需要学校管理者具有一定的智慧与勇气，学会适度拒绝，即便接受任务也要学会高效应对，而不至于把全校师生拖入"疲劳战"。这样，学校才能用自主、专业的管理减轻教师的工作负担，给教师的专业发展挤出时间和空间，让教师有更多的时间读书、思考、研究。

第六章

山镇小学的家校沟通与合作

实证研究表明,家长参与对学校管理和教育教学质量都具有积极影响[1]。由于文化水平不高、外出务工、学校家校合作制度建设不足等原因,农村学生家长对学校教育和管理的参与度低于城市学生家长。如何将关于家校合作的宏观教育政策落到实处,探索出一条行之有效的农村学生家长参与学校教育的路径,值得我们探讨。在农村学校教育变迁过程中,农村学生家庭如何看待学校和子女学业,一直是影响农村教育发展的重要因素。本章中,我们将考察农村学校与家庭合作、沟通的历史,基于对山镇和朴县家长的问卷调查数据与实地考察数据,分析当下农村小学家校合作的现实状况与问题,为改进家校合作进而促进农村小学高质量发展提出建议。

---

[1] Wilder S. Effects of parental involvement on academic achievement: A meta-synthesis[J]. Educational Review, 2014(3): 377-397.

第一节　农村家校合作的历史考察

一、中华人民共和国成立后的农村家校合作政策与实践

中华人民共和国成立后，政府重视农村基层政权建设，提出要有计划有步骤地实施普及教育，为农民开展政治教育与文化教育，提高农民政治觉悟和文化水平。其后的"大跃进"和"人民公社化"等运动中，农民的积极性被充分调动起来，主动兴办教育。在教育政策中，学校与家庭之间的关系也受到关注。"全国的城乡小学教师⋯⋯应在当地人民政府领导下密切地与群众和家长联系。"[①]1952年，教育部颁发《小学暂行规程（草案）》，提出"小学应成立家长委员会，由家长代表、教育委员、校长等组成。定时举行会议，反映家长对学校的意见，听取学校的工作报告，以密切家庭和学校的联系，并协助学校解决困难。其决议由校长采择施行"[②]。可见，国家在中小学管理方面已注意到家长参与的价值并规定了具体参与方式。

1955年，教育部《关于实施〈小学生守则〉的指示》指出，"学校必须做好联系家长的工作，使家长的态度和学校一致，并充分给予子女以遵守《小学生守则》的各种便利和帮助。学校对学生如果有奖励和处分，应该正式通知家长，重大的处分应该在事前和家长取得联系"[③]。1963年颁布的《全日制小学暂行工作条例（草案）》《全日制中学暂行工作条例（草案）》对中小学校的教学、管理和教师队伍建设等都做了细致规定，但是两个条例均未提及家校合作，都仅有一句话

---

① 何东昌. 中华人民共和国重要教育文献(1949—1997)[A]. 海口: 海南出版社, 1998: 109.
② 何东昌. 中华人民共和国重要教育文献(1949—1997)[A]. 海口: 海南出版社, 1998: 144.
③ 何东昌. 中华人民共和国重要教育文献(1949—1997)[A]. 海口: 海南出版社, 1998: 417.

涉及家长，如《全日制中学暂行工作条例（草案）》中规定："评定学生的操行，一学期或者一学年进行一次，只写评语，不评等级。评语主要是为了帮助家长了解学生的情况……应该把评语通知家长和学生"[①]。由此可以看出，这一时期家校合作在学校教育管理中并未受到足够的重视，家长只是被告知和被教育的对象。1964 年 1 月 3 日，《人民日报》发表社论《对子女进行阶级教育是父母的革命责任》[②]，强调家庭在青少年儿童教育中的地位，提出"父母是孩子的第一个老师"这一命题，但其主要关注家长对子女的思想政治教育和影响。"文化大革命"期间，贫下中农参与学校管理，"贫下中农的代表要经常督促、检查学校的工作，研究和决定学校的重大问题"，贫下中农"可以做决定"[③]，这虽然在政治和管理形式上密切了农村学校与家庭的联系，但并非真正意义上的家校合作。

从中华人民共和国成立到"文化大革命"结束这一期间，在教育功能方面，因为政治意识形态的影响，农村学校所传播的价值观与家庭的价值观形成了整合。农村学校没有被看作把奇怪的新价值观念引入社区或家庭的媒介，相反，它们主要被看作传播有用知识的机构。学校进行的某种道德教育实际上加强了家庭中所重视的原则——守纪律，勤劳，合作，不参加打架。学校也向孩子们教授毛泽东政治思想的基本术语和原理，这些也被父母看作有用的知识，就像读、写、算一样，因为个体今后在生活中的成功需要具备熟悉现代中国的政治这一基本功[④]。在这个意义上，农村学校在思想意识和行为习惯上为家庭培养"好孩子"，同时，农村学校所教授的与农业生产和农村生活相关的知识也是较为实用的，因此可能会促进学校教育受到农村家长的信任和欢迎。

农村中小学教育管理者在一定程度上关注并接纳家长参与学校教育，然而更多地将家长作为宣传教育对象并对家长提出配合学校的要求。在教育政策执行层面，大多数时间，家长在农村学校并无实质性的参与，家长不投入子女的学校教育，对于很多家长而言，他们不能提供有效的指导和建议，因为他们本人的受教育水平很有限。学校主要通过家长会和家访努力发展自身与家庭的关系。实际上，

① 何东昌. 中华人民共和国重要教育文献(1949—1997)[A]. 海口: 海南出版社, 1998: 1149.

② 何东昌. 中华人民共和国重要教育文献(1949—1997)[A]. 海口: 海南出版社, 1998: 1238.

③ 何东昌. 中华人民共和国重要教育文献(1949—1997)[A]. 海口: 海南出版社, 1998: 1444.

④ Parish W L, Whyte M K. Village and Family in Contemporary China[M]. Chicago: University of Chicago Press, 1978: 229-230.

家长会是很少举行的，家长也很少去学校了解孩子的成绩。而家访则正常得多，每学期至少一次，对于一些在学校出现问题的孩子则更为频繁一些。家访中老师们会报告学生近期在校的行为表现，对学生的进步提出表扬，并且要求家长在家帮助学生矫正不好的行为。但是，整体上，家庭与学校的关系不是非常紧密的①。关于家访和家长会，笔者对在那个时代接受教育的长者进行了访谈，在他们的记忆中，学校并无家长会、家访等活动。不过，需要指出的是，那时的农村中小学教师多为民办教师，作为乡村社区的熟人，他们与学生及其家庭是非常熟悉的。在此意义上，农村教师与家长之间非正式的交流频繁而深入，可以在一定程度上弥补正式的家校合作的不足。

二、改革开放初期的农村家校合作政策与实践

改革开放后，政府积极推动农村小学教育的普及，这就需要家长的支持。然而，1978 年颁布的《全日制小学暂行工作条例（试行草案）》《全日制中学暂行工作条例（试行草案）》都只是在"总则"部分提出"学校要注意同学生家长保持联系"，并在"思想政治教育"部分要求"学校应该采取家庭访问和家长会等方式，同家长取得联系，共同研究学生的思想行为和教育学生的方法，互相配合，教好学生"②，但这些规定较为笼统，没有具体的实施要求。1985 年，《中共中央关于教育体制改革的决定》中提出"改革教育体制要调动各方面的积极性"，但并未提到家长在教育改革中扮演的角色。1999 年，中共中央、国务院发布的《关于深化教育改革全面推进素质教育的决定》中也只以一句话提及家校关系，"学校、家庭和社会要互相沟通、积极配合，共同开创素质教育工作的新局面"③，对家庭在教育体系中的地位表达相对简短和笼统。

改革开放后，农村实行家庭联产承包责任制，家庭经济活动的增多使得家庭对经济财富的需求增加，这在一定程度上影响了家庭与学校的关系。有的地方出

---

① Parish W L, Whyte M K. Village and Family in Contemporary China[M]. Chicago: University of Chicago Press, 1978: 229-230.

② 何东昌. 中华人民共和国重要教育文献(1949—1997)[A]. 海口: 海南出版社, 1998: 1632.

③ 何东昌. 中华人民共和国重要教育文献(1998—2002)[M]. 海口: 海南出版社, 2003: 286.

现了学生停课、退学的情况，学生"上田"而不上学①，即学生从童年就参与不同的农副业劳动以增加家庭收入②。所以，尽管各地通过不同形式努力发展农村小学，但农村小学的失学率却呈现出上升趋势，反映出在一些情况下，农民倾向于让子女参与劳动以增加家庭收入，而非完成小学教育。这种现象在之后的市场经济改革大潮中日益明显，农村学生不再仅仅是"上田"，而是更多地转变为"上工厂"（打工）或"上市场"（做生意），这进一步加剧了农村中小学学生的辍学现象，使得农村义务教育的普及和巩固面临巨大挑战。此外，社会和家庭不尊重教师甚至殴打、辱骂教师的现象时有发生，农村学校教育所传播的价值观在一定程度上受到了质疑，农村学校逐渐成为一个主要为上级学校输送人才的系统，而与农村生产生活的联系日渐疏远，这一变化一方面导致 20 世纪八九十年代农村家庭对学校的不信任，另一方面导致"家长、村落乃至整个乡村社区干预学校生活尤其是教与学的能力越来越弱了"③。由此，农村学校与家庭的关系变得疏远、紧张，难以形成有效的合作与支持，这对农村学校教育的发展构成了不利影响。

三、21 世纪以来的家校合作政策

21 世纪以来，伴随着素质教育的深入推进，基础教育改革逐步深化，涉及教育的社会热点问题频繁出现，家校关系越来越多地进入教育决策者的视野。2001年，国务院颁布《关于基础教育改革与发展的决定》，提出"重视家庭教育。通过家庭访问等多种方式与学生家长建立经常性联系，加强对家庭教育的指导，帮助家长树立正确的教育观念，为子女健康成长营造良好的家庭环境"。2010 年发布的《国家中长期教育改革和发展规划纲要（2010—2020 年）》要求，"树立系统培养观念……学校、家庭、社会密切配合"，"完善中小学学校管理制度……建立中小学家长委员会。引导社区和有关专业人士参与学校管理和监督"，从人才培养和学校管理两方面强调了家长的地位和作用，将建立中小学家长委员会、引导社区

---

① 何东昌. 中华人民共和国重要教育文献(1949—1997)[A]. 海口: 海南出版社, 1998: 2062.

② 麦克法夸尔, 费正清编. 剑桥中华人民共和国史(下卷): 中国革命内部的革命(1966—1982)[M]. 俞金尧等译. 北京: 中国社会科学出版社, 1992: 590.

③ 李书磊. 村落中的"国家"——文化变迁中的乡村学校[M]. 杭州: 浙江人民出版社, 1999: 119.

和有关专业人士参与学校管理与监督作为现代学校制度的重要内容。为落实该规划纲要精神，2012 年，教育部出台了《关于建立中小学幼儿园家长委员会的指导意见》，对家长委员会的意义、职责、建立程序及其发挥作用的方式等做出规定。但是，这些规定都是原则性的，并不能给予学校具体的指导。2012 年，教育部颁布的《全面推进依法治校实施纲要》系统地论述了中小学家长委员会制度的功能、构成和工作机制："中小学、幼儿园应当逐步建立健全家长委员会制度。家长委员会承担支持教育教学工作、参与和监督学校管理、促进学校与家庭沟通、合作等职责，其成员应当由全体家长民主选举产生。学校应当提供必要条件，保障家长委员会对学校、教师的教育教学、管理活动实施监督，提出意见、建议；应当定期与家长委员会成员进行沟通，听取意见。学校实施直接涉及学生个体利益的活动，一般应由学校或者教师提出建议和选择方案，并做出相应说明，提交家长委员会讨论，由家长自主选择、做出决定。要积极探索完善家长委员会的组织形式和运行规则，不断扩大家长对学校办学活动和管理行为的知情权、参与权和监督权。"笔者之所以全文引出此段，是因为这是迄今为止对家长参与学校教育和管理工作的最为系统详尽的政策规定，体现了政策上的重视，并具有可操作性。2013 年，教育部印发的《义务教育学校校长专业标准》明确将家校合作作为校长办学管校的职责之一，强调学校与家庭、社会（社区）的良性互动是办学水平的重要体现，要求校长要"掌握……家校合作的理论与方法"，"建立健全家校合作育人机制，建立教师家访制度，通过家长学校、家长会、家长开放日等形式，指导和帮助家长了解学校工作情况和学生身心发展特点，掌握科学育人方法"。

2015 年，教育部等部门颁布了《关于加强家庭教育工作的指导意见》，要求"进一步明确家长在家庭教育中的主体责任"，强调"发挥学校在家庭教育中的重要作用"，并提出了较为具体的措施。2016 年，教育部颁布的《依法治教实施纲要（2016—2020 年）》对家长参与学校管理做出了具体规定：学校要"制定出台《中小学家长委员会规程》，以健全家长委员会制度为重点，加强家长、社区对中小学事务的参与和监督"。这些政策文件全面而细致地规定了家长参与学校教育的具体做法，但是政策在农村地区的学校及家庭中如何执行、农村学生家长参与对于农村学校教育的发展起到了何种作用，需要我们深入探究。

第二节　农村小学家校合作状况的调查

一、研究设计与数据来源

为了解山镇小学执行家校合作政策的状况，基于美国著名家庭教育研究学者爱普斯坦（Epstein）的重叠影响阈理论框架和其他相关文献，并参照美国国家教育统计中心（National Center for Educational Statistics）的父母与家庭参与教育的调查（Parent and Family Involvement in Education Survey）和中国人民大学中国调查与数据中心的中国教育追踪调查（China Education Panel Survey，CEPS）问卷，结合前期调研中所了解到的山镇小学学生家长参与学校教育的情况，我们设计了面向家长的"农村地区义务教育学校家长调查问卷"（以下简称家长问卷）以及面向教师和学校管理者的"农村家长参与学校教育状况的调查问卷"（以下简称教师和学校管理者问卷），并开展了问卷调查。

家长问卷共包含 22 道题目，调查的主要内容有：①家长的基本信息，如年龄、职业、文化程度、子女数量和就学情况；②家长与教师交流的情况，如频率、内容、目的等；③子女所在学校组织家长工作的情况，如家长学校和家长委员会设立与否及其运行方式、教师家访情况等；④家长对学校教育教学和管理方面的满意程度。考虑到家长的文化程度，我们尽可能用具有小学文化程度的农民都能理解的语言来陈述问题，并在前期组织 30 名家长进行试测，根据参与者的意见调整了一些表达，在问卷正式施测的过程中未发现家长存在语言理解障碍。

教师和学校管理者问卷共包含 37 道题目，调查的主要内容有：①教师和学校管理者的个人信息，如年龄、性别、教师身份（有无编制和在学校中是否担任班主任等职务）、工作年限、任教学科等；②教师与家长交流的情况，如交流的内容、频率和目的等；③所在学校开展家长工作的情况，如家长学校和家长委员会设立与否及其运行方式，学校是否为教师组织关于家长工作方面的培训等；④教师和学校管理者对家长参与学校工作的认知情况和态度，以及教师和家长交流过程中所面临的主要问题等。

为了扩大量化研究的样本量，我们在朴县的 20 所中小学发放了问卷，共收到家长问卷 5695 份，教师和学校管理者问卷 807 份。我们通过技术手段，抽离出山镇小学家长和教师的问卷，最终家长有效问卷为 2105 份，教师有效问卷为 297 份。

二、家长问卷的数据分析与讨论

山镇小学家长基本信息和参与家校合作的情况如表 6-1 所示。

表 6-1　山镇小学家长基本信息和参与家校合作的情况

项目		人数/人	占比/%
子女就读学校	山镇中心校	1273	60.5
	村小	832	39.5
家长文化程度	小学	396	18.8
	初中	1244	59.1
	高中	236	11.2
	中专	141	6.7
	大学及以上	88	4.2
家长主要职业	本地务农	1144	54.3
	本地务工或经商	391	18.6
	外地务工或经商	384	18.2
	公务员、事业单位或其他专业技术人员	57	2.7
	其他（无业等）	129	6.1
家长主动与教师交流情况（过去的一学期中）	从不	349	16.6
	1 次	330	15.7
	2—4 次	906	43.0
	5 次及以上	520	24.7

续表

项目		人数/人	占比/%
家长和教师交流的内容	孩子的学习成绩	1189	56.5
	孩子的在校行为	408	19.4
	班级或学校管理	22	1.0
	孩子的在家情况	20	1.0
	主动要求为班级做事	16	0.8
	其他	450	21.4
家长在家辅导子女作业情况	经常辅导	901	42.8
	偶尔辅导	657	31.2
	从不辅导	36	1.7
	想辅导但不具备能力	203	9.6
	想辅导但是没有时间	91	4.3
	放任不管	23	1.1
	其他	194	9.2
家长参与学校教育情况（一年内）	家长会	680	32.3
	家长开放日	508	24.1
	未参与以上两类活动	917	43.6
家长对学校管理的满意度	不满意	110	5.2
	比较满意	918	43.6
	很满意	709	33.7
	说不清楚	368	17.5
家长对学校教育质量的满意度	不满意	157	7.5
	比较满意	473	22.5
	很满意	1183	56.2
	说不清楚	292	13.9
家长对教师交流态度的满意度	不满意	33	1.6
	比较满意	554	26.3
	很满意	1148	54.5
	说不清楚	370	17.6

续表

项目		人数/人	占比/%
家长对子女教育期望值	研究生	185	8.8
	大学	1646	78.2
	高中、职校	234	11.1
	初中及以下	40	1.9

调查结果显示，山镇小学家长的文化程度整体偏低，3/4 左右的家长只接受了九年义务教育，17.9%的家长接受了高中和中专教育，而接受了大学及以上教育的家长仅占 4.2%。在职业方面，54.3%的家长在本地务农，18.6%的家长在本地务工或经商，而 18.2%的家长在外地务工或经商。农村家长对子女有较高的教育期望，87.0%的家长希望自己的子女能够具有大学及以上学历，相比于低学历的家长，高学历的家长对子女的教育期望更高。

山镇小学的家长比较关注孩子的学习，有 42.8%的家长经常在家辅导孩子作业，31.2%的家长偶尔辅导，只有 1.7%的家长从不辅导。有 9.6%的家长想辅导孩子作业但是认为自己不具备相应的能力，而 4.3%的家长则是因为没有时间辅导孩子作业。事实上，因为农村家长的受教育程度普遍不高，所以，家长也只能在家辅导低年级学生的作业，而对于高年级子女的作业，只能算是看管孩子完成作业。笔者经访谈发现，除了少数具有高中学历的家长可以辅导孩子作业以外，其他绝大多数家长都觉得自己没有能力辅导四年级以上的作业。

家长会是山镇小学与家长交流的最主要方式。然而，笔者从访谈中得知，过去很多年里，山镇有的小学从未召开过一次家长会。2018 年以后，在笔者的建议下，山镇教办开始重视家校合作，此后家长会逐渐普及。2019 年 1 月调研时，笔者实地观察山镇中心校的家长会，根据签到表和实际人数，每个班级约有 50%的家长来参会，参会家长中约有 70%是父母，另外 30%是爷爷奶奶。会场上，几乎没有人拿纸笔记录老师的发言，很多年轻的家长在玩手机，这与城市学校家长会上家长认真参与的场面有天壤之别。经过两年多的引导，这样的局面有所改变。2021 年 6 月调研时，山镇教办盛主任告诉笔者，山镇的小学 80%以上的家长能够积极参加家长会。全县范围内的问卷调查显示，在 1905 名家长中（有 200 人未对此题作答），有 32.3%的家长在过去一年内参与过学校召开的家长会，有 5.0%的家长表示学校召开了家长会但自己没有参加；有 40.8%的家长表示子女所在的学校没有召开过家长会，而这部分人中 92.0%的家长是期待参加家长会的。另外，有 18.4%的家长不知道学校是否召开过家长会，如果算上另外 200 名未作答的家长，也就是说，共有近 30%的家长对子女所在学校召开家长会的事情并不知晓，这是令人震惊的数字。在 1902 名家长中（有 203 人未对此题作答），24.1%的家长在过去一年内参加过子女所在学校的家长开放日；3.9%的家长则表示虽然学校召开了家长开放日活动，但是自己并未参加；39.7%的家长表示学校没有召开过家长开放日活动，但是如果有这样的活动很愿意参加；仅有 3.1%的人表示没有举行过类似活动且不愿意参加；选择不清楚学校是否有类似活动的高达 29.2%。结合参与家长会的数据来看，这说明学校在与家长的信息沟通不畅。笔者在朴县 20 所农村中小学的调查显示，仅有 10 所中小学建立了家长委员会（简称家委会），而这10 所学校的家长中，仅有 17.8%的家长明确知道本校有家委会，39.4%的家长认为本校没有家委会，42.8%的家长不清楚；而在没有家委会的学校的家长中，12.0%的家长却认为学校有家委会。这说明，信息沟通不畅不仅仅是山镇小学的问题，而是一种普遍现象。

在家长主动与教师交流情况方面，问卷调查结果显示，15.7%的家长在过去的一学期中与教师交流过 1 次，43.0%的家长在过去的一学期中与教师交流过 2—4次，24.7%的家长在过去的一学期中与教师的交流次数在 5 次及以上，而有 16.6%的家长报告没有主动与教师交流。关于家长和教师交流的内容，大多数的家长回答他们和教师交流的主题是孩子的学习成绩和孩子在校行为，占比高达 75.9%，这表明，学生的学习成绩是教师和家长最关心的共同话题。只有 1.8%的家长表示他们会与老师交流班级或学校管理的问题并主动要求为班级做事。当被问到如果有合适的机会，家长是否愿意参与学校的管理或对学校的管理提出反馈意见时，绝大多数家长表示愿意参与。这表明对于家长而言，学校和班级的管理也很重要，只是他们没有更多的机会参与其中。

随着信息技术的发展，微信群逐渐成为家长与教师或者家长与家长之间交流子女教育问题的重要平台。山镇小学家长的调查结果显示，仅有 1.5%的家长表示子女的班级没有微信群，2.6%的家长表示微信群仅仅是家长与家长之间交流而没有老师参加，94.3%的家长所在的微信群有老师参加，1.7%的家长不知道是否有微信群。在微信群里，家长交流的主要话题依然是孩子的学习情况和家庭教育的情况（占比为 70.4%），而有 20.6% 的家长会对学校和班级管理提出建议，9.0% 的家长可能会对学校和班级管理提出批评意见。当然，由于家长素质参差不齐，教师在组建微信群时也是有所顾虑的。对于"如果您感觉孩子的利益在学校中受到了伤害，您倾向于怎么做"，91.2% 的家长表示会"找老师当面沟通解决"，4.5% 的家长表示会去找学校领导沟通解决，4.3% 的家长会通过在网上发帖、聚众给学校施压或其他方式解决。虽然非理性的情况较少，但是这样的事情只要一出现，就会给学校管理者和教育行政部门带来较大的压力。

我们调查了家长对学校教育质量、学校管理和教师交流态度等方面的满意度。在 1804 名家长中（有 301 人未对此题作答），56.2% 的家长对学校教育质量很满意，而选择"不满意"的家长占 7.5%；仅有 33.7% 的家长对学校管理很满意，选择"不满意"的占 5.2%；54.5% 的家长对教师交流态度很满意。由此可以看出，家长对学校教育质量、学校管理和教师交流等方面的满意度不高，还有较多的家长对学校工作有不满意的地方，这也符合我们在调研过程中对山镇小学的教学质量及其家长满意度的判断。

2012 年，教育部颁布的《全面推进依法治校实施纲要》高度强调家委会的作用，我们重点考察了家委会对家长参与及家长对学校满意度的影响及其机制。为了克服山镇小学家长样本量的限制，我们对在朴县所获得的 5695 份家长问卷进行了进一步分析。回归分析和结构方程分析结果显示：设置家委会能显著地影响家长与教师的交流，也有利于促进家长参与学校组织的家长会、家长学校等活动。与认为学校没有家委会的家长相比，认为学校有家委会的家长与教师交流的频率是前者的 1.83 倍，且两者具有显著差异。在真正有家委会的学校里，无论家长是否感受到家委会的存在，家长与教师交流的频率是那些没有家委会的学校中家长与教师交流频率的 1.16 倍，且两者具有显著差异。那些认为子女所在学校有家委会的家长对学校的满意度（学校质量、学校管理和教师态度等）显著高于那些认为子女所在学校没有家委会的家长。同时，无论家长是否认为学校有家委会，家校交流都显著地提升了家长对学校的满意度，例如，与没有参加家长学校的家长相比，参加家长学校的家长对学校教育质量的满意度是前者的 2.79 倍，对教师交流态度的满意度是前者的 1.65 倍，对学校管理的满意度是前者的 1.88 倍，且在统计学上都具有显著意义[①]。

三、教师问卷的数据分析与讨论

教师如何理解家校对子女教育的重要性，直接影响到学校能否成功开展家校合作。我们对教师进行了问卷调查，共获得有效问卷 297 份，其中担任班主任的教师有 118 人，占 39.7%；普通任课教师有 152 人，占 51.2%；其他 27 人担任学校中层领导或副校长等职务。教师问卷调查结果显示，68.0% 的教师每周会用微信或短信与家长交流，54.6% 的教师每周会与个别家长通过电话交流，29.4% 的教师每周会叫家长到学校面谈。80.7% 的教师与家长交流时最主要的内容是学生的学习成绩，选择与家长交流学生学习习惯的教师占 80.3%，72.1% 的教师经常与家长交流学生的在校日常情况，62.9% 的教师会对学生家长提出配合学校教育的要求，也有 74.6% 的教师选择在交流的时候愿意听取家长对班级工作的意见和建议。事实上，根据我们的调研，家长在正常的状态下一般不会对班级和学校工作提出建议或意见，只有在子女与其他同学发生冲突或者出现其他问题时才会提出关于班级和学校管理的意见。

在教师看来，32.9% 的家长经常参与学校组织的家长开放日活动，36.2% 的家长能够为学校提供日常工作中的资源，37.6% 的家长愿意为班级做志愿服务；52.0% 的家长对班级管理发挥过监督作用，34.7% 的家长经常对班级工作提出建议和意见。38.4% 的教师明确知道本校有家委会这一组织，40.4% 的教师报告本校没有家委会，21.2% 的教师表示不清楚。在明确回答有家委会的教师中，11.7% 的教师报告学校的家委会成员是由学校指定的，45.9% 的教师报告学校的家委会成员是由家长选举产生的，而 10.8% 的教师报告学校的家委会成员是由班级推荐的，其他教师不知道家委会是如何形成的。在明确回答有家委会的教师中，90.1% 的教师明确报告学校有家委会章程。65.1% 的教师报告本校的家委会参与学校部分管理工作，76.4% 的教师认为家委会能够对学校的工作起到监督作用，89.3% 的教师认为家

---

① Wei F, Ni Y. Parent councils, parent involvement, and parent satisfaction: Evidence from rural schools in China[J]. Educational Management Administration & Leadership, 2023, 51(1): 198-218.

委会更好地协调了家长与学校的关系。43.0%的教师非常认可家委会的工作。对于家长工作的重要组织平台——家委会，仅有不到一半的教师有所了解，这说明学校关于家长工作的组织和宣传不到位，在日常工作中较少将家校合作作为学校工作的重要组成部分，对于将家校合作作为推动学校工作的一股力量的重视程度还不够。

在287名教师（10人未回答此题）中，67名教师明确报告学校有面向家长的家长学校，而153名教师报告本校没有家长学校，其他人表示不清楚。家长学校开展的主要活动有教育专家讲座、学校领导讲话、少数家长交流教育经验以及少数家长之间的交流讨论。在261名教师（36人未回答此题）中，有48名教师认为当班级工作需要家长配合时，有90%的家长能够配合工作，而108名教师认为能够配合自己工作的家长不足20%，由此可以看出，教师对家长配合工作的期望值和认可度都是比较低的。但是，教师认为家长对学生在家教育工作的支持力度还是较大的，57%的教师认为家长对学生的在家教育给予了足够支持。62名教师认为家长对自己的工作构成了压力，41名教师认为家长对自己的工作并不构成压力，158名教师对此持中立的态度。在访谈中，笔者频频听到"家长重视度、配合度不够高""家长普遍忽视孩子的教育，家校沟通存在困难""家庭教育观念差，部分留守儿童在爷爷奶奶的照顾下生活，家庭教育对这些学生而言基本没有"等表述，这些基本上是山镇各小学教师反映的共性问题。

由于起步较晚，家校合作在山镇的小学并未形成系统的制度，仅有零星的规则。在262名教师（35人未回答此题）中，141名教师报告本校有关于家校合作的规章制度，50名教师报告本校没有该类制度，而71名教师选择"不清楚"。79人报告本校有包含家长在内的校务委员会，98名教师报告本校没有校务委员会，而85名教师表示不清楚学校是否有校务委员会。这说明学校家校合作制度的宣传力度不够，或者说很多普通老师不关心学校关于家校合作的管理体制机制问题。笔者在山镇中心校和庐山小学的会议室墙壁上都看到了学校张贴的《家长学校考勤制度》，对教师和家长的任务、纪律要求等做了非常详尽、具体的规定，但是其实际执行难度可以想见。

在260名教师（37人未回答此题）中，有151名教师对于自己和各层次家长沟通的能力比较自信，认为自己可以和他们有效沟通。215名教师认为学校应该为教师提供关于与家长沟通能力方面的培训。88 名教师报告学校为教师组织过关于与家长沟通能力方面的培训。120 名教师认为自己比较熟悉现行教育政策中关于家长工作的政策，140 名教师认为自己在政策方面掌握不足。144 名教师报告主要通过自主阅读新闻了解关于家长工作的政策，150 名教师报告学校组织过相关的培训，116 名教师认为自己通过同事了解到相关政策。118 名教师认为本校的家长工作符合教育政策要求，115 名教师认为基本符合，27 名教师认为不符合，做出较为消极评价的教师比例较高。整体上看，教师认可家校沟通能力的重要性，但是学校在这方面提供的培训和支持显得薄弱。

当然，在访谈中，我们也能感受到教师对于来自家长的压力和干扰的不满与无奈。在问卷中，我们设计了"当家长对学校不满意时，他们会采取什么样的方式表达不满"这一问题，在 264 名教师（33 人未回答此题）中，115 名教师认为家长会到学校和教师进行面对面的理性沟通；22 名教师选择家长经常会独自到学校闹事，而 135 名教师选择家长偶尔会独自到学校闹事；14 名教师认为家长会组织人到学校，66 名教师选择家长会偶尔组织人到学校闹事；141 名教师认为家长会通过电话、信息与教师交流，也有 16 名教师认为家长经常会通过网络发帖等形式表达不满，有 99 名教师认为家长偶尔会通过网络发帖等形式表达不满；37 名教师认为家长在不满意时通常会保持沉默，152 名教师认为家长只是偶尔会保持沉默。在这一问题上，虽然大多数家长能够选择比较理性的沟通方式，但即便是发生一起非理性沟通的事件，都会成为舆论的焦点，产生远超出数据比例上的影响。下文在对农村家校合作的困境进行分析时，我们将看到很多这样的案例。

第三节 农村小学家校合作的困境、成因与破解之道

我们梳理了国家关于家长参与教育、家校合作方面的顶层设计和具体措施，

我们的问卷调查结果显示，这些国家政策也得到了学校管理者和教师的认可。但在实地调查中，我们又能处处感受到农村小学家校合作的困境。不得不说，国家政策在具有独特乡土文化的地方学校落地还存在较大的局限，需要进一步讨论。下文我们将探讨农村小学家校合作的困境及其背后的原因，提出在农村文化背景下提升农村小学家校合作成效的策略。

一、农村小学家校合作的困境

我们的问卷调查结果显示，尽管农村家长和教师都认识到家校合作的重要意义，期待能够以各种方式参与子女的教育和学校的有关工作，但事实上，农村小学家校合作并没有像教育政策制定者和学校管理者所期待的那样形成合力。

在对教师的访谈中，山镇的很多小学教师将家长的不配合作为无法提升教育质量的最重要原因。有的老师表示，"放学后家长不监督学生完成作业，家长忙的时候给孩子一部手机随便玩""家长对学生学习没有要求，也不指望孩子考取大学，只要在学校健康长大就好"。在笔者与教师交流家长对教育质量的影响这一话题时，多位教师都对家长教育子女的方式与程度提出了严厉的批评意见。云山小学宋老师说："部分父母外出打工，对孩子学习关心过少。让我感到不可思议的是，很多家长对孩子成绩的了解，竟出自孩子之口。大部分孩子说自己'学得不错'！"在梁山小学吴老师看来，"农村孩子大部分家长不重视阅读，只知一味给孩子买书，没有陪伴孩子阅读的习惯，孩子语文成绩没有提升"。山镇中心校的席老师说："个人认为农村孩子成绩不够优秀，还是家长对孩子教育上的觉悟不高！对于老师布置的学习任务，很少有家长会抽出时间去关注！"而在对家长的访谈中，我们也能听到家长对教师和学校的抱怨，有一位家长认为"某老师做生意①耽误了本职工作""某老师在村里与老百姓一样打麻将、斗地主，不像做老师的样子，这样的老师怎么能教好学生？"双方说的都是笔者可以理解甚至是亲眼所见的事实，这些事实对学生的学业成绩和教师的工作状态具有深刻的影响，损害了老师与家长之间的相互信任关系。

---

① 据笔者所知，这位家长所说的教师在学校门口开了一个超市和一个小饭店。

此外，山镇小学教师与家长的交流沟通机制不健全。很多农村家长在日常生活中对信息交流不敏感，或者由于工作等原因不能及时查看信息，且由于部分家长在外地工作，而孩子作为留守儿童与老人生活在一起，有时老师发给家长的信息需要父母通过电话等形式转达给家中老人，延长了信息沟通的链条，导致教师和家庭之间的沟通不顺畅。有老师表示，他们试图联系家长的时候家长不回应，拒绝沟通，这与城市学校学生家长普遍能及时关注与回复教师信息的情况形成对比。少部分农村家长对子女教育不关心、不配合、少投入，这也与城市家长对子女教育在时间和物质上的高投入具有明显差距。庐山小学程校长给笔者分享了一个案例：一位家住在学校邻村的学生，因为本来成绩尚好，但是有一段时间多次不交作业，班主任要求其请家长到校沟通。该学生是留守儿童，和外婆住在一起。班主任打电话时老人不接，打父母电话时，父母表示自己在外地并答应与老人联系后让老人去学校，然而一周都没有任何消息。最后，校长和班主任到该学生家里进行家访时才见到老人，老人对教师和孩子学习的态度都非常消极，因为长期与孩子"斗智、斗勇、斗气"，极其厌倦管教这个孩子，班主任只好眼看着这个学生的成绩不断滑坡而得不到来自家长的支持。

很多时候，由于文化程度的制约和日常表达方式的不当，家长与教师的交流方式给教师带来了困扰。云山小学的一位班主任说："做班主任两年多，我发现农村家长更溺爱孩子，不舍得他们吃一丁点儿苦，比如，中、高年级学生家长会发信息嘱咐老师，快到中午的时候问一下孩子热不热，热了就让他脱一件衣服，那一刻我真不知该怎么回复。"家长无法理解教师面对数十人的工作环境所承受的压力，片面地认为自己发出的指令教师可以迅速回应，这样的交流方式使得教师对与家长的交流产生了抵触心理。

对家校合作影响更大的事情在于少部分家长不理智的行为会给学校工作带来很大的麻烦。例如，2021 年 11 月，梁山小学一位家长因为老师通过手机布置作业，在国家某机关的"网上信访"平台留言投诉该校违背"双减"政策，结果相关投诉被逐级转到省、市、县教育行政部门。可想而知，山镇教办为此承受了巨大压力，并且要为此事出具庞杂的调查材料，这些都占据了学校管理者和老师更多的时间，并且加剧了学校和家庭的对立情绪。

二、农村小学家校合作问题的成因

从政策效果来看，国家关于家校合作的政策在农村地区并未得到有力执行。家委会、家长学校和家长开放日是城市学校对家长进行教育并吸纳家长作为学校治理资源的主要途径，也是国家教育政策重点强调的事务，但是在山镇乃至整个朴县，这些政策的执行效果很难说特别理想。直到 2019 年，仅有山镇中心校、云山小学和庐山小学设立了家委会，且由于时间短、组织的活动少，并没有在家长和教师中产生真正意义上的影响。即便是定期召开家长会这样的事情，在 2018 年之前也不是每一所学校都能做到。至于家长学校，也只有山镇中心校开展过为数不多的几次活动，并没有像预期的那样对家长教育发挥作用。在全县范围内，我们调查的 20 所中小学中，仅有 10 所学校真正设立了家委会。山镇乃至朴县的基础教育整体上较为薄弱，教师队伍建设、教育教学质量提升等显而易见的常规重要任务，再加上应接不暇的各类评估、验收等事务，让教育行政部门力不从心，关于家长的工作显然难以成为教育行政部门领导考虑的重要事项，尽管他们在观念上都认可家长参与教育的重要意义，但除非上级教育行政部门对此有专项检查和督导，否则他们很难真正重视此项工作。

山镇部分小学管理者并未真正地认识到家校合作的重要意义，目前学校开展的有关家长参与和家校合作的工作只是被动地执行山镇教办领导的要求。2018 年后，在山镇教办的要求下，山镇的小学逐渐开始开展家校合作的各项工作，定期召开家长会，组织教师对住在本村的学生进行家访，这些活动在一定程度上拉近了学校与家庭的距离，这一点从前述家长参与家长会的比例逐渐上升中可以看出来。有的学校还开展了别具特色的活动，如庐山小学组织家长分批参与周一的升国旗仪式。该校程校长说，在升国旗这样神圣的活动中，大部分家长的表现都很好，态度严肃，会后还主动地捡起操场上的垃圾，体现了家长素质的进步。但在不少学校管理者的日常工作中，家校合作的工作无疑是个点缀，只是在开学初或期末总结的时候，或在面临家长工作的压力时才有所涉及。在平时，家长工作大多不会进入管理者的视野而成为学校管理工作的一个板块。

从家长方面来说，山镇农村小学家长的文化程度、认知结构和日常沟通水平是制约家校合作的重要原因。农村学校家校合作工作开展不够理想的更深层次原因是农村社会结构变迁导致的农村家庭结构变化,影响到家长与学校的合作状况。首先,在农村尤其是经济不发达地区的农村地区,留守儿童家庭占比较高,祖辈照顾学生时不能很好地与学校沟通。山镇的小学中,每个班级有 30%左右的学生为留守儿童,他们一般在祖父母的监护下生活、学习,而绝大多数祖父母没有辅导孩子的精力和能力,也不会使用智能手机与教师联系,无法正常接收老师布置的作业和其他活动信息,不愿参与学校组织的活动。其次,由于传统生育观念和国家全面放开生育政策的影响,多子女家庭在农村地区普遍存在,父母教育子女的精力被分散。有老师反映,多子女家庭的家长无法同时参加两个或三个孩子班级的家长会,会混淆不同孩子的家庭作业,由此导致这类家长对学校召开家长会或布置任务具有抵触情绪,认为学校的这些做法对他们构成了负担。最后,部分农村地区离异家庭的比例较高,导致学生监护缺失,更遑论家校合作。调研发现,山镇小学的某些班级中,学生父母离异的比例在 20%以上。在当前的性别比压力下,一些农村青年迫于婚配压力草率成婚,生育子女后发现双方不合,后又离婚,导致子女的教育和生活无人负责的局面。山镇小学教师普遍反映,来自离异家庭的学生在学习习惯和行为习惯方面的表现均较差。

从教师方面来看,对家校合作的不利因素是农村教师与学生所处社区的陌生化。一些农村小学的教师跨县城、跨地区甚至跨省任教,这些家在外地的教师对于学校所在地的农村文化认同感不强,即便是本地户籍的农村老师,也多在县城居住并以私家车等交通方式往返于家庭和学校,农村学校教师与学生及其家庭的关系从熟悉逐渐走向陌生,教师逐渐成为农村社区中的陌生人。从学校的角度来看,制约农村中小学家校合作的突出问题是教育教学质量较低而导致家长对学校信心不足。例如,2018—2019 学年的期末考试中,山镇所有小学五年级学生数学期末考试成绩的平均分为 51.78 分,最低的平均分仅有 40.45 分;同时,部分农村中小学因为专业师资的缺乏也无法开齐、开足艺术类课程,不能为学生提供更为全面的素质教育。在此背景下,即便学校组织各种形式的家校合作,家长参与的积极性也将受到影响。

三、提升农村小学家校合作成效的策略

2022 年开始正式实施的《中华人民共和国家庭教育促进法》，将家庭教育从"家事"上升为"国事"。该法旨在引导全社会注重家庭、家教、家风，增进家庭幸福与社会和谐，对家长在子女教育中的职责做了具体的规定，也为家长更好地参与子女教育指明了方向。但是，从法律落实到教育实践，需要有更为明确和具体的举措。

在制度上，教育行政部门需要强化家校合作的制度建设并扎实执行。按照现代学校制度建设要求，学校需要制定章程并依照章程治理学校，建设校务委员会、家委会等决策和监督机构，并就各机构的运行形成系统的规则和制度体系。山镇小学的多数管理者因为教学业绩较好而担任学校领导，其实并未受到过关于教育管理与领导的系统训练，在其既有知识结构中并未涉及家校合作对学校教育工作的意义。因此，教育行政部门需要强化对家校合作工作的督导和检查，将家校合作的开展状况作为评价学校日常工作和校长工作能力的重要指标，以此推动山镇小学的管理者重视家校合作工作。

制度建设相对较为容易，较难且更为重要的是执行者观念上的转变。山镇的小学管理者需要发自内心地重视家校合作的意义，将家校合作工作从被动执行政策转变为一种自觉的教育行动。诸多的学术研究成果已经证明，家校合作可以提升学生学业成绩和教育质量，在山镇这样教师队伍基础较为薄弱的小学里，通过改善家校合作的质量，促进家长对子女教育的投入，则可能是另辟蹊径的进步之道。如果山镇的小学能够扎扎实实地推进家校合作工作，以此为突破口，那么学校的整体工作将会更好地得到改进。山镇教办的盛主任等人也认识到了这一点，所以在 2018 年后开始在山镇的小学大力推进家校合作工作，尽管目前的效果还不能尽如人意，但是与过去相比已经有了很大的进步。

家长的文化程度和素养是制约家校合作的重要原因。如何进一步通过家长学校、社区教育等形式开展家长教育，提升家长的认知水平，进而促进自身文化程度不高的家长能够主动、有效地关注甚至是指导孩子的学习和发展，这是农村社会教育和学校教育今后努力的方向。针对前述农村家长不能正确地处理婚姻家庭问题、离婚率高而导致对子女教育不负责任的情况，需要通过多种形式的社会教育提升家长对家庭责任、家风建设的认知水平，使他们能够为子女的成长提供安全稳定的环境。从更为宏观的视野来说，更重要的是发展当地经济，使得更多的农民"离土不离乡"，从而使得更少的农村子弟成为留守儿童。更多年轻的、文化程度高的家长与子女生活在一起，能够为子女的教育提供更多的指导，能够更好地与教师进行沟通与交流，尽可能避免留守儿童家庭中老年人与教师信息沟通不畅的问题。这不仅仅需要学校教育承担相应的责任，还需要全社会诸多部门的共同努力，才能克服困难。家校合作是教育的问题，但是问题的解决不仅仅在教育部门。

家校合作困境的背后其实是民众对学校教育的信念和信心不足问题。因此，从更根本的意义上来说，唯有有效地提升教育质量，让民众能够感受到子女在学校教育中获得理想的成绩进而能够升学，并在身心健康、行为品质等方面得到更好发展，才能恢复和增强家长对学校教育的信心。农村学校教育对农民子女的教化和升学功能凝聚了农村社会民众对教育的信念。没有乡村民众对教育的理解、信任和支持，很难真正实现乡村教育的振兴。没有乡村教育的振兴，更不可能有乡村的振兴。但不可否认的是，学校教育内容的城市化导向不能为农民提供安身立命之本，城乡二元结构下的农村教育因其质量相对较低而不能完全取得农民的信任，教育实践和制度建设推进家校合作与融合的过程任重道远。接下来，我们将探讨山镇小学教育质量方面的问题及提升的路径，这事关教师、家长对山镇小学教育的信心。

第七章

山镇小学的教育质量

实现教育高质量发展是当前各级各类教育的追求,义务教育质量更是关乎千家万户,关系到民族国家的未来发展。但是,由于长期的历史欠账,农村学校教育质量存在较为突出的问题。教育行政领导、学校内部管理、教师队伍建设和家校合作等都为实现教育的高质量发展服务,其水平如何最终也将通过教育质量体现出来。如前所述,山镇的小学在教育管理、教师队伍和家校合作等方面存在一些不足,这些不足最终反映到教育质量上。本章我们将考察教育质量的理论内涵与政策演变,调研山镇的小学在教育质量方面的问题以及近年来山镇教办和各小学为提升教育质量所做出的努力,探讨乡村振兴背景下农村小学应如何提升教育质量。

第一节 教育质量：内涵界定与政策背景

一、教育质量的内涵界定

教育质量是民众日常生活中的常用语，也是教育研究领域的重要概念。但何谓教育质量，却很难明确界定。《教育大辞典》对教育质量的界定颇为简洁明了：教育质量是教育水平高低和效果优劣的程度[①]。但是，细究起来，这一概念并不能帮助我们深刻地理解教育质量的内涵。什么是教育水平？何谓教育效果？我们必须回到"质量"这一概念本身，才能更好地理解教育质量。

美国管理学家朱兰（Juran）和高德弗莱（Godfrey）指出，在关于质量的众多含义中，有两个要素对质量管理至关重要：一是产品特性能够满足顾客要求，从而让顾客满意；二是没有不足[②]。"没有不足"是对质量要求的一种底线，这种底线可以构成一种标准，在此意义上，质量包括两个方面的含义：①达到既定标准的程度且没有不足之处；②顾客（在教育系统中可以指学生及其家长，进而言之，也可以指义务教育的投入者，如政府）的满意度。国际标准化组织将质量定义为"一组固有特性满足要求的程度"，并进一步将产品（包括有形产品和服务）、过程或体系的与要求有关的固有特性定义为质量特性。这里的"要求"是指顾客和其他相关方明示的、通常隐含的或必须履行的需求或期望。按照国际标准化组织的观点，产品本身无所谓质量，产品质量是其质量特性满足顾客要求的程度[③]。在此意义上理解教育质量，教育尤其是义务教育作为一种面向人的发展的准公共产品，

---

① 教育大辞典编纂委员会. 教育大辞典(第 1 卷): 教育学 课程和各科教学 中小学校[M]. 上海: 上海教育出版社, 1990: 24.

② Juran J M, Godfrey A B. Juran's Quality Handbook[M]. New York: McGraw-Hill, 1998: 7-9.

③ 程风春. 教育质量特性的表现形式和内容——教育质量内涵新解[J]. 教育研究, 2005(2): 45-49, 67.

是国家通过学校组织为受教育者所提供的公共服务，因此义务教育的质量就是学校教育服务满足学生发展需求以及国家对学生发展要求的程度。

美国学者尼克（Nikel）和洛（Lowe）基于教育这一活动特有的价值立场，提出了教育质量的"织物模型"（fabric model），即教育质量具有七个互相关联、互相影响的属性：效能（effectiveness）、效率（efficiency）、公平（equity）、回应性（responsiveness）、相关性（relevance）、反思性（reflectivity）、可持续性（sustainability）。效能指达到教育目标的程度；效率指资源利用的程度；公平指教育在提高或降低社会公正方面所起到的作用；回应性指教育应重视学生的个性，因材施教；相关性指教育的目标以及达成目标的手段要满足国家、社区和学习者生活情境所需；反思性指教育能够帮助受教育者在快速变化的不确定世界里定位其发展；可持续性指教育为应对全球环境变化和未来人类世代福祉的不确定性承担责任[①]。这一框架超越了以"输入-输出"和顾客满意度的视角来理解教育质量的传统路径，从个体和社会的多重维度理解教育质量的特性，全面、深刻而富有前瞻性，但其问题在于将这些概念付诸于现实的教育情境时难以对每一个方面的特征进行操作化，有"目标"而无"指标"。

程凤春将教育质量特性理解为与教育消费者要求有关的教育的固有特性，教育质量特性需要通过教育输入、教育过程和教育结果来全方位体现，对于不同的教育消费者，教育质量特性的表现形式和具体内容有所不同。他在结合教育"服务"质量特性和教育"生产"质量特性的基础上，提出了教育质量特性的具体内容包括功能性、文明性、舒适性、时间性、安全性、经济性和可信性[②]。程凤春更多地将教育作为一种服务产品来探讨其质量特性，但是这些特性中的若干方面无法被清楚地界定为是教育这一事务的特性，如舒适性、经济性等，而功能性、文明性等也难以理解，更无法具体化为测量指标。袁振国将教育质量转换为人才培养质量，并提出了衡量人才培养质量的根本标准：一是看能否适应经济社会发展的需要，既能满足社会当下对人才数量和规格的需求，又能为未来发展做好必要的人才储备；二是看能否适应人的发展需要，既能保证对公民基本素质的培养，又能提供个性化的发展空间。经过概念转换之后，袁振国提出的两个标准都是从

① Nikel J, Lowe J. Talking of fabric: A multi-dimensional model of quality in education[J]. Compare: A Journal of Comparative and International Education, 2010, 40(5): 589-605.

② 程凤春. 教育质量特性的表现形式和内容——教育质量内涵新解[J]. 教育研究, 2005(2): 45-49, 67.

教育的输出端来看教育质量，事实上，教育质量涉及教育活动的过程，也就是说，涉及教育活动整体所发挥的作用或者说所产生的影响，不能将教育质量简化为人才培养的质量。袁振国在讨论教育质量的影响因素时也再次将话题转换到教育视野发展的宏观层面：确保数量是提高教育质量的基础，合理的结构是教育质量的骨架，教育公平是教育质量的有机组成部分，优秀的教师是提高教育质量的关键，教育创新是提高教育质量的核心[①]。

也许是因为教育质量的概念难以说清楚，我国学者对教育质量概念的理论探讨较少，而更多的是关于教育质量的政策表达，或是对教育质量测评的模型进行研究。这些指标体系一般会关注到国家的政策关切、学生发展结果，以及影响学生发展的各种因素[②]。在教育部基础教育质量监测中心发布的《中国义务教育质量监测报告》中，义务教育质量被表达为人生价值取向、行为规范、身体素质、艺术表达能力、语文数学科学等学科的学生学业成绩及学生对知识的综合应用能力。该报告还对各学科的课程开设、条件保障、教师配备、学科教学以及学校管理等相关因素进行了测查，并关注教师的教学水平、师生关系、学校育人环境、家庭教育等因素对教育质量影响[③]。这个框架也为我们从学业成绩、学生综合素质发展等多维度更全面地评价山镇小学的教育质量提供了借鉴。

教育质量是一个相对客观的概念，与教育质量相关的概念是教育质量观，即对教育工作及学生质量的基本看法，主要着眼于对学生质量的评价，因为学生质量取决于教育工作质量。片面质量观单纯以学习成绩的优劣或单纯以品德表现好坏来论断教育质量的高低。全面质量观则认为，教育质量标准具有综合性。其实质是看学生全面发展、教学任务全面完成和全体学生全面提高的情况。学生的全面发展包括德智体美劳几个方面的发展，包括是否做到知识与能力的统一、理论与实践的结合以及智力与体力的协调发展[④]。在此意义上，教育质量是一个主观的、动态的、综合的概念，随着社会和个体需求的变化而变化，也随着时间和空间的

---

① 袁振国. 教育质量的国家观念[J]. 中国教育学刊, 2016(9): 27-30, 50.

② 檀慧玲, 黄洁琼, 万兴睿. 我国区域义务教育质量关键影响因素监测指标框架构建研究[J]. 中国教育学刊, 2020(2): 33-39.

③ 我国首份《中国义务教育质量监测报告》发布[EB/OL]. http://www.moe.gov.cn/jyb_xwfb/gzdt_gzdt/s5987/201807/t20180724_343663.html. (2018-07-27).

④ 教育大辞典编纂委员会. 教育大辞典(第 1 卷): 教育学 课程和各科教学 中小学校[M]. 上海: 上海教育出版社, 1990: 24.

变化而变化。因此，梳理人们对教育质量观的历史变迁，有助于我们更好地理解教育质量。

二、义务教育质量观：国际视野和我国的政策表达

以联合国教科文组织为代表的国际组织一直以宏观的视野推动教育质量的提升。联合国教科文组织出版的《学会生存——教育世界的今天和明天》一书提出学校教育要为一个尚未出现的社会培养新人，并就现代人在社会生活中的交往与合作等素养提升提出了建议①。其出版的《教育——财富蕴藏其中》提出了最具影响力的四大支柱概念：学会认知——学习广泛的一般性知识，并有机会就少数科目开展深入研究；学会做事——不仅要掌握职业技能，还要具备处理各种情况和团队协作的能力；学会做人——培养个性，能够在不断增强的自主性、判断力和个人责任的基础上采取行动；学会共存——加深对于他人的理解，认识相互依存的道理②。这两篇经典论著对于现代社会中的学校教育乃至一切教育"如何培养人""培养什么样的人"等重要理论问题做出了精彩的回答。2000 年在达喀尔召开的世界教育论坛上，联合国教科文组织提出了质量与公平的大质量观，因为教学质量差是不平等的重要根源，质量和公平是密不可分地联系在一起的。这次论坛通过的《达喀尔行动纲领——全民教育：实现我们的集体承诺》提出了要"使所有人能取得可测、能获得认可的学习成果"③，全面提高教育质量。这对我们有两点重要启示：其一，其对于教育公平与教育质量关系的理解是极其深刻的，人们曾经处于一个误区，即可以通过先扩大规模普及低质量的公平，但是我们也应该认识到，没有质量的公平是没有意义的；其二，教育质量不应该是一个抽象的概念，而应该是"可测、能获得认可的学习成果"，在一定程度上可以说，不能提供给学生可测的学习成果的教育是虚假的、没有意义的。从 2000 年开始，OECD 以国际

① 联合国教科文组织国际教育发展委员会. 学会生存——教育世界的今天和明天[M]. 华东师范大学比较教育研究所译. 北京: 教育科学出版社, 1996.
② 联合国教科文组织. 教育——财富蕴藏其中[M]. 2 版. 联合国教科文组织总部中文科译. 北京: 教育科学出版社, 2014.
③ 中国教科院教育质量标准研究课题组. 教育质量国家标准及其制定[J]. 教育研究, 2013(6): 4-16.

大型测试 PISA（Programme for International Student Assessment，国际学生评价项目）为手段推进学生的学习成果测量，监测义务教育结束时 15 周岁的在校学生在阅读、数学和科学等方面的表现，进而评价学生应用知识与技能适应未来生活的能力，以及自我总结、自我反思、自我监控和终身学习的能力，定期发布报告，促使相关国家反思本国教育政策和教育教学模式，在国际社会持续深度推进教育质量的提升①。

联合国教科文组织发布的研究报告《反思教育：向"全球共同利益"的理念转变》提出，重新定义知识、学习和教育，必须根据公平、可行、可持续的人类和社会发展新观念来重新审视教育的目的，"赋权型教育可以培养出我们所需的人力资源，这样的人才富有生产力，能够继续学习、解决问题、具有创造力，能够以和平、和谐的方式与他人共处，与自然实现共存……教育可以帮助我们完成更为艰巨的任务——改变思维方式和世界观。人们需要更多机会过上有意义的生活，享有平等的尊严，而教育对于扩大这种机会的能力建设至关重要。新的教育观应包括，培养学生学会批判性思维、独立判断和开展辩论。要实现这些转变，必须改善教育质量，同时提高由个人和社区决定的、具有经济和社会针对性的办学质量"②。今天，个体生活在面向未来的、充满不确定的社会中，必须拥有独立判断能力、批判性思维、问题解决能力和创造力，才能成为一个可持续发展并享有高质量生活的人。这一报告在新的时代背景下为学生个体的成长与学校教育的发展描绘了更为美好的愿景，也对学校教育质量提出了更高要求。

"义务教育质量决定一个国家的人才素质，决定一个国家的前途和民族的未来。"③中华人民共和国成立初期到 20 世纪末，制约我国教育改革和发展的主要问题是教育的体制机制、教育投入以及由此产生的教育公平等问题，而在教育规模扩大、教育普及化程度提高、教育保障水平逐步提高等"量"的问题逐步解决之后，教育的内涵发展即教育质量问题逐渐被提上了议事日程，成为教育改革与发展的重点和核心问题。

《国家中长期教育改革和发展规划纲要（2010—2020 年）》明确提出，"把提

---

① 马克·塔克. 超越上海：美国应该如何建设世界顶尖的教育系统[M]. 柯政主译. 上海：华东师范大学出版社，2013.

② 联合国教科文组织. 反思教育：向"全球共同利益"的理念转变?[M]. 联合国教科文组织总部中文科译. 北京：教育科学出版社，2017: 24-25.

③ 何秀超. 推进实施国家质量监测，着力提升义务教育质量[J]. 人民教育，2018(19): 34-36.

高质量作为教育改革发展的核心任务",并且强调要"建立国家义务教育质量基本标准和监测制度"。2016 年的《中华人民共和国国民经济和社会发展第十三个五年规划纲要》提出,全面提高教育质量,把提升人的发展能力放在突出重要位置。2017 年,党的十九大报告强调,努力让每个孩子都能享有公平而有质量的教育。2019 年,中共中央、国务院颁布的《关于深化教育教学改革全面提高义务教育质量的意见》指出,"义务教育质量事关亿万少年儿童健康成长,事关国家发展,事关民族未来",突出强调了义务教育质量的地位。该意见还要求,"树立科学的教育质量观,深化改革,构建德智体美劳全面培养的教育体系,健全立德树人落实机制,着力在坚定理想信念、厚植爱国主义情怀、加强品德修养、增长知识见识、培养奋斗精神、增强综合素质上下功夫。坚持德育为先,教育引导学生爱党爱国爱人民爱社会主义;坚持全面发展,为学生终身发展奠基;坚持面向全体,办好每所学校、教好每名学生;坚持知行合一,让学生成为生活和学习的主人"。

为达到上述义务教育质量目标,该意见聚焦课堂教学质量,提出四项具体措施:一是优化教学方式,引导学校注重启发式、互动式、探究式教学;注重因材施教,精准分析学生学习情况,进行差异化教学和个别化指导。二是强化教学管理,对省、市、县特别是学校分别提出了规范教学管理的具体要求,比如开齐开足开好国家规定课程、认真制订教学计划和教案、坚持集体备课和零起点教学,加强课程实施日常监督。三是完善作业考试辅导,统筹不同年级不同学科作业数量和时间,创新作业形式,杜绝给家长布置作业;从严控制考试次数,严禁考试排名;对学习有困难的学生要有帮扶制度,对学有余力的学生要拓展学习空间。四是促进信息技术与教育教学融合应用,建立覆盖义务教育各年级各学科的数字教育资源体系,加快数字校园建设,免费为农村和边远贫困地区学校提供优质学习资源。与《国家中长期教育改革和发展规划纲要(2010—2020 年)》相比,该意见进一步明确了义务教育质量的总体要求和具体措施,体现了新时代国家和社会对义务教育阶段学生发展的目标和需求,为义务教育学校教育质量的提升指明了方向。

2020 年 10 月,党的十九届五中全会提出"十四五"时期经济社会发展以推动高质量发展为主题。全会审议通过的《中共中央关于制定国民经济和社会发展第十四个五年规划和二〇三五年远景目标的建议》明确指出"建设高质量教育体系",具体而言,即"全面贯彻党的教育方针,坚持立德树人,加强师德师风建设,培养德智体美劳全面发展的社会主义建设者和接班人"。该建议还提出,要"增强学生文明素养、社会责任意识、实践本领,重视青少年身体素质和心理健康教育"。这是在未来很长一段时期内引领我国教育发展的政策,其对教育质量的内涵理解更为丰富,不仅强调了德智体美劳五育并举,尤其强调学生作为未来社会公民应该具备的素养,面向未来的义务教育高质量发展有了更为精准的导航仪和指南针。

2021 年 3 月,教育部等六部门印发了《义务教育质量评价指南》,要求"遵循学生成长规律和教育规律,加快建立以发展素质教育为导向的义务教育质量评价体系,强化评价结果运用,健全立德树人落实机制,构建德智体美劳全面培养教育体系,引领深化教育教学改革,全面提高义务教育质量,努力培养德智体美劳全面发展的社会主义建设者和接班人"。该指南明确了义务教育质量评价的基本原则:"坚持正确政绩观和科学教育质量观,促进义务教育公平发展和质量提升。坚持育人为本。面向全体学生,注重综合素质评价,促进全面培养,引导办好每所学校、教好每名学生。坚持问题导向。完善评价内容,突出评价重点,改进评价方法,统筹整合评价,着力克服'唯分数、唯升学'倾向,促进形成良好教育生态。坚持以评促建。坚持实事求是、客观公正,强化过程性评价和发展性评价,有效发挥引导、诊断、改进、激励功能,促进义务教育优质均衡发展。"该指南的颁布在义务教育质量标准化的历程上前进了一大步,以全面质量观引导义务教育健康发展,成为引领义务教育高质量发展的重要指挥棒。

山镇小学的教育质量如何?山镇的小学如何贯彻素质教育的义务教育质量理念?山镇教办为提升小学教育质量做出了哪些努力并取得了什么样的效果?对这些问题的回答可以帮助我们理解上述政策文件中符合教育发展规律的、好的教育评价原则如何落实在基层的农村小学。我们将借助于对山镇小学的观察和其他档案资料,考察学生的学业成绩及其各个方面的表现。

第二节　山镇小学的教育教学质量

我们将义务教育质量界定为学校教育满足学生发展需求以及国家对学生发展

要求的程度。在实践中，学校教育满足学生发展需求包括学校在知识、能力、身体素质和社会性等方面为学生的成长提供帮助。国家对学生发展要求则是指学校教育培养社会建设所需的人才在思想素质、知识能力等方面的规格要求。这些要求是非常综合、全面的，难以清晰地进行评价。在此，我们借鉴《中国义务教育质量监测报告》中的评价指标体系，从学生的学业成绩、课堂教学质量与课后作业、素质教育等方面考察山镇小学的教育质量。

一、山镇小学学生的学业成绩

通俗地说，教育质量是办学的效果，其标志是学校教育能不能培养出合格的甚至是优秀的人才。教育质量是学校办学的根基，也是民众对学校教育信念的根源。尽管各项教育政策都强调全面的质量观，关注学校对人的全面发展所起的作用，但是，在一般农村公众的眼里，甚至是教师的言语和实践中，教育质量在很大程度上就是教学质量，即通过学生考试成绩所反映出来的学校教学水平。因此，在山镇，当笔者和管理者、教师以及家长交流关于教育质量的话题时，大家通常的表达就是"考得好"或"考得差"，只有极少数教师会谈论学生考试成绩以外的其他方面素养的发展。然而，尽管大家重视考试成绩，但是由于教师素质和学校管理等原因，在过去的很多年里，山镇小学的教学质量或者是学生的考试成绩都是比较差的，在全县处于靠后的位次。朴县教育局统计资料显示，2018年全县小学毕业生会考中，山镇小学六年级学生在总均分、总优秀率、总及格率等方面的教学质量综合考评在全县24个乡镇中位居第18名。2019年1月，山镇教办盛主任给笔者看了当时全镇各小学期末考试成绩汇总表。他特别强调，过去，山镇的小学期末考试试卷都是本镇教师自主命题，有些教师甚至提前就考试内容进行复习，所以学生考出来的分数较高，但是考试的"水分"也较大。盛主任上任后，要求山镇的小学采用朴县教研室统一命题的试卷进行考试，并且按照正规考试的方式组织各小学的教师互换监考，和隔壁乡镇的教师互换阅卷，从而尽可能保证了考试成绩的真实性。但是，考试结果非常不理想。笔者在山镇教办查阅了2018—2019学年第一学期期末考试全镇小学成绩汇总表，全镇各学科平均分和各小学成绩情况如表7-1所示。

表 7-1 山镇的小学 2018—2019 学年第一学期期末考试成绩汇总表

项目	一年级		二年级		三年级				四年级				五年级				六年级			
	语文	数学	语文	数学	语文	数学	英语	科学	语文	数学	英语	科学	语文	数学	英语	科学	语文	数学	英语	科学
全镇平均分	81.98	89.60	74.07	81.34	62.77	74.02	83.62	58.34	70.38	71.93	64.16	48.58	69.95	51.78	59.69	55.63	74.63	54.25	57.18	62.28
山镇中心校平均分	83.28	91.73	76.88	85.30	64.44	77.10	87.27	64.44	73.31	74.71	69.57	51.03	70.52	60.51	63.20	58.170	77.43	62.44	61.12	63.90
云山小学平均分	84.65	87.90	73.47	82.28	70.10	71.61	84.38	54.94	74.27	79.01	63.25	50.08	72.10	44.90	56.35	54.50	75.58	55.28	55.42	60.70
东山小学平均分	84.34	90.43	72.14	80.47	62.83	75.64	86.40	58.68	69.33	66.92	68.63	44.58	74.18	53.26	71.29	50.65	73.89	48.71	70.68	54.46
松山小学平均分	69.52	84.79	72.82	79.59	47.29	74.29	76.53	46.00	66.06	68.36	62.06	46.02	66.17	41.64	48.59	55.12	69.68	45.09	51.32	53.83
龙山小学平均分	81.35	87.04	67.73	71.02	44.38	59.34	74.34	45.02	61.88	63.45	53.49	42.33	66.17	46.22	57.90	47.04	69.34	42.49	44.01	55.71
庐山小学平均分	81.91	90.52	76.29	80.49	59.28	79.44	89.22	57.71	65.45	73.29	67.31	44.21	73.61	55.88	60.16	61.34	75.15	49.23	50.93	70.15
梁山小学平均分	82.39	89.22	70.10	73.13	68.60	72.37	84.55	54.11	68.92	68.20	55.80	52.97	74.56	52.44	56.92	57.93	71.34	56.18	50.63	60.51
连山小学平均分	71.32	87.03	63.88	72.53	53.94	66.04	70.93	57.67	65.51	65.96	62.36	46.78	60.98	43.84	52.92	50.78	73.20	45.65	51.61	59.18
黄山小学平均分	85.02	90.01	74.03	76.93	66.47	77.12	79.68	63.26	57.10	63.51	51.62	46.15	66.89	40.45	58.67	54.03	72.51	46.66	51.82	66.87

由表 7-1 可以看出，山镇的小学教学质量低下，令人担忧。以五年级数学学科考试成绩为例，全镇所有学生的平均分为 51.78 分，最低的是黄山小学，平均分仅为 40.45 分；全镇 1—5 年级科学课的平均分均未达到及格线水平。《2019 年国家义务教育质量监测——语文学习质量监测结果报告》显示，四年级学生语文学业表现达到中等及以上水平的比例为 81.7%[①]。2018 年的《中国义务教育质量监测报告》显示，四年级学生数学学业达到中等及以上水平的比例为 84.6%，达到优秀水平的比例为 23.8%；四年级学生科学学业达到中等及以上水平的比例为 76.8%，达到优秀水平的比例为 16.0%[②]。通过与全国范围内的整体情况对比，我们也可以看出山镇小学学生成绩的薄弱状况。

看过这份成绩单后，在走向食堂午餐的路上，盛主任不停地叹息、摇头，频繁地用"太难了"等词来形容自己新的工作环境——山镇这样一个教学成绩落后的地方。调研时，山镇小学的老师们也都反映学生考试成绩的低下与他们的无能为力。云山小学一位四年级的数学老师告诉笔者，全班 54 人中，数学成绩低于 10 分的有 22 人。笔者翻阅了试卷，看到了有些学生的成绩为 0 分、2 分、5 分、7 分。老师们对学校教育的质量有怨言，学生家长也有怨言，因此许多家长将子女转学到城区的学校、本镇的民办学校甚至是隔壁乡镇的中心校。山镇教办的邓副主任告诉笔者，山镇小学一年级总人数与六年级人数相比，差额达到近千人，未来三年的毕业生人数以每年 400 人左右的数量递减，主要原因是许多学生转学到其他城区学校或民办小学。

发现问题之后，盛主任带领山镇教办业务主管邓副主任和小学校长以及各小学的业务骨干，狠抓教学质量（下一节我们将会探讨这些策略和措施）。到 2019 年全县小学毕业生会考时，山镇小学毕业生在总平均分、总优秀率、总及格率等方面的教学质量综合考评位居全县第 13 名。2021 年 11 月，盛主任告诉笔者，山镇小学已经基本上消除了平均分不及格现象，在全县 24 个乡镇中的整体排名上升到第 7 名，进入上游行列。笔者分析了山镇的小学 2020—2021 学年第一学期期末考试成绩（表 7-2），可以看出，经过努力，山镇各小学的成绩与 2018 年相比有了

---

① 2019 年国家义务教育质量监测语文、艺术学习质量监测结果报告发布[EB/OL]. http://www.moe.gov.cn/jyb_xwfb/gzdt_gzdt/s5987/202008/t20200820_479095.html. (2020-08-24).

② 我国首份《中国义务教育质量监测报告》发布[EB/OL]. http://www.moe.gov.cn/jyb_xwfb/gzdt_gzdt/s5987/201807/t20180724_343663.html. (2018-07-24).

表 7-2 山镇的小学 2020—2021 学年第一学期期末考试成绩汇总表

项目	一年级		二年级		三年级				四年级				五年级				六年级			
	语文	数学	语文	数学	语文	数学	英语	科学	语文	数学	英语	科学	语文	数学	英语	科学	语文	数学	英语	科学
全镇平均分	79.66	86.64	82.37	87.12	74.33	80.44	86.17	57.38	67.53	71.92	57.69	45.13	71.87	62.91	61.82	61.60	76.06	57.32	64.42	65.94
山镇中心校平均分	80.55	86.26	86.32	88.96	76.12	83.55	85.47	55.44	70.59	76.14	57.76	43.72	72.94	64.09	62.82	57.81	75.87	61.84	67.49	63.62
云山小学平均分	79.49	85.92	82.68	86.82	78.53	76.86	85.86	60.45	67.79	72.78	57.62	45.94	75.55	64.23	61.46	65.89	76.69	71.71	67.09	67.51
东山小学平均分	82.10	91.44	87.10	88.00	69.33	76.67	91.26	54.09	66.81	66.18	70.41	41.99	80.01	69.13	74.53	75.68	78.37	50.32	76.41	67.38
松山小学平均分	74.57	83.07	73.46	85.52	74.71	73.48	86.52	57.63	66.31	66.99	58.93	54.26	63.75	53.44	54.76	50.97	71.82	47.95	61.55	71.72
龙山小学平均分	72.79	89.02	66.95	82.05	76.45	72.07	82.39	50.33	64.52	67.44	57.67	50.38	53.64	48.14	41.63	70.71	75.52	46.84	46.38	66.49
庐山小学平均分	81.14	85.03	83.48	91.12	64.63	77.49	86.92	62.48	76.02	73.55	51.24	39.23	75.56	70.19	63.51	65.23	78.03	46.57	64.15	80.23
梁山小学平均分	74.64	84.52	78.11	82.04	74.46	89.28	91.88	67.11	65.75	66.97	71.40	38.87	70.94	59.81	69.21	59.51	76.23	52.12	56.96	67.12
连山小学平均分	81.33	91.48	77.60	88.52	68.50	77.55	79.33	37.40	59.64	55.45	38.40	36.09	68.98	59.27	55.10	54.21	75.96	42.23	58.19	57.84
黄山小学平均分	82.28	88.77	76.94	82.48	63.31	81.40	88.99	66.05	53.64	69.74	47.45	56.76	67.96	66.86	61.02	66.76	76.50	47.86	55.75	61.91

明显改观，平均分低于 50 分的现象已经基本消除，平均分不及格的年级和学科数量也大大减少。然而，笔者在山镇教办查阅的分学科成绩具体数据显示，全镇六年级 1268 名学生中，数学成绩低于 10 分的有 110 人。以班级为单位核算，四年级科学课程的及格率最高的是 38.0%，最低的是 3.0%；优秀率最高的是 7.7%，最低的是 0，形势依然不容乐观。消除不及格——这在城市小学中是难以置信的目标——在山镇却是需要经过努力才能达到的高目标。

二、堪忧的课堂教学质量与课后作业

考试成绩低下是课堂教学效果不佳最直接的反映。为了考察山镇小学的课堂教学情况，2021 年 9 月，笔者走进 3 所小学听了 6 节课，分别是山镇中心校的 1 节语文课和 1 节英语课，庐山小学的 1 节数学课和 1 节语文课，黄山小学的 1 节英语课和 1 节语文课。授课教师既有 45 岁左右的成熟教师，也有 35 岁左右的青年骨干教师，还有刚工作 3 年的新教师。

以笔者在山镇中心校所听的六年级上册英语课 "The King's New Clothes" 为例，任教的李老师有 10 年教龄。这堂课预设的重点教学目标是初步理解一般过去时，能够听懂、会读、会说故事中的一些词汇和句子，能正确理解并朗读课文故事，并在板书与图片的帮助下复述故事内容。但是，到了课堂上，因为学生的薄弱基础，这些备课本上的预设无法得到实施。在 "Free talk and warm up" 环节，老师本来要通过学生对衣服的喜好导入课堂，但是由于学生根本不能用英语表达各种衣服，一连串的提问几乎没有学生能够回答，学生将单词贴错了位置，不能将单词和衣服相配对，甚至还出现了单词拼写错误，从而导致老师陷入了慌乱和尴尬的境地。一堂课下来，师生并未实现预设的课堂教学目标，只完成了基本的词汇教学和初步的故事阅读，原设计中的复述故事、一般过去时等知识点均未能涉及。

笔者翻阅了李老师的备课，发现其备课可谓详尽，如在预习环节"要求学生运用电脑和英汉词典查阅生词并写在书上"。但是笔者随机翻阅了几名学生的教材，发现没有人在书上的生词处做标记。笔者询问这几位学生是否进行了预习，他们表示均未预习。当被问及"这样的预习要求是否能实现"这一问题时，李老师回答道，"其实我们的学生家庭条件达不到，个别家庭条件好的学生可以做到，只有学习习惯和自律性好的学生才能做到预习。现在，我们一般都是在微信群里通过发语音、打视频等监督他们预习，让他们在群里朗读打卡"。缺少相应的条件，学生难以按照要求做到预习，最终导致预期的课堂教学效果大打折扣。

在课堂上，笔者看到了教师日常上课的实际状况，限于篇幅，不再过多描述。整体的感受是，山镇小学教师上课的水平基本上还维持在 20 世纪 90 年代初期的状态。语文课就是认生字、分段读课文，学生分别谈课文要表达的思想观点，有一位新任教师甚至在课堂上写错了字的笔顺，并且说错了偏旁的名称，在教学基本功方面存在明显的问题，更谈不上在课堂教学中启发学生思考、培养学生的语文素养等。一位从教近 20 年的语文老师告诉笔者：

> 其实，仅就教学成绩而言，就语文学科来说，每位教师都想提高语文教学质量，因此课堂上难免带有功利心。上周我们镇举行了语文学科的表彰会，紧接着组织人员交换到各校进行期中视导检查，我也跟着检查组走了几所学校，听了几位老师的课，其中不乏表彰会上得奖的老师，这些老师的课堂给我的总体感觉就是，只注重考点，其他目标基本被淡化，尤其是语文素养，更是几近被完全忽视。课后我跟老师们也有简单的交流，了解到他们平时的课堂更是以应试为目的。相反，有几位班上学生考试成绩一般的老师，他们在课堂上有书写的指导、阅读习惯的培养、语文兴趣的激发……

从山镇中心校一位成熟教师公开课后的反思中也可以看出山镇小学教学的基本情况：

> 首先，我对学生的课前预设不够，认为本节课的三个知识点都是学生学过的知识，学生应该不能忘记这些知识，所以在设计第一次教案时预设大部分学生是了解这些知识点的。可是在课堂提问时，我发现绝大部分学生都不举手回答，对于这三个知识点大都忘记了，所以前一部分教学都是在我的引导下推进的。其次，由于对时间的把握失误，我在讲完第一个问题后时间就过了 40 分钟，只能提前下课。课前我也试上了一节课，可是由于学生对很多知识点都忘记了，只上了十几分钟就上不下去了，所以我又重新设计了教案。但在上课时，由于时间观念不强，我

在第一个整理信息的环节占用了太多的时间，导致后面的时间不够用了，
没有讲完整堂课的内容。

这是一个有 24 年教龄且较为优秀的数学老师的上课状态，由此不难看出，学生前期的学习基础较差，基本的知识点不能掌握，而老师对自己任教学生的前期基础也不是很了解，并且没有合理安排课堂进度，导致没有讲完教学内容。除了课堂教学之外，课后作业是保证教育教学质量的重要手段。笔者调研发现，山镇小学的很多教师在作业的设计、布置和批改方面存在较多问题，主要包括如下方面：①学生书写习惯不认真，存在应付检查的现象。笔者见到有些学生的字迹潦草，难以辨认。②教师布置的作业内容过少且过于简单，作业质量不高，不能有效地用于检查学情，不能起到巩固课堂教学效果的作用。③教师批改作业时存在错批、漏批的现象，对学生订正的错题没有进行二次批改。④极少数教师能够注意到作业的批语对学生的影响，个别教师采用适当的积极性批语，而部分教师对作业的批语较为单一、字迹潦草，甚至可能对学生产生不良影响。这样低水平的作业设计、布置和批改，都难以有效地巩固课堂教学效果，难以有效提升学生的学习成绩。

山镇农村小学的师资力量相对薄弱，代课教师较多，劳务派遣和新入编教师中有半数并非师范专业毕业生。尽管他们工作态度积极认真，但是部分教师缺乏新的教学理念和专业的教学知识，不会运用教育教学规律开展教学。一位任教 15 年的语文老师对笔者说：

老师在课堂上不能做到将眼光放远，不能为孩子们的长远发展考虑，以为只要自己教的这一年孩子成绩好，就是功德圆满。尤其是语文学科，为什么越到高年级，孩子语文成绩越差，多数是因为基础教育阶段没有注意语文素养的培养。

通过课堂观察和访谈得知，山镇的小学教师在教学中存在以下问题：①因为过于重视成绩，而忽略了学生的学习习惯培养及心理健康问题，偶尔还会出现体罚与变相体罚的现象。②教师形成了相对固定的教学行为模式，不能灵活设计教学，也没有提升课堂教学质量的较好方法，"考、讲、练"成为教师的固定模式，教师通过让学生长期、大量地刷题来巩固知识。③教师的课堂教学效率不高，因此强调以时间来提升教学业绩。毕业班教师为提高教学成绩，几乎所有教师都存

在拖堂现象，还有的教师挤占学生上厕所、课间操、午饭的时间，还挤占学生艺术类课程和体育课的时间。在延迟服务时间，教师通常会讲课或让学生进行练习，在延迟服务时间结束后，学生再回家做家庭作业，这无形中增加了学生的上课时间和作业量，导致学生晚上睡觉更晚，睡眠严重不足，违反了"双减"政策的明确规定。④部分教师仅仅重视通过练习来提高成绩，而忽视了学生整体发展和终身学习的重要性，也不愿意通过自主的专业发展来提升自己。长此以往，教师将失去当初教学的激情，教育理论知识越来越匮乏。很多教师认为教育理论没有用，不能处理实际问题，一些非专业的教育理念反而成了受人追捧的教学宝典。

三、薄弱的素质教育

在考试成绩所反映出来的教学质量之外，如果用符合国家教育政策的德智体美劳全面发展的教育质量观来考察山镇小学的教育质量，更是令人担忧。与城市学生的多才多艺、见多识广相比，山镇的学生在音乐、体育、美术等方面所受到的专业教育更为落后。时至今日，山镇的小学里，还存在着语文、数学、英语等考试科目占用艺体类课程时间的"挤课现象"，学校不能开齐、上足每一门课程。一位本科学习美术专业的老师被学校安排任教四年级数学课，她说：

> 大家都在说素质教育，德智体美劳全面发展，可是一个学校，没有一个音体美老师，音体美类课程都交给语数英老师教，教师的专业性又体现在哪里呢？语数英老师不仅要教好自己的科目，还要教好音体美课程，这就给农村教师带来了巨大压力，教师每天都要完成与教学无关的各项任务，基本没有时间真正钻研教学。

尽管在省级义务教育学校标准化监测数据表中，山镇各小学都填写了学校有1—2间专用的美术教室、音乐教室和舞蹈教室等，但实际上，除山镇中心校和云山小学能够在平时开设一些音乐课和美术课外，其他村小基本上不开设音乐课和美术课。2018年，教育部基础教育质量监测中心发布的《中国义务教育质量监测报告》显示，82.6%的四年级学生基本能够完整、流畅、速度稳定地演唱歌曲。但在对音乐基础要素的听辨上，对音乐作品的风格、体裁与形式、情绪与情感以及名家名曲的赏析方面，对美术基础要素的掌握上，对美术作品的主题、风格、门类以及名家名作的赏析方面，四年级学生的总体表现并不理想①。但在山镇的小学里，笔者访谈的音乐老师说道，很少有学生能够"完整、流畅、速度稳定地演唱歌曲"，更遑论对音乐、美术作品的赏析，甚至有学生在其整个义务教育生涯中都没有接触到这些作品。

一位音乐专业毕业的教师也重视学生综合素养的提升，但从言语中能感觉到她对目前现状的无力感：

> 虽然素质教育的口号喊得响亮，减负增效的旗帜也举得高高的，但是农村小学，连起码的开足开全课程都做不到，缺少音乐、美术的专业教师，主科教师为了教学质量而挤占时间是普遍存在的现象。加之为了得到山镇教办的奖励，教师只好先注重眼前的成绩，至于孩子的长远发展，极少被重视。所以我在想，山镇教办每学期的考试奖励，到底是件好事还是坏事。农村孩子的未来，还是值得我们思考的。

通过和山镇的小学老师们的交流可以发现，有一些老师是有教育情怀和责任感的，在他们心目中，农村的学生也应该像他们在城市学校实习所见到的孩子那样待人接物彬彬有礼，能够接受面向现代社会的信息技术教育，能够参与科学实验和综合实践活动，能够受到校内外文化艺术的熏陶，成为具备全面素养的现代儿童少年。但是，囿于现实的物质、人力资源与环境的制约，农村学生的全面发展任重道远。

第三节　提升教育质量：山镇教办和学校的努力

可以说，无论个人水平高低，没有一位老师愿意接受自己的教育教学业绩差

---

① 我国首份《中国义务教育质量监测报告》发布[EB/OL]. http://www.moe.gov.cn/jyb_xwfb/gzdt_gzdt/s5987/201807/t20180724_343663.html. (2018-07-24).

的事实；无论学校的管理水平如何，也没有一所学校不想提升教育教学质量。任何组织和个人都愿意向好的方向发展。当然，人们往往愿意将不好的结果归结为外部资源和环境的制约，而不愿意承认是自身的能力不足。《教育大辞典》对教育质量影响因素的阐述可以帮助我们理解其应该如何提升：从教育管理层面来说，影响教育质量的因素主要有教育制度、教学计划、教学内容、教学方法、教学组织和教学过程等的合理程度；在教学环节，影响教育质量的主要因素有教师的素养、学生的基础以及师生参与教育活动的积极程度，最终体现在培养对象的质量上[①]。由此可以看出，学校管理尤其是对教学过程的日常管理和教师素养的提升，是课堂教学质量改进进而全面提高教育质量的必由之路。山镇的小学从 2018 年底开始致力于提升教育教学质量，在考试成绩的排名上也取得了较为明显的进步，同时，在学校文化、社团等方面也开展了丰富多彩的活动，注重提升学生综合素养，促进学生全面发展。

一、教学常规管理的强化与课堂教学质量的提升

2019 年，中共中央、国务院颁布的《关于深化教育教学改革全面提高义务教育质量的意见》指出，为了提升义务教育质量，要"加强教学管理"，尤其是对学校提出了规范教学管理的具体要求，如开齐开足开好国家规定课程、严格按课程标准零起点教学、认真制定教案等。山镇教办领导和小学校长也深知，山镇的小学在教学上存在的问题太多，短时间内无法得到明显改变，只能扎扎实实从教学常规管理抓起。

（一）制定《山镇小学教学"五认真"细则》

山镇教办盛主任和工作人员以及各小学校长一致认为，由于教师队伍质量参差不齐，代课教师、劳务派遣教师没有受到过系统的师范专业训练，这样的师资

---

① 教育大辞典编纂委员会. 教育大辞典(第 1 卷)：教育学 课程和各科教学 中小学校[M]. 上海：上海教育出版社, 1990: 24.

队伍水平导致日常的课堂教学质量得不到保证。因此，山镇教办和各小学只能从抓教学常规入手，逐步带动老师做好基本功。首先，山镇教办制定了《山镇小学教学"五认真"细则》，详细规定了教师备课、上课、批改作业、辅导、考评等环节的流程和注意事项。从内容上来看，该细则非常明确具体，甚至到了事无巨细的地步，足以让一位没有任何教学工作经验的老师熟悉备课、上课、批改作业的流程，帮助他们迅速走上教学工作的正轨。在盛主任看来，"以前老师们上课随意、不规范，那就要严格制定规矩，一切按规矩来，这样即使不能做到上课出彩，但是至少能按部就班地走完流程，坚持下来，就能在正确的轨道上继续进步"。当然，在一些老教师看来，该细则过于"认真"，甚至到了刻板的地步，如"认真上课"部分规定了教师讲课不得超过 15 分钟、每节课必须有 5 分钟的书面练习，这些规定会让教师尤其是经验丰富的老师觉得受到了强烈的约束，使他们感觉自己仿佛丧失了对课堂的自主权。在该细则颁布之初，有人质疑这些刻板的规定是否会限制、制约教师教学风格的形成，山镇教办邓副主任对此做出回应："理论上，我们也知道教师的教学应该有自己的个性特点和风格，不能规定得这么死板，但是对于基本功不好的教师，还谈不上按照自己的风格去教书，只能先给他们划好框框，使他们能在指定的框框内走稳走好，不犯错误，这样就能够保证基本的教学质量。"

山镇小学教学"五认真"细则

一、认真备课

1. 要提前备课，提前量为 3 课时。

2. "新授课"、"练习课"、"复习课"三种课型均要写教案。

3. 教案中的"教学过程"部分，要能清晰反映出教师教和学生学双边活动内容。

4. 教案中的"教学反思或教后感"，每学期不少于20次。

5. "集体备课"教案中必须要有"自我修正"内容。

6. 一课内容分几课时教，要按课时写教案。

7. 不得全盘抄袭或复制他人教案。

8. 学期备课，课时数不得少于课程计划设置的总课时数的80%。

9. 教龄在三年以上的教师，详案①率不得低于 30%；教龄在三年以下的教师，详案率不得低于 50%。

二、认真上课

10. 上课所需的小黑板、挂图、模型、课件、实验器材等教学准备工作必须在课前完成。

11. 要按备课的教案上课，上课内容要与教案一致。

12. 上课时教师独自用时不得超过 15 分钟，剩余时间用于学生个体独立学习和生生互动。

13. 每节课要能完成基本的教学内容。

14. 新授课均要有板书，板书的内容主要有课题、知识、方法及注意点等。

15. 每节课至少要安排 5 分钟当堂书面练习，音乐、体育等技能学科除外。

16. 要积极实施教学评价，对学生的问答或反馈要有诊断性评价，对学生的课堂学习表现要有激励性评价。

17. 要突出学生的自主学习，不得满堂讲和满堂问，要利用尝试、自学、小组讨论等多种方式调动学生的学。

18. 要规范组织教学，维护好教学秩序，做到学生不听课，教师不开讲。

19. 课堂上不得出现齐问齐答、过多重复和随时插话现象。

20. 上课不得迟到、拖堂和中途遛场。

21. 课堂上不得做诸如抽烟、接打手机、看课外书报、会客等有损教师形象的事。

三、认真布置与批改作业

22. 作业分课堂作业与家庭作业两种。语文、数学、英语既要布置课堂作业，又要布置家庭作业，其他学科只布置课堂作业。

23. 课堂作业的内容主要是教材中的配套练习，课堂作业必须在课内完成。

---

① 详案指详细教案，与之相对的是简化教案。

24. 一至三年级家庭书面作业的总量控制在 30 分钟；四至六年级家庭书面作业的总量控制在 1 小时，语、数、外用时各占 1/3。

25. 家庭作业的内容要做到精编精选。内容可从三方面选取：重要的旧知，新知中的重难点和易错点，知识的综合、拓展与延伸。

26. 作业布置后均要批改。课堂作业的批改要在当日内完成，家庭作业的批改要在次日内完成，作文要在一周内批改结束。

27. 订正要在批阅当天完成，订正后教师要再次批改，提倡面批，作文订正后每次至少要有 1/3 的学生进行二次作文。

28. 教师要有专用家庭作业记录本，用于设计家庭作业和记录学生作业中的典型错误。

29. 不得要求学生在作业本上写批改日期、作业得分或等次。

四、认真辅导

30. 辅导的对象重点是学困生，学困生人数不得超过班额数的 15%，要建立学困生学业水平转化档案。

31. 辅导的内容既要重知识和方法，又要重习惯、态度与情感。

32. 辅导的方式应采用个别化教学，不得上大课。每周对每个学生至少要辅导 1 次。

33. 辅导的结果要能准确刻画出每个学生的变化情况，可用公式"学生考分与班均分差值÷班均分×100%"计算出每次考试结果，然后对每个学生多次考试的结果进行跟踪比较，最后做出定性描述。

34. 辅导学生不得占用本学科之外的其他学科上课时间。

五、认真考核

35. 按教学进度组织学情检测，期末考试前要安排 1—2 周的复习。

36. 要从严监考确保考核结果的真实性。

37. 阅卷要严格依据评分标准，不得擅自从宽、从严量分。

38. 要认真上好试卷讲评课，还要安排适量的课时，弥补考试中的不足。

39. 做好考试后的质量分析工作，反思教学的得与失，及时调整教学思路，改进教学措施。

40. 每学期要独立完成一份学科质量测试试卷。

（二）强化备课和上课环节

针对教师长期教学中不认真备课、抄袭备课的现象，《山镇小学教学"五认真"细则》的"认真备课"部分对备课次数、具体内容等都做了极其详细的规定，并区分了工作年限不同的教师备课的详略程度。山镇教办每学期都会组织优秀备课的检查、评比并对优秀备课进行巡回展示。展示场面非常壮观，山镇教办组织工作人员将评选出来的优秀备课本集中起来运到每一所小学，摆上几排课桌，将备课本摆放整齐，教师分批过来翻阅、学习，像展会一样热闹。但是，笔者访谈了一些老师，尽管他们都能认真撰写备课并且参评甚至是获奖，但是部分教师对备课的要求和检查还是有抵触情绪。多位老师认为老教师没有必要像这样撰写详细的教案，因为他们对上课内容都烂熟于心，每年重复撰写备课显然浪费时间。而新教师则因为同时担任一门主科（语文、数学、英语）和若干门副科（品德与生活、音乐、体育、美术、信息技术、劳动技术教育中的1—3门），教学任务繁重，因此对详细撰写每一门课的备课教案意见很大。青年教师对待所教主科的备课还能做到认真设计、撰写，而所教的副科本就不是其所学专业，在能力和态度上都很难做到精心设计教学；在精力上，主科教学工作或者再加上班主任工作已经占据了青年教师几乎所有的精力，因此他们顾不上对副科进行备课，只能从网上下载并抄写别人的教案以应付差事。一位工作10年的英语教师林老师（本科为信息技术专业）和笔者交流了他对课堂教学质量和备课质量的理解：

> 2018年以前的详案，我是结合教参、教本[①]，还有光盘里的教案自己写的，没有一篇是从头到尾抄别人的，80%的教案和教学反思都是我自己写的。以前写这些，浪费了太多精力，现在我真不敢细看，一看哪儿都不合适。那时只是为了上交和评比优秀备课，后来只在镇上展示优秀备课。县教育局优秀备课评选改了形式，不要一学期的备课，只要一单元的备课，我就没有再上交备课参与过评选了，现在我也没有精力做那种事了。其实，我很羡慕有的老师上公开课，教案都没有，全部都设计在PPT里了。PPT设计的少而精，上课又上的很好的，真的很优秀，

---

① 教参指教学参考书，教本指教科书。

但是这样的人很少。像我们学校的李校长和个别语文老师，就能做到少用 PPT，而更多是注重引导学生，感觉他们上课时能做到行云流水，不急躁。英语公开课上的好的就是黄山小学有研究生学历的那位老师，我们学校的两位优秀老师都存在课容量很大、PPT 设计的页数很多等问题，她们自己私下也说平时上课肯定没有精力像那样进行准备，平时上课和公开课也不一样。

林老师的观点代表了大多数教师的心声，详细的备课占用了老师大量的时间，更为关键的问题是因为学生素质和教师驾驭课堂的水平较低，备课通常不能在课堂上得到完全执行，造成资源和时间的浪费，就像笔者所看到的一位老师的课堂与设想的备课之间的差距一样。在此意义上，教师的"认真"备课只是为了完成任务或参与展示。在林老师眼里，好课是教学内容"少而精""注重引导学生""行云流水"。当然，林老师没有意识到：这样的好课需要教师有更高水平的备课能力和长期的积淀，而不是在不备课情况下的临场发挥。因此，备课与上课不是对立的，教师需要在更高层次上理解两者的关系。

课堂才是提高教育质量的主阵地。山镇教办邓副主任在一次教学管理的会议讲话中详细讲解了上课的规范：

> 上课前要提前 5 分钟候课，上课铃响后，教师及时进入教室。上课前教师要清点或扫视班级学生人数，有空位及时与班主任核实情况。上课不迟到、不早退、不拖堂，中途不离开教室，上课不准接电话，严禁坐着讲课。要按备课的教案上课，上课的内容要与教案一致，必须使用课件上课，教师要能够充分驾驭课堂，课后要写"教学反思"。年级组教干要不定时地进课堂查课。制度制定好之后，每一位老师要认真学习，知道什么时候该做什么、怎样去做、做到什么程度。

这些具体细致的制度和听起来颇为琐碎的要求也从侧面反映出山镇小学原来的课堂教学状况，当需要制度来规定"上课不准接电话"的时候，足以说明原来的课堂乱象，也说明部分老师对课堂规范缺乏基本的敬畏之心。山镇教办制定了教师上课的"四条公约"：

一是课前反复研读《教师教学用书》，理解教材意图，明确教学思路；二是坚持候课制度，课前做足教学媒体准备工作（制作教学课件、教学卡片、书写小黑板等）；三是课上坚决把讲课的时间降下来，鼓励学生先思考、先尝试；四是坚持每天作业（补充习题）不拖进度，有做必批、有批必评。

尽管这些规则看起来可能过于刻板和苛刻，甚至不一定遵循教育教学规律和时新的教育理念，但这些规则都是为了保证课堂规范、有序，能在最基本的层面使得教师上课有规可循。

（三）抓好教学质量分析和评价

在日常工作中，山镇教办每学期都会召开教学质量分析会、教学质量提升会等，通过会议推进做细、做实教学常规管理，用制度来管理教学中的人和事，以"牢固树立'贵在坚持、重在严格、功在养成'的管理理念"（出自山镇教办盛主任的讲话）。2020 年 6 月，笔者参与了山镇教办组织的一次教学质量分析会，参会人员有山镇教办全体工作人员、各小学校长和分管教学业务的副校长以及教导主任。会上，邓副主任首先汇总分析了各校各学科的教学进度和时间安排，督促教师跟上教学进度并注重对复习时间的把握，因为经常有老师由于各种原因到期末时甚至不能将教材内容全部讲完。其次，邓副主任就如何抓教学管理、提升教学质量谈了详细的指导意见，要点如下：

1. 校长和教导主任要经常检查教师对各门副科的备课内容，要关注教师的集体备课，学校要有整体备课。

2. 学校检查过程的相关材料要留痕。

3. 教师备课封面、作业封面要统一、完整，批改订正要及时。

4. 花大力气引领教师研究教材：从整体上了解整套教材的编写理念与体系；从学段上弄清各学段的教学目标与教学重点；着眼所教年级教材，从单元到每节课，做到心中有教材、眼中有学生、手中有策略。研究教材时要注意多渠道、多角度、多样态，可与集体备课、专题研究、课堂展示等活动结合起来，确保学习效果，以此来提升教师使用教材的能力。

5. 学习课标，提升课程理解力。要将"读课标、学课标、用课标"常态化。小学各科修订版课程标准将陆续出台，各校要将"学课标"作为业务学习的重要内容，做好学习计划，从整体理念、学段目标、教学内容、教学实施及教学评价等方面开展系统学习。具体操作上，要做到"两结合一考核"：一是集中学习与教师自学相结合；二是理念感悟与教学实践相结合；三是开展课程标准学习过关考核，以考促学。要做到计划合理，落实得力，保障"课标"学习的实效性，不断提升教师课程理解力。

6. 做好面向全体的基本功常规培训，同时做好新教师入门培训，包括教学"五认真"培训和信息技术运用培训。

7. 各学科要重视"双基教学"，抓好基础知识、基本能力的学习与训练，具体包括语文学科的字词识记、朗读能力等；数学学科的口算、四则运算等；英语学科的单词识记、基础句型及英语口语等。用好形成性评价，通过阶段小测试，发现问题，查漏补缺。

8. 提升语文教学质量（邓副主任本人是小学语文高级教师，所以关于语文教学谈了很多意见和建议）。继续深化"任务驱动式"课堂教学范式研究，响亮提出"向课堂要质量"的口号，以识字、阅读、表达为重点，在"教什么""怎样教""何时教"方面深入开展课堂实践研究，处理好教与学的关系，落实学生主体地位，实现以学为中心。学语文功夫在课外，要继续坚持课内课外两手抓，两手都要硬，重视古诗文的背诵与课外阅读的落实。在这方面，各校语文中心教研组要出台古诗文背诵与课外阅读考评办法，重视平时的督导与检查。学校要对各班、山镇教办要对各校的课外阅读与古诗文背诵进行考核，以考促读，以评促背[①]。

山镇教办领导对教学工作的强调不可谓不细致，但是小学的校长和教导主任

---

① 笔者在此不惜笔墨地引用邓副主任讲话的全文，意在留下一份记忆，记录下中国农村最基层的教育管理者如何在日常工作中开展教育教学管理。毕竟，人才培养质量和教育教学质量的提升不应该仅仅是教育政策文本中的宏大叙事，而更多的是基层教育工作人员的努力构成的点滴进步。

在回到本校进行传达的时候，会根据自己的理解和本人任教学科特点来表达自己的观点。例如，笔者去黄山小学调研的时候，杭校长就期末工作召开了全体教师会，但并未在学校的教师会上详细传达邓副主任的讲话意见，只是强调要按照进度抓好教学工作，不能出现学期结束时还没有讲完教学内容的情况。邓副主任在会上讲的其他观点，几乎都被忽略了。

山镇的小学通过教学业绩评价对教师的教育教学工作进行质量控制。首先，通过每学期对教师在主科和副科备课、班主任手册、业务学习、政治学习、听课簿、作业批改札记、语文补充作业、作文、数学补充作业、数学课堂教学、英语补充作业、试卷批改等各方面的情况进行赋值并计算总分，对教师的业务水平进行排名。其次，对教师在所教班级任教学科的平均分及其与全镇平均分的差距（正值或负值）、及格率、优秀率、综合评定情况，以及在全镇所有班级中的排名等各方面的情况进行赋值并计算总分，再将其与上述的业务水平得分求和，即为该教师的教学业绩总得分。依据教学业绩总得分对教师进行排名，并在每学期末召开的全镇教师表彰大会上对优秀教师进行奖励，请优秀教师代表发言，介绍教学经验等。总之，山镇的小学通过各种方式激励教师努力抓课堂教学质量，促进学生学习成绩的提升。

此外，为了诊断教学问题，山镇教办每学期均面向全体教师发放"提升教学质量调查问卷"，内容包括如下方面：①造成教学质量不高的原因；②个人提升教学质量的经验与策略；③为提高教学质量给学校提出的建议；④关于提高教学质量的困惑。但笔者翻阅几所学校的问卷调查结果后发现，问卷题目较少，也比较笼统，无法进行较为细致的分析，并且，很多老师都是按照"好"答案的标准勾选的，所以对学校教学管理的评价很高，而这与笔者和山镇教办领导对学校管理的认识是不相符的，对于我们理解学校教学管理问题没有实质性意义，在此不再罗列调研结果。

二、"五育并举"与学生的全面发展

与城市小学和经济发达地区的农村小学相比，山镇的小学在开齐开足音体美课程、开展综合实践活动和社团活动等方面都存在较为明显的差距。近年来，山镇教办的领导、小学校长和老师都意识到，对于农村的孩子而言，教育质量低下不仅仅体现在课堂教学的质量方面，更体现在学生综合素质的培养方面。与城市学生相比，农村学生在学校内的课程设置、教学手段等方面以及学校外的社会实践活动、文化体育艺术活动、旅游阅历等方面相距甚远，以致他们的见识、视野、思维方式等相对受限，导致部分农村学生可能会形成封闭式的心智结构，即便他们走入高校甚至社会，也很有可能会受到基础教育阶段生活和学习方式的限制，不利于他们的终身发展，成为所谓"贫穷限制想象力"在教育领域的反映。

山镇教办和学校的领导认识到这些问题的存在，希望给予这些学生丰富而美好的童年生活，同时也希望借助于这些活动，改变山镇小学学业成绩低下的局面。在山镇教办分管德育和艺体活动的吴副主任看来：

> 既然学生的学习成绩不能一蹴而就地提高，那就通过活动提升师生的精气神，这样也能改变家长对学校的印象。毕竟，在很多家长眼里，学校的成绩是自己子女努力的结果，而学校经常开展多姿多彩的活动，可以体现老师们的努力，也能改变学校的气象和面貌，赢得大家的好感。实际上，在组织、实施这些活动的过程中，学生甚至是老师的能力也真正得到了提高，任何一次活动的组织都有助于师生的成长。

2019 年以来，山镇的小学陆续组织师生共同参与各种文化体育活动，充实学生的课余生活，以提升他们的全面素养。笔者系统整理了近年来山镇教办的工作档案和各类活动记录材料，发现山镇小学的活动丰富多彩，涵盖了德智体美劳等各种类型。

（一）德育类活动

山镇的小学利用重要节日开展爱国主义教育和生活中的道德教育。爱国主义教育一直是德育工作的重点，例如，2021 年 6 月，为迎接建党百年，黄山小学组织了合唱比赛，师生们演唱《我和我的祖国》《童心向党》等经典曲目，并自己编导了手势舞、手指舞、儿歌串烧等节目，用歌声表达了对党和祖国的感恩与祝福，还通过家长到校观摩和微信公众号等方式向社会进行宣传。在儿童的日常活动中，培养感恩意识是各学校德育工作的重点，如黄山小学在"三八妇女节"组织感恩母亲的活动，让学生通过演讲比赛、作文竞赛等方式表达对母亲的爱，既培养了学生的感恩意识，也锻炼了他们的写作和口头表达能力。连山小学一年级学生组织母亲节的"护蛋行动"，即让学生用一天的时间保护住一颗鸡蛋，让他们体会母亲孕育的辛苦，学会感恩母亲。庐山小学在重阳节组织为爷爷奶奶洗脚的感恩活动，让被爷爷奶奶照顾的留守儿童学会感恩祖父母，培养学生的感恩意识。云山小学通过小学生毕业典礼中的师生共演讲、共歌舞、向教师表达心声等联欢形式感恩老师的谆谆教诲。在这些特殊的时间节点，通过这一系列的活动，学生们更能够理解父母、教师等重要人物在自己生命中的意义。在三月份的"学雷锋日"，山镇的小学组织学生到村庄里捡拾垃圾、打扫学校周边环境卫生，诸如此类的活动旨在培养学生的奉献精神和责任意识。

除了利用重要节日开展德育活动外，山镇的小学还通过校园环境评比、课堂习惯养成比赛等活动提升学生在日常学习与生活中的素质。例如，龙山小学为营造文明、进取、和谐的校园氛围，创造整洁、高雅、宁静的校园环境，提升学校品味，提高学生"自我管理、自我服务、自我教育"的能力，在 2020 年 11 月开展了"流动红旗"班级评选活动，着重考察各班卫生与队列等状况，鼓励学生以学校"小主人"的身份严于律己、互相学习、积极进取，共同遵守学校的行为规范，养成良好的文明行为习惯。东山小学组织了学生行为习惯养成教育，并且将学生在校一日行为编成诗歌，以利于记忆，让良好的行为习惯入耳、入脑、入心，朗朗上口的诗歌内容体现了小学老师的智慧和对教育的用心。

东山小学学生行为习惯养成歌

进校：穿戴整洁重仪表，上学路上不打闹；备齐用品不迟到，相互问候有礼貌。

升旗：升旗仪式要搞好，热爱祖国第一条；齐唱国歌感情深，肃立致敬要做到。

早读：勤奋好学争分秒，贵在自觉效率高；语数英科天天读，书声琅琅气氛好。

上课：铃声一响进教室，专心听讲勤思考；举手发言敢提问，尊敬师长听教导。

课间：课间休息不吵闹，文明整洁要做到；勤俭节约爱公物，遵循公德很重要。

作业：审清题意多思考，合作探究不可少；簿本整洁卷面好，保质保量按时交。

两操：出操集队快静齐，动作规范做好操；每天眼操做两次，持之以恒视力保。

活动：科技文体热情高，体魄健壮素质好；思想觉悟要提高，班队活动少不了。

生活：爱惜粮食要记牢，节约水电要环保；服从管理加自理，遵守纪律党悟高。

离校：值日卫生勤打扫，按时离校门关好；横穿马路别乱跑，交通法规要记牢。

目标：日常规范要记牢，行为习惯常对照；同学之间勤勉励，道德情操修养好。

（二）智育类活动

课外教育是课堂教学的有效补充，尤其是丰富的课外阅读活动可以提升学生的语文素养，也是山镇各小学开展课外活动的重点。各小学通过开展传统文化传承活动、举办诗词大会、校本课程学习等形式，沟通课内的学习和课外的阅读活动，提升学生的语文素养及其他能力。2021 年 5 月，山镇教办组织了"朴县首届古诗词大会"选拔笔试比赛活动。9 所小学以多种形式将古诗词品读融入社团活动和读书活动中，共推选出 120 名同学参赛，学生们展示了他们较好的古诗词积累量以及对诗词的理解与感悟能力，经过评比推选出 20 名同学到县里参加诗词大会比赛。梁山小学在 2020 年中秋节举办以中秋为主题的文艺活动，师生一起探讨关于中秋的习俗、猜中秋灯谜，学生们分享了中秋节起源及其寓意，以及嫦娥奔月、吴刚伐桂、玉兔捣药等传统文化故事，更加深刻地理解了中秋节及其所承载的传统文化。这些活动的开展促进学生更为深刻地理解传统节日和古诗词的文化魅力，激发了他们课外进行自主学习的动力，从而促进对学科知识的学习。

（三）体育类活动

山镇的老师经常说，农村学生学习不如城市学生，至少身体素质要比他们更好。实际上，因为教育资源的不同，城市学生经常参与的足球、游泳等体育活动和比赛，在农村学校并不容易开展。例如，山镇的小学仅有一些篮球架和简单的体操器械等体育设施，加上不能开齐开足体育课，所以学生的身体并不像老师们所认为的那样因为农村孩子接近大自然而更为强健。山镇教办的领导也注意到农村学生的体质问题，他们以跳绳这一简单、经济的活动来促进学生开展体育锻炼、增强体质。盛主任在另一个镇的中心校做校长时，该校因为开展花样跳绳而被评选为省级特色课程基地，所以他把跳绳活动带到了山镇。2018年以来，山镇各小学都组织了形式各异的跳绳比赛，师生共同参与，全镇小学也举行过跳绳大赛，学生"绳采飞扬""与绳共舞"。在现场观看学生跳绳的过程中，笔者感受到了学生们的阳光与健康。除了跳绳之外，山镇的小学还纷纷创造性地开展本校的特色项目，如太极拳、扇子操、韵律毽子操等。笔者在龙山小学调研的时候，一位老师告诉笔者，"这两年，学校里开展了各种体育活动，学生们'活'起来了，不再像过去那样死气沉沉的，现在，如果不看学生成绩，你可能不觉得这是一所薄弱的农村学校"。

（四）艺术类活动

山镇的小学一直因为师资短缺而不能开齐开足艺术类课程。为了弥补这些不足，山镇的小学分别结合自身优势，自主创建了精彩纷呈的社团，如山镇中心校有"创意美术社团""科普剧社团""国学社团""剪纸社团"，云山小学有"大合唱社团""舞蹈社团""疯狂过山车社团"，连山小学有"书法社团""小喇叭社团""英语课本剧社团"，此外还有庐山小学的"彩虹圈社团"、松山小学的"手鼓舞社团"、黄山小学的"大阅读社团""太极扇社团"等。虽然这些社团开展活动的频率和质量参差不齐，但是，对于学生而言，毕竟是他们自主选择参与甚至是自主创建的组织，这些社团将在他们的生命历程中留下印记。山镇的小学还结合当地"大蒜主产地"的区位特点，因地制宜地开展以大蒜为主题的校本艺术课程，如云山小学申报的省级校本课程基地就围绕大蒜主题开展美术教育，开发了"蒜画"校本课程，同时进行了"蒜乡民谣"的收集和吟唱研究，学校由此在2014年建成了国家级的乡村少年宫。庐山小学开发了"芦苇画"校本课程，通过观摩小学生们以芦苇为主题所做的山水画，我们欣喜地看到农村学生也可以如此接近艺术。

在现场观摩山镇的小学学生们精彩的表演时，在翻阅山镇的小学关于开展各项活动的总结材料时，在看到精美的活动照片和插图时，在跟山镇教办的工作人员和各小学教师交流与"五育并举"相关的主题时，笔者都能深切地感受到，尽管教育资源不是非常丰富，尽管师资力量较为薄弱，但是校长和老师都在积极努力地、尽可能地为学生们提供更为优质的教育。通过这些活动，老师和学生们在一定程度上改变了观念，打开了心智结构。非常明显的变化就是，在 2018 年盛主任上任之初组织跳绳比赛等活动时，老师们用盛主任名字的谐音给他起了一个外号，叫"谁都烦"，表达了他们对活动太多、增加教师负担的不满。但是，在 2021年的访谈中，为笔者提供外号这一信息的老师已经转变了观念，他认为：

> 这些活动的开展虽然占据了老师的时间，在一定程度上增加了老师的负担，但这些经历对于孩子的成长乃至终身发展都是非常重要的。这些活动也受到家长们的欢迎，他们不觉得这些活动是花里胡哨的东西，因为他们在孩子的脸上看到了变化，可能这就是潜移默化的教育吧！有了这些活动，家长们感觉农村孩子的童年也不至于那么糟糕。

在此，我们借助于前述美国学者尼克和洛所提出的教育质量"织物模型"中教育质量应具有的七个互相关联、互相影响的属性（效能、效率、公平、回应性、相关性、反思性、可持续性）来综合评价山镇小学"五育并举"的育人质量。在效能方面，山镇的小学教育质量效能较低，因为从教学业绩来看，学生的优秀率、及格率等都较低；在效率方面，考虑到其教育资源的投入较少尤其是教师队伍的素质较低的现实，山镇的小学在教育质量的效率方面尚可接受；在公平方面，山镇的小学能够将"关注每一个学生"作为办学理念，但是从实际教育教学成绩来看，学生之间的差距过大，尤其是很多成绩极低的"学困生"无法得到有效提升，在公平方面不足；在回应性方面，山镇的小学在教育质量的回应性方面较差，不能很好地满足所在社区对于优质教育的需求，最直接的反映就是很多家长"用脚投票"，选择离开山镇的小学而去其他城区甚至是其他乡镇的小学就学；在相关性方面，学生在学校中所获得的学习成果不能很好地满足其生活、升学和整体发展的需要，但近年来各种活动的开展改善了这一状况，提升了学生的能力，在一定程度上弥补了不足；在反思性方面，因为学生学业成绩低下，山镇的小学不足以为小学生在未来的变革社会中提供好的发展方向；在可持续性方面，山镇的小学教育质量的可持续性堪忧，无论是教师还是家长对教育质量的信心都不足，学生的学习和综合发展无法为其提供强劲的后续动力。所幸的是，山镇教办和小学的管理者意识到了这些问题，并且找到了解决问题的正确路径。经过近年来的努力，山镇教办通过教学管理的优化和各类活动的开展，使得学生无论是在学业成绩还是在综合素质方面都取得了进步，这在教师和学生的精神面貌上也都得到了体现。

第八章

乡村振兴背景下的农村义务教育治理

　　笔者基于在 9 所小学的田野研究并辅以问卷调查，深描了城镇化进程中的山镇农村小学教育行政领导管理、学校内部管理与现代学校制度建设、教师队伍建设、家校合作和教育质量等方面的状况及其存在的问题，从乡土文化、社会结构、教育资源等方面深入剖析了问题产生的原因，并在具体问题上提出了改进方向与路径。本章中，我们将在乡土文化的理论视角下探讨乡村振兴背景中农村义务教育的定位与变革的方向，然后结合前述具体内容提炼农村义务教育治理体系与治理能力的理论特征，回应绪论中所提出的理论问题。

第一节　文化视角下农村义务教育发展的
定位与走向

一、乡村振兴：成就与挑战

2017 年，党的十九大提出实施乡村振兴战略。2018 年，中共中央、国务院印发《乡村振兴战略规划（2018—2022 年）》，具体谋划和布局乡村振兴战略的实施。2019 年，《中国共产党农村工作条例》出台，强化党对乡村振兴实施工作的领导。2021 年，《中华人民共和国乡村振兴促进法》颁布，从法律层面上构建乡村振兴的制度框架。一系列政策法规的出台，从顶层设计了乡村振兴的政策体系，为乡村振兴指明了方向和路径。2021 年，农业农村部等部门编写的《乡村振兴战略规划实施报告（2020 年）》出版发布。该报告显示，农村绝对贫困问题得到历史性解决，共同富裕的道路越走越宽广；农村生活条件明显改善，人居环境整治初见成效，农民收入持续增长，移风易俗取得积极成效，发展活力越来越足①。从宏观上看，乡村振兴的重点目前主要是农村社会的经济发展和农民的物质生活改善。经济发展起来后，乡村社会在文化、医疗、教育、环境建设等公共事业方面的发展应成为乡村振兴的重点。在山镇，农民收入增长，物质生活条件得到改善，土房已经完全消失，楼房比比皆是，水泥路面通往所有自然村甚至是田间，家家户户都用上了自来水和天然气，私家车越来越多。当然，我们也要看到，河渠池塘里的水质较差甚至是垃圾堆积，路边私搭乱建现象普遍存在，农村环境的治理任重道远。

---

① 规划实施协调推进机制办公室. 乡村振兴战略规划实施报告(2020 年)[M]. 北京：中国农业出版社, 2021: 序言.

　　文化振兴能够为乡村全面振兴提供哺育和支撑,是乡村振兴的"根"与"魂"①。然而,当下的乡村社会中,文化失调是亟待解决的问题。乡土社会传统的道德教化机制难以约束和调解市场经济观念熏染下农民的逐利活动、家庭矛盾和邻里纠纷;同时,公平、民主、法治等观念在农村并未深入人心,现代社会秩序难以完全适用于农村复杂的社会关系,传统道德教化与现代治理理念在农村地区相互矛盾甚至共同失效。社会关系失衡等现象在农民日常生活中逐渐增多,攀比式、炫耀式消费给农村家庭带来一定的经济负担和精神压力,为农村家庭的日常生活带来困扰②。在山镇,我们看到,邻里之间为琐事而吵架、斗殴的现象时有发生,甚至有家长进学校辱骂老师;每个村庄都有一些"不孝之子",因赌博等产生家庭矛盾的现象也很常见;因为"小额信贷"等造成的财产损失及纠纷也对农民的日常生活产生了较为严重的影响。乡村振兴的过程中,乡村社会需要挖掘并传承乡村道德教化中"仁""和""孝悌""温良"等优秀传统价值,并结合社会治理中的"民主""自由""法治"等现代价值,建立一套和谐有序的乡村新道德体系,为农村老幼病残等弱势群体提供生存保障与发展空间,重构农村友好朴素的人际关系,从而促进农村社会的和谐稳定。

　　在乡村振兴的过程中,乡村基层社会治理体系优化和治理能力提升是关键,也是乡村振兴的重要动力。在中国当前的政治语境下,政府无疑是乡村振兴的主导者,但是农村基层组织治理能力不足也是目前全国农村广泛存在的问题。在山镇,我们看到,与其他农村地区一样,青壮年通过打工、就学、经商、购房等方式离开农村定居城市,造成村庄的空心化局面。农村建设与发展缺少青壮年这一重要的参与主体,农村社会对村民的凝聚力不断下降。另外,部分基层管理者文化水平不高,有的村干部甚至没有达到小学毕业的水平,并且在工作中存在着形式主义、官僚作风问题,基层镇、村组织未能构建有效的基层治理体系,不能高效地为农民服务,甚至有时会导致基层社会的冲突,这些都损耗着农民参与公共事务的热情。广大农村人民作为乡村公共生活的主要参与者,乡村治理现代化的实现需要村民具有一定的参与意识和参与能力,也是达成乡村共建共治共享目标

---

　　① 宋小霞,王婷婷. 文化振兴是乡村振兴的"根"与"魂"——乡村文化振兴的重要性分析及现状和对策研究[J]. 山东社会科学, 2019, 284(4): 176-181.
　　② 王旭瑞,陈航行,杨航. 乡村的文化失调与农民的弱势地位——质性社会学视角下当前乡村社会质量的两个问题[J]. 兰州学刊, 2017(11): 174-188.

的前提条件。基层政府需要通过政策宣传向村民传达国家相关的具体治理办法，帮助村民明确参与乡村治理的依据与办法，积极开展丰富多彩、切实有用的文化活动，增加农民参加农村公共事务的机会和收益，调动农民关心乡村公共事务的热情，使其积极而有效地参与到乡村振兴中。

乡村发展归根结底就是农民的发展，物质生活改善、精神追求提升和乡村生活和谐是农民的共同追求。在推进乡村振兴的过程中，农村教育承担着更为重要的使命，如为乡村振兴培养高质量的人才，促进乡村经济发展、文化振兴，提升乡村社会文明程度等。因此，农村教育在乡村振兴中所服务的对象也应该是广泛的，不能仅仅局限于课堂里的学生，还应该包括留守乡村的中坚农民和老龄人口、外出务工的离乡农民和城市回流的"新式农民"等。农村的人口结构和发展需求共同决定了农村教育不能狭隘地限定在学校中，将教育对象扩展到农村全体人民，积极开展职业教育、法治宣传、健康教育等活动，对全面振兴乡村及培养优质人才和储备知识资本具有重要意义。产业是乡村发展的基本经济支柱，农民作为产业兴旺的当家人，需要具有新型农业经营理念和科技知识。但一方面，农民缺乏学习的自主性，没有足够认识到新技术对农业生产的重要影响；另一方面，农村缺乏专门针对农民生产的农业科技教育资源，农民困于没有学习新理念和新技术的门路。政府应该为农民提供公益性的优质教育服务，以提升农民的科技文化素质，为实现产业兴旺而储备人力资本，这对整个社会发展具有正外部性。在此意义上，如何通过农村教育治理体系优化与治理水平提升促进农村教育高质量发展，进而促进乡村振兴，是教育研究的重要议题。

二、农村义务教育治理的问题与挑战

尽管我们深知各级各类农村教育的全面发展对乡村振兴的重要性，但是限于研究主题，本书只关注农村义务教育，甚至只是聚焦在最为基础的、最为面广量大的农村小学教育。

就本书的研究主题而言，无论是通过我们在山镇的调研还是通过文献所看到的全国情况都可以看出，当前农村小学教育的发展虽然在办学条件、经费投入、教师队伍建设等方面已取得显著进步，但仍然难以充分满足当前农村人民对高质量教育的需求，且与城市教育存在一定差距。与城市的优质学校相比，农村小学的师资水平、学校管理、学生学业成绩等方面相对较弱，农村家庭在子女教育支持方面相对有限，这些因素共同影响了农村小学教育的整体质量。与此同时，随着教育普及程度的整体提高，部分弱势群体在教育资源和就业机会的获取上面临挑战，加之短期经济回报的诱惑，导致"读书无用论"在部分农村地区有所抬头，村民对教育的投入热情不高，农村学生受教育意识相对薄弱，学习动力受到影响。农村地区的经济和社会地位相对较弱，导致部分村民对乡土文化的认同感不强，自信心不足。同时，农村学校教育在内容上过于城市化，与乡土实际脱节，这在一定程度上助长了"轻农"思想、消费主义和攀比风气的蔓延，许多离乡背井的青壮年更倾向于追求城市生活，而非回归农村、服务农业。

在农村小学教育发展的动力上，中华人民共和国成立到20世纪末，农民作为农村教育的重要支持力量，其参与程度在逐渐降低。随着国家加大教育投入和教育行政管理体制的改革，农村小学的教育管理在很大程度上依赖于政府部门的行政指令，同时农村社会多元力量的参与度有待提高。在城镇化进程中，农村小学面临着师生流失、学校布局调整等挑战，这些都对其发展产生了不利影响。在社会教育层面，图书馆、艺术馆等文化资源在农村地区相对稀缺，且短期内难以实现广泛覆盖，但这些教育与文化资源却是农村人口追求更高生活品质和全面发展所需要的。当前农村义务教育的水平尚不能满足乡村振兴对人才培养和文化传承与传播的要求。

农村义务教育发展存在的问题，其根源是农村义务教育的发展定位和方向问题。农村教育为谁培养人、培养什么样的人？这是探讨农村义务学校教育发展时首先要回答的重要价值问题，对这一问题的回答有助于我们更为深刻地理解农村学校教育的定位与走向。长期以来，农村教育在发展取向上面临着"为农"和"离农"的争论①。"为农"论者认为，农村教育要为农村经济社会的发展培养适用的

---

① 关于此话题的讨论可见：邬志辉，杨卫安. "离农"抑或"为农"——农村教育价值选择的悖论及消解[J]. 教育发展研究，2008(3-4): 52-57；张济洲. "离农"？"为农"——农村教育改革的困境与出路[J]. 河北师范大学学报(教育科学版)，2006(3): 11-14；常亚慧，李阳. 农村教育"去农化"运作的实践逻辑[J]. 济南大学学报(社会科学版)，2020(2): 132-140, 160；陈雯婧，汪建华. 论乡村教育价值取向之"离农"与"为农"的悖论[J]. 海南师范大学学报(社会科学版)，2021(2): 73-78.

人才；"离农"论者则认为，农村子弟应该享有接受高等教育的权利，因此农村学校教育的功能就是将学生带离农村。"为农"论者固然是为农村社会的发展与振兴"鼓与呼"，希望留下更多的优秀人才建设农村、振兴乡村，但是这也在一定意义上限制了农村子弟通过接受教育改变命运、享受现代社会文明的机会，这是不合理的；而"离农"论者肯定了农村子弟通过接受教育进入城市社会的权利，但是农村的大量优秀人才离开农村、涌入城市，则会导致农村人才荒芜，乡村无人发展。由于城乡二元体制的影响，农村子弟的"离农"成为不可避免的趋势。我们需要转变价值观，从城乡文化融合的视角看待农村学校教育的价值与功能，在此观念的引领下重新思考农村学校教育为谁培养人、培养什么样的人这一根本问题。

三、文化视角下农村小学教育发展的转向

从文化的视角理解农村学校教育，农村学校教育要培养的人首先是认同乡土文化的人，在情感上尊重乡土文化，尊重农民，热爱农村。如果农村学校教育培养出鄙视农村文化、厌恶农民、在心理上抗拒农村的人，那么这样的农村学校教育无疑是失败的。此外，农村学校教育要培养出对乡土文化有文化自觉精神的人。"文化自觉"是费孝通先生在谈论中国文化与其他文化的关系时表达的观点，是指"生活在一定文化中的人对其文化有'自知之明'，明白它的来历，形成过程，所具的特色和它发展的趋向"①。农村学生对农村文化的自觉精神是其认同乡土文化的思想基础，也是背后更深层次的心理积淀。在对乡土文化自觉的基础上，再努力去"理解所接触到的多种文化，才有条件在这个已经在形成中的多元文化的世界里确立自己的位置，经过自主的适应，和其他文化一起，取长补短，共同建立一个有共同认可的基本秩序和一套各种文化能和平共处，各抒所长，联手发展的共处守则"②。在此意义上，农村学校教育就可以实现更高的目标：培养在城乡文化之间、传统文明与现代文明之间都能够游刃有余的人，能够对乡土文化认同、

---

① 费孝通. 论人类学与文化自觉[M]. 北京: 华夏出版社, 2004: 188.
② 费孝通. 论人类学与文化自觉[M]. 北京: 华夏出版社, 2004: 188.

理解和自觉，做到"各美其美"，又能学习、接受和享用以城市文化为代表的现代社会发展成果，做到"美人之美"，而不是以封闭、对立、狭隘甚至是偏执的心态来看待城市文化乃至整个世界。

从文化的视角理解农村教育，可以在传统的学校教育观念之外看待教育。学校不应是一个为农村学生升学进而"离农"的培训机构，而应该是一个具有文化功能的机构。农村教育应该承担文化传承、文明传播、传统与现代整合的重要作用。首先，农村教育可促进优秀乡土文化的传承，通过积极发掘乡土社会优秀的文化资源，将其转化为乡村学校的校本课程和其他形式的乡土性教育资源。其次，农村教育承担着传播现代社会文明的重任，有助于将现代文明理念传播到乡村社会，培养热爱乡村、有能力建设乡村的新乡民。在经济欠发达的农村地区积极开展文化宣传、普法教育、医疗卫生下乡和政策推广等活动，有助于塑造广大乡村人民的民主思想、权利意识、法治观念和健康生活理念，从而使他们更好地融入乡村现代化进程中。最后，农村教育可推动传统与现代的整合。传承传统文化，改造传统文化，超越传统文化，最终使现代与传统完美结合是中国城乡现代化的共同本质和目标。我们需要认识到，现代化与乡土化并不对立，教育现代化不是全盘城市化，乡土化也并非要走"复古"的路子，应以培养能够适应多元文化的人才为农村教育目标。教育是在为一个尚未到来的时代培养新人，农村教育不仅要将目光看向世界，还需要放眼未来，深扎中国文化之根，将培育能够包容、适应和发展世界多元文明的人才作为目标。

具体到农村学校教育内部来说，在城乡文化一体的视角下看待农村学校教育教学，我们要强调为农村学生提供好的、适合于他们当下发展并能够为其终身发展奠基的教育，为农村学生能够科学地理解社会、独立地思考问题奠定能力基础，最终使他们以较好的学业成绩进入更高级别的教育体系[①]。即便不能进入更高层次的学校接受教育，在农村义务教育学校所接受的教育也能够培养他们在现代社会生活所需的基本素养，为终身发展所需要的能力和素质奠定基础，助力他们在社会上从容地过好普通人的生活。这就需要农村教育的整体变革，首先，农村学校教育工作者应在价值观上确立对乡土文化的正确态度，真正意识到农村文化不应该是落后、愚昧的代名词，不能直接将乡土文化视为弱势文化。其次，学校管理

---

① 魏峰. 城乡教育一体化: 基于文化视角的分析[J]. 复旦教育论坛, 2010(5): 20-24.

者和教师应真正地关爱与尊重农村学生，将他们视为有发展前景的人，而不是社会的底层和弱者，对学生中的贫困者、残疾儿童等有特别需要的弱势群体更应该特别照顾。在课程上，除了有效地开展国家课程之外，学校可以将地方优秀乡土文化融入农村教育，让农村学生认识乡村、感受泥土、理解乡土，培养建设乡村、服务乡民的责任意识；在教学中，教师应真正地转变教学模式，通过对话式、启发式、有深度的课堂教学，培养农村学生的对话和思考能力，使他们走上社会以后能够理性地参与社会生活，过上一种高质量的个体生活与公共生活。

当然，关于农村义务教育美好设计的实现都需要更充分的教育资源投入，需要数量充足的高素质农村小学教师，需要现代化的农村义务教育治理体系，更需要全面提升农村义务教育治理能力。接下来我们将结合山镇小学的田野资料，探讨农村义务教育治理体系与治理能力的特征。

第二节　农村义务教育治理的基本特征与问题

整体上看，山镇的小学在山镇教办的领导下，在学校内部管理、学校文化建设、师资队伍建设与专业发展、家校合作与教育质量提升等方面都取得了进步。我们通过对治理理论的梳理发现，多元主体参与的协同治理、多部门联合的整体式治理、技术和数据支持的治理专业化水平提升是当下国内外治理理论与实践的共同追求。鉴于中国的现实政治语境，政府主导的元治理也是提升治理效能的必由之路。结合本书研究主题来看，元治理主导下的多元主体协同合作是治理体系的主体问题，整体式治理是治理体系的机制问题，借助于专业性技术和数据支持的治理专业化是治理能力提升的内涵。在此，我们将结合治理理论与教育治理的理论框架，分析山镇小学教育治理的基本特征。

一、"一元而非多元"：政府主导教育治理而多元主体协同性不足

在传统的行政管理意义上，政府因为掌握着政治的、财政的合法性资源而成为唯一的治理主体和最具主动性的力量。"治理"概念的提出对传统行政管理的突破在于其将政府以外的其他社会主体纳入治理体系，构建了多元主体参与的协同治理模型。但是，从实践上看，在现有的公共事务的绝大多数领域，政府在治理体系中的主导地位还是难以改变的，因此有人提出"元治理"的概念，重新强化政府在治理体系中的作用。因此，在现代意义上，治理是"掌握强制性权力的政府与被授权或具有自发认同权威的民间组织及个人共同参与公共管理活动"[①]，这是符合中国政治语境的界定，本书在这样的治理观下考察山镇小学治理的主体和动力来源。

毫无疑问，山镇小学教育的治理是政府主导的。在义务教育"以县为主"的管理体制下，县级人民政府及其教育行政部门和财政、人力与社会保障部门等在教育管理人员的任命与晋升、教育经费划拨、教师编制与招聘、调动等方面有控制权，相应地，山镇教办是被动地等待分配，仅在代课教师招聘、教育经费的具体使用、教师的内部流动和学校中层干部任免等方面有一定自主权。在山镇内部，作为教育行政主体的山镇教办又对各小学的经费、人事有控制权，在设备购置、学校建设、骨干教师的选拔和评优评先等方面均有决定权，而山镇各村小的校长所拥有的办学自主权相对较小，只是在学校文化、特色课程方面有一定的探索空间。在这种情况下，山镇各村小的校长似乎只需要执行上级的通知即可，而不需要过多思考。学校是教育发展的基本单元，也是教育治理的主体，然而，学校在现有的教育行政体制下并未成为自主治理的主体，而是被治理的对象。教育治理体系的优化和治理能力的提升应该推动学校基于办学自主权的自主治理。事实上，学校的自主治理与政府的元治理并不矛盾，因为"自主治理只不过是一种新的政府工具而已。通过运用这种新的治理工具，政府可以与社会主体结成伙伴关系从而形成一种积极的治理安排。吸引社会参与、采取权力分享、实行合作治理，国

---

① 赵中源，杨柳. 国家治理现代化的中国特色[J]. 政治学研究，2016(5): 28-35.

家的行动不仅因此提高了效率，而且还以互利性的方式赢得了社会的支持和信任而更具合法性。因此，治理变革所导致的结果可能不仅不是国家的消退，反而是国家能力的增强"①。

理想的状态下，无论是在理论层面上还是政策层面上，区县政府和县级教育行政部门及其他相关部门应该承担的合理责任是：①提供教育经费和其他资源保障；②整体上建设一支数量充足、结构合理、质量合格的师资队伍；③通过制定规章制度，在宏观上规划与引领区域内各种教育利益相关者共同参与教育事业的改革与发展。而在具体事务上，如学校建设、学校管理、教师专业发展等方面，这些部门可以适度放权给学校，赋予校长更多的经营自主权，以充分尊重学校的独立性和自主权。然而，事实上，山镇小学教育的治理格局仍然偏向于政府一元化，具有明显的元治理特征，虽然这种治理方式在一定程度上适应了当前的实际情况，但却未能完全契合治理理论的核心精神，更多地呈现出传统管理的特征，尚未实现真正的现代治理。

现代民主政治将促进公民参与作为优化国家治理的关键举措，政府改革的创新过程也被视为一个"创建以公民为中心的治理结构"②的过程。就山镇小学的治理而言，公民的参与主要体现为形成一种有利于小学教育发展的社会氛围和支持性环境，而非特指政治意义上的民主参与。这就要求相关部门在赋予学校办学自主权的同时，要充分调动社会的其他教育利益相关者以合理的方式参与教育事业发展。在山镇，社区尚未构成对农村小学教育发展的支持性力量，学校正常的教学活动有时会被外界的社区环境所干扰，例如，紧挨着小学围墙的养猪场滋生的苍蝇大量飞进教室而影响了课堂教学，学校围墙外的杨树在春天飘进的杨絮影响了师生的健康。但是，学校在面对上述问题时，由于权限所限，难以有效应对，同时，基层组织在协调解决这些问题上也缺乏足够的权威和力度，这在一定程度上制约了教育的发展。家庭作为学校教育的重要合作伙伴，但在山镇，由于农村家长素质和家庭社会结构的变化，家长与学校之间的关系呈现出疏离和缺乏信任的趋势。在山镇，市场经济的发展确实催生了一批农民企业家的崛起，然而，这些企业家在教育事业发展中的参与度并不高，学校与企业之间的关系相对疏远，

---

① 王家峰. 国家治理的有效性与回应性：一个组织现实主义的视角[J]. 管理世界, 2015(2): 72-81, 90.
② 王家峰. 国家治理的有效性与回应性：一个组织现实主义的视角[J]. 管理世界, 2015(2): 72-81, 90.

经济社会发达地区常见的捐资助学等活动在山镇几乎是空白，市场主体尚未在教育中起到支持作用。整体上看，山镇小学的治理仍主要依赖于教育行政体系的内部运作，尚未形成政府主导下多元主体协同参与的治理格局。

二、整体性治理与逆整体性治理的悖论

整体性治理是以协调与整合作为关键手段来克服政府各部门分散的、碎片化治理的困境。协调被看作一种斡旋的过程，旨在创造出合作的可能性；整合则是明确不同参与者使命、义务和策略选择的过程①。以整体性治理理论关照山镇的小学教育，可以看出，县级人民政府和乡镇政府在发展小学教育乃至义务教育的过程中负责协调与整合各种资源，如朴县人力与社会资源保障局每年招聘数百名劳务派遣身份教师，从而缓解了代课教师过多的压力；朴县教育局下属的教研室组织教师培训工作站，为山镇教师的专业发展提供了智力支持；山镇党委书记和镇长亲自主抓梁山小学的教学楼建设，山镇政府出面协调解决山镇中心校大门口的土地置换问题等；山镇电力管理部门主动对接服务山镇小学的电路改造等；山镇卫生防疫部门主动参与学校的新冠疫情防治，保障学校在新冠疫情期间的正常运转；等等。这些参与的过程虽然看上去像是某一行政部门的行动，但实际上却需要协调很多的部门、整合各种行政资源才能顺利完成。这些教育治理行动的开展很多时候依靠的并不是自上而下的、单向的、命令式的决策机制，更多的是横向的多部门协商的决策机制，具有整体性治理的特征。

需要注意的是，整体性治理在帮助山镇的小学解决问题的同时，也将山镇的小学教育强行整合进一个庞大的、整体性的行政体系中，使其在一定程度上受到这个体系的干扰。例如，朴县创建文明城市的过程中，在朴县党委政府的主导下，全县所有部门都"动起来"，协同攻关，在此过程中，教育系统因为人数众多且容易组织与动员，所以承担起重要的任务。再如，交通安全治理和反诈骗宣传等并非教育系统的本职工作，但因为在锦标赛体制下，各地公安机关承担指标性任务，而教育系统人数多且能通过有组织的方式开展"小手牵大手"进而影响到庞大的

---

① 丁建彪. 整体性治理视角下中国农村扶贫脱贫实践过程研究[J]. 政治学研究, 2020(3): 113-124, 128.

家长群体，因此被协调、整合进这些任务中，助力公安部门完成了指标，但这也在一定程度上增加了山镇小学校长、教师尤其是班主任老师的工作负担。

在此意义上，教育中的整体性治理是指协同各种行政资源与力量为教育系统解决问题，克服行政体系内部各自为政而教育系统孤立无援的局面。然而，上述行政体系对教育系统的干扰和增加负担现象的频繁出现不是为教育系统解决问题，而是制造了另外的问题。在此，笔者把这种现象称为"逆整体性教育治理"，其虽有"整体"的名义，但是并未带来教育治理效能的改进，而是将教育系统作为其他领域治理的工具，对教育系统造成了负面的影响。这种"逆整体性"是需要在今后的教育治理中着力解决的问题，需要厘清教育系统的主业和责任，而不能把学校办成"无限责任公司"。

三、教育治理中正式规则与非正式规则的共同作用

法律和政策构成的制度体系是国家治理体系的基础支撑，其制定和执行的水平是判断治理效能的重要指标，"国家治理体系本质上是一个法治体系，一个国家依法治国的水平客观反映其治理能力"[①]。在教育治理中，依法治教是依法治国的具体体现。《中华人民共和国教育法》《中华人民共和国义务教育法》《中华人民共和国教师法》《中华人民共和国家庭教育促进法》《全面推进依法治校实施纲要》《依法治教实施纲要（2016—2020年）》等政策法律的颁布和修订，使我国的教育法治体系逐步完善，成为构建教育治理体系的法治基础。

然而，我们看到，在山镇的小学中，学校法人地位不清晰、章程缺失，家委会等组织并未按照政策法律的要求建立起来，正式制度并未得到落实。在学校内部，即便是有《山镇小学教学"五认真"细则》等制度，但是这样的规则实际上是无法得到全面执行的，即使有些老师违背了规则也无法处理，在此意义上，学校的制度仅是倡导性的，约束力较弱。因此可以说，在山镇小学的日常治理实践中，正式规则发挥的效力是有限的，实践中主要是按照山镇教办领导和校长的经验来管理的，甚至是按照人情关系来协调各类事项的，非正式的规则发挥着实际

---

① 范逢春. 国家治理现代化的价值反思与标准研判[J]. 东南学术, 2014(6): 72-76.

的作用，或者说是正式规则和非正式规则调和后在共同发挥作用。

在日常教育治理实践中，依法治教就是确立规则意识的作用。但由于科层制行政文化和熟人社会的乡土文化发挥重要影响，在山镇小学的教育治理中，正式规则经常被打破，相反，非正式规则发挥着重要的作用。例如，山镇党委要求山镇教办推荐县政协委员时，"择优选拔"的正式规则并未发挥效力，而亲属之间的人情关系发挥了实质性的作用；再如，国家政策规定禁止使用代课教师，但是由于正式的教师招聘不足，山镇的小学不得不延用大量的代课教师和劳务派遣教师，尽管这在一定程度上解决了问题，但也与关于教师编制的正式规则不相符。此外，国家关于义务教育经费管理的相关规定也并未得到有效落实，但是山镇教办按照"集中力量办大事"的原则统筹经费，集中精力建设学校的重点工程，又有一定的合理性。在此过程中，正式规则与非正式规则妥协而有效。

四、农村小学教育治理专业性不足

1921 年，陶行知先生发表了《地方教育行政为一种专门事业》[①]一文，论述了教育行政人员的专业化培养对于普及义务教育的重要性，"故中国不想推行义务教育则已，若想推行义务教育，必从培养改良地方办学人员入手"。陶行知认为，地方教育的普及与发展包含计划、师资、课程、经费、设备、考成、劝学等众多事务，因此主持地方教育行政的人应有专门的学业予以培养，"中国若想推行义务教育，非将地方办学人员与教员同时分别培养不可"。他还设计了教育行政人员的知识体系，如普通学问方面，包括哲学、文学、近世文化史、社会问题、经济学等知识；工具学问方面，包括外语、统计学、科学管理等知识；专门学问方面，包括教育哲学、教育概论、教学法、教育心理学、学校组织及行政等知识。虽然过去了一个多世纪，但对比这一知识体系，仍可看出今天地方教育行政部门工作人员的专业素养堪忧。就笔者在朴县接触到的教育行政管理人员来看，具备上述知识体系和素养结构的人较少。朴县数任教育局局长都是从教育系统外调动而来

---

① 陶行知. 地方教育行政为一种专门事业[M]//华中师范学院教育科学研究所. 陶行知全集(第一卷). 长沙: 湖南教育出版社, 1984: 160-165.

的、没有办学管校的经历；而县教育局内部的工作人员绝大多数是从中小学教师中调动进来的，并未受过教育管理与行政的专业训练。笔者认识的县教育局中层干部和普通工作人员，几乎都未有过教育类课题研究或者正式论文发表的经历，尽管课题研究和论文发表不是教育行政人员的本业，但在现有的教育科研管理体系下也是其能力的某种体现，可以从中看出他们对教育管理问题是否有系统、深入的思考。

山镇教办作为小学"元治理"主体，其实具有三重身份：作为教育行政管理主体，类似于朴县教育局的派出机构管理山镇各小学；作为办学主体，承担着办学责任，毕竟山镇教办还有一块"山镇中心校"的牌子，事实上，山镇教办盛主任等人一直也是像各小学的"总校长"一样对所有学校的教育教学业务、学校建设、师资队伍进行事无巨细的管理；作为评价主体，山镇教办对各学校及其校长、中层干部和教师的表现进行评价并实施奖惩。山镇教办的多重身份使得国家教育政策倡导的"管办评分离"在基层难以真正实现，这样的身份特征也使得山镇教办工作人员的专业化发展具有内在的冲突。山镇教办的主要领导和 9 位小学校长中，除盛主任和校长可以作为管理者参加省市县组织的校长培训外，山镇教办副主任和小学副校长及中层管理者都是参加自己所任教学科的培训。因此，他们是因为教学业绩好而走上管理岗位的，甚至校长也是如此，而作为管理者的他们其实并未接受过这方面的专业训练。这些年来，笔者频繁与山镇教办领导和各小学的管理人员交流，阅读他们撰写的各种项目申报书和论文，从学术写作水平和日常的交流中都可以看出，多数教育管理者的业务水平不高，在以现代教育、管理理念引领基础教育发展方面有所欠缺。就教师而言，从山镇小学教师专业的匹配度、专业发展状况以及有各类头衔的骨干教师比例之低也可以看出，其专业水平也不尽如人意。

2010 年，《国家中长期教育改革和发展规划纲要（2010—2020 年）》明确提出要"推进义务教育学校标准化建设"。2013 年，教育部印发《义务教育学校校长专业标准》，规定了义务教育学校校长的资质要求。2017 年，教育部印发《义务教育学校管理标准》，从人事、管理、设备等具体方面规定了义务教育学校应达到的标准，实现"促进义务教育学校（以下简称学校）不断提升治理能力和治理水平，逐步形成'标准引领、管理规范、内涵发展、富有特色'的良好局面"。各地也相继探索制定区域性的义务教育学校办学标准，如江苏、浙江、甘肃等都制定了义务教育办学标准及相应的监测评估办法，进一步推进义务教育学校标准化建设[1]。但就山镇小学外部教育领导管理和学校内部管理的情况来看，尽管义务教育相关专业标准持续建设，然而受制于各类相关人员的专业素养，整体而言，山镇小学治理的专业性依然不足。

第三节　农村义务教育治理体系优化与治理能力提升的路径

从山镇小学的治理状况来看，其在治理主体的协同性、治理水平的专业化和治理质量的回应性方面都存在问题。以往研究表明，这些问题在其他地区也不同程度地存在着，袁桂林[2]、彭虹斌和刘剑玲[3]、沈洪成[4]等学者从不同方面探讨了这些问题。高质量农村义务教育体系的建设需要全面优化农村义务教育治理体系、提升治理能力。我们认为，可以从以下几方面展开。

一、农村义务教育治理体系建设需要强化多元主体协同

治理的重要特征是多元主体的共同参与，实现协同治理。然而，如前所述，山镇小学的治理中教育行政部门占据绝对主体的地位，而村民委员会等基层组织、农村市场主体和其他非政府组织等很少参与到教育治理过程中。在山镇的小学，教师、学生家长等主体也是被动参与，并未像教育政策期待的那样通过各种平台

---

① 魏峰. 义务教育学校标准的制定：内涵、目标与方法论[J]. 教育发展研究, 2017(18): 15-21.

② 袁桂林. 升华的代价——当代中国农村教育研究[M]. 长沙：湖南教育出版社, 2013.

③ 彭虹斌, 刘剑玲. 流变与博弈：一个农村小镇 30 年的教育变迁[M]. 重庆：重庆大学出版社, 2009.

④ 沈洪成. 教育治理的社会逻辑：木丰中学"控辍保学"的个案研究[M]. 北京：社会科学文献出版社, 2018.

（如教职工代表大会、家委会等）主动参与教育治理过程。这些主体参与的阙如导致教育行政部门负担过重而力不从心，同时其他主体的利益诉求无法得到有效表达，也无法为教育治理提供支持。在此意义上，山镇的小学教育更多的还是传统意义上的教育管理，与现代教育治理还有一定的距离。

民国时期，晏阳初在河北定县开展"定县实验"，通过家庭式、社会式和学校式教育开展知识教育、生计教育、卫生教育、公民教育，解决农民的"愚、贫、弱、私"四大问题，培养农民的知识力、生产力、健康力和公民力，并通过农业实验和合作社等方式从整体上提高农村的经济社会文化发展水平，强化社会建设[1]。梁漱溟在山东开展"邹平实验"，通过发扬乡约的传统，举办乡农学校，培养新的政治习惯，训练农民对团体生活与公共事务的注意力和活动力，通过乡农学校，并辅之以科学精神和民主思想来传授伦理道德[2]。陶行知在南京以晓庄试验乡村师范学校为中心，帮助学校周边村庄建立基层社区组织，训练民众成为合格的国民，指导和帮助民众实行自治，制定了村自治的试行条例，以达到基层社会组织的民主化[3]。这些实验都推动了一定区域内的社会文化建设，提升了当地民众的知识水平，帮助改变农民的思想观念，形成对教育的支持性力量。在教育实验和社会发展中，乡贤都充分发挥了自身的作用，增加了基层社会的凝聚力和理性精神。今天的乡村社会中，没有传统的乡约组织和家族对村民行为的道德规约，没有传统社会士绅对乡村社会的文化与道德引领和影响，也没有改革开放以前人民公社和生产大队对"社员"的身份和行为规范，于是，村民成为"原子化"的存在。在山镇的调研中，笔者可以明显地感受到，在当下的村民生活中，人们关注的重心是小家庭的经济利益和向上层社会流动的机会，而对社会公共生活的态度是较为冷漠的，人们对基层组织和学校教育的评价是比较消极的。

在乡村振兴背景下，农村义务教育学校建设不仅仅是教育系统内部的事情，还需要从乡村社会的整体变革着手，通过多种形式的社会教育提升民众的整体素质，形成良好的社会氛围，从而为学校教育发展提供支持。因此，今后的农村义务教育治理，要想纳入民众成为农村义务教育治理的参与者和支持者，使他们成为支持性力量，就需要强化乡村社会的整体建设，尤其是基层村民自治组织和基

---

① 晏阳初. 平民教育与乡村建设运动[M]. 北京: 商务印书馆, 2014.
② 梁漱溟. 乡村建设理论[M]. 北京: 商务印书馆, 2017.
③ 陶行知. 陶行知全集(第一卷)[M]. 长沙: 湖南教育出版社, 1984.

层党组织的建设，重塑村民对基层组织的信心和信任。就农村中小学而言，除了要办好学校内部的教育外，还要通过课程改革、家长工作和社区教育等形式，加强学校与家长和一般民众的联系，将学校和家庭、社区之间的"陌生人关系"转变为"熟人关系"，发挥学校教育对乡土社会发展的引领作用，让农村学校成为陶行知所说的"改造乡村生活的中心"①。

二、教育治理能力提升需要治理主体的专业化

在当下中国的政治语境中，政府毫无疑问地在多元共治的治理体系中保持着"元治理"主体的地位。相应地，在义务教育实践中，县级人民政府及其教育行政部门成为治理的主体。协同治理理论对政府元治理主体地位的矫正在于转变政府在教育管理中长期存在的"越位、缺位和错位严重，管得过多过细，导致学校自主权不足，社会参与度不够等一系列问题"②。因此，教育治理现代化最基本的要求是政府及其教育行政部门简政放权，赋予其他主体，如市场主体、社会组织、基层社区和家庭等相应的权力，为这些主体参与教育治理搭建平台、确立规则，凝聚其他主体的力量协同参与教育治理，这是教育治理专业化的体现。

教育治理的专业化需要人员素养的提升。由于没有上述的平台和规则体系，在山镇，县级政府及其教育行政部门在义务教育治理体系中仍占据主导地位，缺乏有效的机制来协同其他治理主体共同发挥作用，而当县级政府及其教育行政部门的管理人员专业素养不足时，教育治理可能就会出现所谓"外行管理"的状况。此外，山镇教办工作人员和中小学校长这些基层管理者也应该是接受过教育管理专业培养的专业人员，由此方能以专业的知识、思维和工作方式推进教育治理的现代化。前引陶行知先生的《地方教育行政为一种专门事业》一文详细擘画了教育行政管理人员应有的素养结构和为此设置的课程体系。时至今日，这样的课程体系仍然是有价值的，如果我们能遵照执行，再辅以现代教育管理理念和新兴技术、方法对教育管理提供支持，将能够有效地提升教育管理者的专业素养。就山

---

① 陶行知. 中国教育改造[M]. 北京: 商务印书馆, 2014: 72.
② 褚宏启. 绘制教育治理的全景图: 教育治理的概念拓展与体系完善[J]. 教育研究, 2021(12): 105-119.

镇乃至朴县的现实情况而言，需要加强与大学的联合，建设大学、地方教育行政部门和学校的联合体，通过各种形式的培训、研修以引进更为先进的教育理念和管理技术，长期持续地开展针对不同层次教育管理人员的专业化培训，久久为功，方可全面提升农村义务教育治理能力。

教育治理的专业化还有另一层面的意思，即教育系统外部的其他部门、市场主体和社会组织等要将教育管理视为一种专业行为。我们提出了"逆整体性治理"概念来描述教育系统以外的其他部门对教育专业性的"侵蚀"。在此意义上，农村义务教育的治理要从系统层面实现"整体性治理"，政府相关部门以及各社会主体要协同为教育系统提供支持和资源保障，不能让教育系统成为资源短缺的"孤岛"。同时，作为"元治理主体"的政府部门要努力改变"逆整体性治理"的局面，避免教育系统外部的其他主体对教育管理的干扰、干涉，减轻非教育部门因各种原因强加在教育管理人员和教师身上的负担，保障教育管理人员和教师在专业领域内按照教育政策和教育规律进行自主自治的权利，还教育领域一片可以专注于教育教学工作的平静空间。

三、数据驱动农村义务教育治理的变革

俞可平提出善治的六个基本要素，即合法性、透明性、责任性、法治、回应和有效[1]。阿伦斯（Ahrens）等提出了有效治理的四个维度：问责制、可预见性、参与度和透明度[2]。我们认为，公开透明是教育治理体系和治理能力现代化的内在要求，是重要的程序性价值。2016 年，国家开始从信息公开和数据开放的角度探索教育治理现代化的新途径与新方式。在山镇小学的治理实践中，关于教师外出培训的名额、教师"吃空饷"、评优评先、职称晋升等相关信息往往是不公开、不透明的，很多重要信息"点对点"发送而不是让所有教师知情，造成教师对这些问题的非议，影响了教师队伍的思想稳定和团队凝聚力，损害了教师对教育管理

---

① 俞可平. 治理和善治：一种新的政治分析框架[J]. 南京社会科学, 2001(9): 40-44.

② Ahrens J, Caspers R, Weingarth J. Good Governance in the 21st Century[M]. Massachusetts: Edward Elgar Publishing, 2011: 10-14.

者的信任。信息和数据的公开有助于解决这些问题，创造出一种风清气正的学校氛围，为教师的发展提供安全感和明确的方向。

信息与数据的公开透明需要现代教育治理理念的支撑，也需要现代教育信息技术的支持。当下，我们身处大数据时代，数据弥散于我们的日常生活和工作中。但是，如何运用数据为工作和生活服务，而不是被纷繁复杂的数据所羁绊，使其成为工作和生活的负担，同样值得我们思考。在教育治理中，数据已成为区域、国家乃至国际教育治理和政策制定研究的一个关键焦点[1]，但是，"由于教育大数据基础平台的不完善、各类数据的割裂或分散而产生的数据孤岛成为制约教育治理现代化发展的难题"[2]。在山镇的小学，我们看到，山镇教办和学校教育管理的数据是碎片化的，尚未形成系统性的、有意义的数据库资源。山镇教办下发给学校的指令和各种信息的上传下达是通过"微信群"或者"点对点"的方式发送的，没有信息传递路径和权责明确的内部办公系统。信息的传递和储存没有形成合理、有效的网络，会导致信息收集出现重复，如教师的个人教科研成果信息可能在年终绩效考核的时候提交一次，在评优评先、职称晋升等不同的环节可能都要重复填写、提交，甚至出现信息的不一致，给教师和管理者造成负担。因此，提升大数据时代的农村义务教育治理能力，首要的是建立一套高效的教育管理信息系统。

教育管理信息系统只能提高管理的效率，就提升整体的教育教学质量而言，仅有这样的系统是远远不够的。数据驱动教育教学质量需要从整体上建构一种基于数据支持的学校教育治理文化，以数据赋能教育专业发展和学生学习。数据助力的领导（data informed leadership）不会助长服从的文化，而是使教师在规划课程、对课程进行评价、和同事的研讨中扮演领导的角色，所有这些活动都服务于学校的持续改进[3]。学校里建设这样一种可以助力教育教学质量提升的数据信息系统，需要持续系统地收集学生的背景信息（如家庭情况、学生过去的学业成绩和其他方面的发展）、家长的背景信息及其对学校教育的参与情况和满意度、教师专业发展情况及其学校的满意度等调查数据，并且将这些数据运用于分析学生、教

---

① Lawn M, Grek S. Europeanizing education: Governing a new policy space[J]. International Studies in Sociology of Education, 2014(3): 541-544.

② 杨现民, 郭利明, 王东丽等. 数据驱动教育治理现代化: 实践框架、现实挑战与实施路径[J]. 现代远程教育研究, 2020(2): 73-84.

③ Datnow A, Park V. Data-Driven Leadership[M]. San Francisco: Jossey Bass, 2014: 117-128.

师在各方面的发展变化，为学校的整体改进提供数据支持。例如，依据山镇的小学 2018—2022 年每学期期末考试成绩在各学校、各学科、各年级的变化趋势，再将这些数据与学校在不同学科教师团队参加培训、校本教研和备课等方面的投入建立联系，就可以更为精准地评价教师的教学绩效，也有助于精准地对教师专业发展提供个别化支持。将学生的学业成绩与全面发展的数据进行系统化整理，既能为教师绩效评价提供数据来源，也能为学生的个性化发展提供因人而异的指导。在学生毕业之际，将这些数据移交给他们所进入的初中，既有助于为初中教师更深刻地了解自己接手的新生情况提供数据来源，也有助于学生更好地实现小学与初中的衔接，为学生的后续发展提供支持。数据驱动的教育治理是一种无法避免的趋势。当前，广大地区的农村义务教育在教育技术设备上有了显著改善，今后的农村义务教育治理亟须在数据库建设等方面做出突破，尤其是建设基于数据的教育治理文化，使管理者具备数据的收集、分析和运用等基本能力与素养，并将数据信息的公开透明作为建构民主治理文化的基础，这有助于促进农村义务教育治理体系的优化与治理能力的全面提升。